国家自然科学基金面上项目"轨道交通下的多中心空间结构发育及交通绩效研究",深圳市高校稳定支持计划重点项目"粤港澳大湾区交通协调发展机制研究",北京大学林肯城市发展与土地政策研究中心联合资助。

轨道交通导向的综合开发政策与规划

杨家文 段 阳 著

U0720783

科学出版社

北 京

内 容 简 介

本书基于我国相关制度政策，系统分析 TOD 综合开发这一做法的理论基础、实施机制和开发实践。本书共有八章。第一章阐述我国推行 TOD 综合开发的重要性和必要性，并对相关概念进行定义；第二、三章构建理论框架，总结与 TOD 综合开发相关的轨道投融资、溢价捕获和公交导向开发三方面的研究文献，并基于溢价捕获理论，提出 TOD 综合开发的四阶段分析框架，包含价值分配、价值创造、价值获取和价值应用；第四章到第七章聚焦珠江三角洲地区，结合我国土地、投融资、规划和政府治理等方面的制度背景，按照以上四阶段详细解读和总结 TOD 综合开发实施机制特征；第八章为总结与政策实施建议。本书详细介绍了 TOD 综合开发的相关理论知识和规划政策措施，同时，本书提供一套系统分析 TOD 综合开发机制的框架工具，希望在 TOD 综合开发的比较研究、概念推广和体系构建方面带来启示。

本书可供轨道交通规划、轨道交通投资、房地产开发等领域的科研工作者、从业人员，以及高等院校城乡规划、城市研究和公共管理专业方向的师生阅读参考。

图书在版编目 (CIP) 数据

轨道交通导向的综合开发政策与规划 / 杨家文，段阳著 . —北京：科学出版社，2023.6

ISBN 978-7-03-073865-3

Ⅰ.①轨… Ⅱ.①杨… ②段… Ⅲ.①城市铁路–轨道交通–交通运输管理–研究 Ⅳ.①U239.5

中国版本图书馆 CIP 数据核字（2022）第 220030 号

责任编辑：李晓娟 / 责任校对：樊雅琼

责任印制：吴兆东 / 封面设计：美 光

科学出版社 出版

北京东黄城根北街 16 号

邮政编码：100717

http://www.sciencep.com

北京九州迅驰传媒文化有限公司印刷

科学出版社发行 各地新华书店经销

*

2023 年 6 月第 一 版 开本：720×1000 1/16

2024 年 1 月第二次印刷 印张：16 1/4

字数：350 000

定价：188.00 元

（如有印装质量问题，我社负责调换）

前　言

　　TOD（transit-oriented development，公交导向开发）这一词汇由北美的规划师创造，但是轨道交通站点周边土地综合开发的做法早在这一词汇出现之前就已存在。在不同的时代和不同的地区，轨道交通站点都以其独特的吸引力，成为聚集人口和经济活动的发展点，我国也不例外。经过多年的实践检验，TOD 展现出了强大的适应性和生命力。在高密度城市发展地区，轨道交通基础设施以其大运量、快速、安全、准时、环境友好等特性备受青睐，成为缓解道路拥堵、减少碳排放、疏解市区中心功能等城市发展问题的不二法宝。在都市圈和城市群的发展背景下，城际间的交流和出行日益增加，跨城交通基础设施供给仍未能满足这些喷薄而出的出行需求，轨道交通基础设施的建设规模逐年递增，相应地，可以注意到，不仅轨道交通基础设施建设和管理费用在逐年增加，前期积累的还款压力也已然显现，并且，为了防范政府跌入债务风险，国家对于轨道建设项目的报批要求也有所提升，地方政府面临着巨大的建设资金需求以及轨道基础设施供给的挑战。

　　为了破解筹资难题，防范债务风险，我国各级政府对轨道交通投融资体制进行一系列的创新和尝试。其中，采用轨道交通"TOD 综合开发"策略，不但能为轨道交通基础设施建设筹集资金，还能实现土地集约利用和引导城市空间发展的多重目标，这已成为大家的发展共识。本书中所说的"TOD 综合开发"是指在轨道交通站点周边进行土地开发反哺轨道交通建设运营的开发方式，这一名词兼有 TOD 规划设计的理念与溢价回收的思路，与香港特别行政区提出的"轨道+物业"形式相似，但由于香港和内地在土地、规划、投融资和政府管理方式方面存在差异，两者之间不尽相同。获取价值这一目标贯穿在利益相关者推动 TOD综合开发的过程中，甚至排在实现交通与土地利用一体化规划设计的目标之前，利益，驱动着 TOD 项目的实施与落地。因此，从价值的角度思考，我们可以基于溢价捕获的理论，将 TOD 综合开发的过程视作一个"价值分配-价值创造-价值获取-价值应用"四阶段循环，轨道交通基础设施提升带来的正外部性推动着这个价值车轮徐徐向前。这一四阶段循环研究框架能够帮助我们理解在特定的经济社会发展背景下 TOD 综合开发实践有所差异的原因。

本书首先介绍 TOD 综合开发的研究背景，第二章将系统整理与之相关的轨道交通投融资属性与模式、溢价回收理论与工具、公交导向开发规划与政策三方面的研究成果。基于轨道交通基础设施投资大、营利难的投融资性质，世界上大多数的轨道交通建设和管理都需要政府部门的参与，但是要提高建设的效率，仍然需要纳入市场的力量，促进政府与市场深入合作。我国进行的铁路部门体制改革，对国家和地方铁路建设产生了深远的影响，尤其使得铁路建设的事权和财权的主导地位在中央和地方政府之间逐渐转换。根据"谁创造，谁获益"的原则，由轨道交通基础设施投资创造的增值应当回馈轨道投资方。轨道交通基础设施所带来的正外部性，主要体现在沿线土地的增值和经济活动的集聚上，要捕获这些公共部门投资带来的收益，可以基于税收设计或是土地开发两类方式。TOD 基于交通和土地利用一体化的正反馈机制，成为了实现溢价捕获的重要方式。TOD 在各个国家均有所实践，由于制度背景和社会经济发展的差异，TOD 演化出了不同的实施方法，可是无论哪个城市的 TOD 实践，都离不开当地政府对公共交通部门和土地开发部门给予的大力支持。目前，我国城市也已积累了大量本土化实践经验。为了更好地理解 TOD 综合开发是如何创造并获取价值的，亟须建立一个系统、完整的分析逻辑，梳理清楚理论研究、政策制定与规划手段之间的联系。

在第三章，本书对我国的 TOD 综合开发实践中的所出台的政策进行系统梳理，并从中归纳出目前我国 TOD 综合开发规划与政策所关注的主要内容，随后，以溢价捕获的理论为线索，将这些政策主题有机联系起来，形成 TOD 综合开发的研究分析框架。从形态上来看，多年来我国 TOD 已经出现多样化的产品，伴随着项目实践的深入，我国明确了 TOD 综合开发的三个政策目标，其中包含了筹集建设资金，促进轨道交通投融资可持续发展。尽管在我国土地管理体制下采用基于开发的溢价捕获工具有着天然的优势，作为一个新的措施，TOD 综合开发难免与已有的制度设计以及规划范式有所摩擦。从中央到地方，我国各级政府出台了一系列的政策支持轨道交通沿线土地综合开发，对这些政策文件进行总结，可以提炼出 TOD 综合开发的四个要素：TOD 土地开发与供给、规划编制与建设审批、项目资金筹措以及项目运营合作机制。溢价捕获理论则能够进一步帮助理顺这些政策主题之间的联系，帮助我们分析 TOD 综合开发中各个环节所涉及的主要制度障碍。TOD 综合开发溢价回收的过程可以凝练为四个环节：价值分配、价值创造、价值捕获、价值应用。上述四个环节分别主要涉及四方面的制度设计和安排，即政府治理支持下的合作与分配机制、公交导向开发的规划设计体系、综合开发价值捕获的土地制度以及轨道交通基础设施投融资制度。

　　凭借良好的区位和经济发展优势，珠三角地区已形成了较为成熟的"轨道+土地"TOD综合开发模式。在第四章到第七章，本书以我国珠三角地区出现的典型案例为蓝本，展现相关案例地区如何通过规划或政策工具实现TOD综合开发，揭示在中国的土地制度和规划制度下，经济相对发达地区推行轨道交通溢价回收的制度基础与政策影响，以帮助其他城市更有效地实施TOD综合开发策略，促进土地高效利用，优化轨道投融资方案。

　　在实施TOD综合开发之前，各利益相关主体需要就收益分配方案进行谈判，达成一致后才能开展后续合作。TOD综合开发涉及的部门较多，主体关系复杂，促成这些主体开展合作相对困难，合理的分配机制是促成多元主体合作的基础。在第四章中，围绕TOD综合开发中三个主体——土地供给主体、轨道投资建设主体和物业开发主体——的利益分配机制展开讨论。与我国香港的"轨道+物业"开发中香港地铁为主导的模式不同，我国内地城市中，市级以下地方政府实质上是TOD综合开发的主导者。分税制改革后，市级以下地方政府掌握着土地一级开发与供给，土地财政是城市重要的收入来源。地方政府针对不同类型TOD综合开发项目，推动落实相应的合作与分配方案，并通过构建"领导小组"，打破交通和国土部门条块分割的现状，保障TOD综合开发顺利实施。在第四章中，通过珠三角地区城际轨道和城市轨道建设中实施TOD综合开发的案例，展示在省、市、区（县）不同层级的政府之间、轨道公司和房地产开发企业之间，是如何分配土地出让收益的，更重要的是，弄清楚在这些分配方案中有多少收益能够直接或者间接反馈到轨道交通建设，实现溢价回收的公共政策目标。

　　优秀的TOD城市规划设计，不仅能够体现TOD社区行人友好、连接通达、充满活力的特点，还能显著提升站点周边土地价值，第五章从价值提升的三个维度揭示珠三角地区城市的TOD实践是如何通过规划设计回应溢价回收这一命题的。目前，中央部门、城市政府以及各类协会都出台了导则或规范为TOD规划编制、设计提供参考。然而，这些导则中提出的适用TOD设计原则的某些具体做法可能与我国城市发展的实际情况脱节，并且，这些导则也不一定融入了溢价回收这一政策目标的精神实质。恰当的规划设计工具能够创造更多溢价供相关主体进行分配。根据TOD综合开发创造价值的原理，TOD理念下的规划设计能够从提升开发潜力、连接度和场所设计三方面提升TOD片区的综合价值。第五章将珠三角地区TOD案例中的设计手法与价值创造的框架对应起来，总结珠三角地区TOD实现价值提升的本土化做法。在我国，由于轨道交通场站用地红线内外的用地主体、TOD 规划编制主体有所区别，对红线内外用地的设计提升做法也要有所区分。红线内 TOD 规划设计一般由轨道建设单位负责统筹，以场站综合体和车辆段上盖物业开发为主；红线外 TOD 规划编制与其他建设用地开发一样，主要由地方政府主导规划，需要对多宗用地在更大的尺度上贯彻 TOD 规划设计。通过对珠三角地区红线内外提升 TOD 片区价值的规划设计方法进行总结，可以发现将 TOD 价值提升的理念落到实处，存在一个"实验"而后"移植"的过程。珠三角地区各城市都在 TOD 规划设计尝试的基础上，对建筑设计或城市规划规范进行了相应的补充修改，使得这些案例的影响力扩大到后续的系列项目中。

第六章着重介绍珠三角地区城市是如何保障 TOD 综合开发的公共价值顺利获取的。珠三角地区城市的实践告诉我们，政府主导下的 TOD 综合开发不只是考虑账面收益，还试图通过建设保障性住房、沿线市政基础设施等获取社会收益。在获取 TOD 综合开发的经济价值方面，获取土地使用权是获取 TOD 综合开发价值的关键。珠三角地区城市通过土地储备规划保证 TOD 综合开发有地可用，通过土地作价出资、协议出让和带条件招拍挂等方式，将土地资源与轨道建设主体进行捆绑。在土地整备和土地供给上，省级与市级政府出台了一系列的支持政策，在建设用地指标分配、土地利用规划编制、地价评估、用地兼容等方面均给予了充分的支持，保障 TOD 综合开发的经济价值能够顺利进入轨道交通建设投资。在获取 TOD 综合开发的经济价值方面，深圳在车辆段上盖物业开发中提供了大量新建保障性住房，与轨道交通建设同步施工，见缝插针地建设了公交场站、市政管网和地下空间等民生工程。同时，这些公共服务设施的供给压力也驱动着政府给予 TOD 综合开发更多政策支持。

TOD 综合开发所获取的收益最终至少需要部分应用在轨道交通建设上，回到正外部性的来源上。第七章对珠三角地区城市在轨道交通投融资上做出的创新展开分析。第一，投融资主体安排对于轨道交通建设有着重要的影响。不同层级政府财权和事权有所不同，要在轨道交通项目建设中推动土地综合开发，必须要让地方政府与轨道交通建设方的利益一致，才能更好地实现交通规划与土地利用开发的协调与合作。例如，从珠三角地区城际轨道交通线网投融资模式的演变来看，在都市圈合作的模式下，基于"市市合作、属地分摊"的原则，土地综合开发收益才可能顺利被纳入投融资安排中，实现 TOD 综合开发支持轨道交通建设的目标。第二，资金来源与资金结构对轨道交通项目整体的可靠性有重要影响。我国的轨道交通建设项目遵循资本金制度，资金来源主要有专项基金、政府财政和银行团贷等，国家主要通过资本金的比例调杠杆、控制融资风险，而轨道沿线土地资源开发收益能够有效缓解轨道项目建设或运营补亏的资金压力，提升项目整体的收益率，有效保障资本金，对轨道项目规划顺利报批起到重要作用。珠三角地区通过在土地出让条件中捆绑轨道交通基础设施配建的要求，或是通过建立 PPP（public private partnerships）项目公司以土地开发作为营利点吸引社会资本参与合作，分担政府的投资压力，促进轨道交通项目投融资体制改革。当然，这些做法都还在摸索中，在改善营商环境、完善社会资本退出机制上还有较大的改进空间。

第八章总结城市 TOD 综合开发实施的"珠三角经验"，归纳珠三角地区城市实施 TOD 综合开发的特征和成功实施的原因，并提出 TOD 综合开发实施建议。珠三角相关实践成功的驱动因素可以分为内因与外因。一方面，当前珠三角地区轨道交通建设需求迫切，资金需求庞大，地方政府必须做出新尝试，以实现城市和区域轨道交通基础设施联通的目标。凭借良好的制度保障和整体经济发展趋势，珠三角地区的 TOD 综合开发实践获得了瞩目的成绩。另一方面，国家层面政策的引导，毗邻香港所带来的深远影响，房地产市场的管控与转型，这些都间接影响着珠三角区域的 TOD 项目发展。"珠三角经验"也并非完美，如果想要更好地达成 TOD 综合开发的目标，应该在实施中进一步明确政府与企业的职能分工，在规划设计中对溢价回收的目标加以明确，在土地开发中充分考量社会价值与经济价值，在交通基础设施投融资中鼓励事权和财权的统一。

本书应用由价值链条构成的分析框架，对珠三角地区城市的案例进行解读，在讲述中，重点不在于偏重某一城市或是某个站点的 TOD 项目案例，而是利用这些案例帮助读者简明直接地理解 TOD 综合开发的各个环节，由于作者能力与时间有限，或许还有更合适的案例等待读者来挖掘。本书中使用的数据资料部分来自于官方的公开资料，以及针对性的调研和访谈，在此非常感谢政府部门的工作人员、规划设计师、轨道项目工程师和投融资分析师们在百忙之中与我们进行交流。与他们的对谈中我们获益良多，也希望未来这些经验能够帮助更多的人。

杨家文　段　阳

2022 年 7 月

目 录

第一章 | 绪 论

第一节 TOD 综合开发的时代背景

TOD 因其紧凑、绿色和行人友好等特点受到了我国各大城市的青睐。根据这一规划理念，越来越多的政府部门强调站点周边土地开发与交通基础设施建设之间的关系，转而进一步强调通过 TOD 综合开发反哺轨道基础设施建设和运营。在我国城市空间发展、轨道项目筹资等方面的战略影响下，TOD 综合开发逐步成为各级、各地政府的发展共识。

一、城市发展：轨道交通服务需求大，站城一体仍需提升

改革开放以来，我国现代化和城市化建设一路高歌猛进，城市已经成为大多数人生产、生活的主要场所。在探索城市化发展路径的过程中，我国城镇发展策略从强调发展小城镇，到提出以都市圈为主体发展形态，越来越多的人口向沿海城市和中心城市集聚。以北上广深等中心城市为核心腹地，我国都市圈发展初现雏形。不同于北美城市的低密度蔓延，或是欧洲城市的老城复兴，我国各大城市在扩张的过程中呈现出高密度发展趋势，这种外溢直观地反映在人们的出行需求上。我们需要更安全、更快捷的交通运输工具，解决城市扩张伴生的发展挑战。

轨道交通具有大运量、快速、准时、环保舒适等特点，作为解决城市交通、环境和用地问题的有效工具备受推崇。北京、上海、广州、深圳等城市的城市轨道交通公交分担率达 50% 以上（交通运输部，2021）。大运量城市轨道交通从以往的地铁和轻轨，拓展到与都市圈空间结构相呼应的市域轨道、城际轨道等制式（杨家文等，2020）。在我国城市高密度发展地区，满足出行需求、加快供给轨道交通基础设施仍然是目前交通发展的主旋律。同时，轨道交通设施与城市功能融合仍然亟待提升。城市轨道交通站点与城市社区之间不够顺畅的最后一百米、偏

远的高铁站点和待开发的高铁新城屡见不鲜，这些看得见的现象提醒我们，要整合轨道交通建设和城市空间发展，还存在许多看不见的物质和制度障碍。

二、建设资金：轨道交通基础设施投资大，运营收益低

在过去和未来的十年，铁路或是城市轨道交通基础设施一直是我国政府投资的重点领域。"交通强国，轨道先行"，依据"十四五"现代综合交通运输体系发展规划，2020～2025 年，我国高速铁路营业里程要从 3.8 万 km 增加至 5 万 km，城市轨道交通运营里程要从 6600km 增加到 10 000km。城市轨道交通，尤其是城际高速铁路，被定义为"新基建"之一，数以万亿的投资是撬动新兴产业的重要支点。地方层面，如粤港澳大湾区城际轨道交通，近期投资规模约 4741 亿元，新建 775km 线路，将全面覆盖大湾区的主要城市，以及广州和深圳两个重点都市圈。2021 年广州大湾区轨道交通产业投资集团有限公司正式挂牌，其集政府和社会资本优势，重点围绕轨道交通发展产业经济。

轨道交通发展具有很强的战略导向，同时其作为公共服务产品，受到严格的价格管制，运营成本高，收益能力低。目前，我国城市轨道交通项目建设平均每公里约需要 10 亿元，城际铁路约需要 3 亿元，高速铁路约需要 1.5 亿元（玛莎·劳伦斯等，2019）。动辄百亿甚至千亿元计的投资仅仅依靠政府财政显然不现实，项目资本金以外的资金缺口主要依赖银行贷款。政府通过多元渠道撬动交通线网扩张的同时，开始越来越多地承担还本付息的压力。尤其是当轨道线路走向、建设用地和人口分布之间存在空间不匹配的情况时，更容易出现运营亏损。2020 年，我国城市轨道交通平均单位车公里运营成本为 24.6 元，平均单位车公里运营收入为 15.9 元，平均运营收支比 64.6%，仅四城实现盈利。

三、制度政策：TOD 综合开发实施制度保障仍需完善

在引导城市空间、促进产业经济发展和建设交通强国的多重政策目标指导下，对于轨道建设投资方和政府而言，开展轨道交通沿线土地综合开发是解决资金问题和城市发展问题的重要途径。公交导向开发不仅是一个围绕站点的土地利用设计概念，更涉及规划、土地权益收益分配和投融资等方面的制度（Wang et al.，2019）。在我国，TOD 综合开发是一项重要的公共政策，其主要目标不仅

是要引导城市空间发展，还包括为轨道交通发展筹集资金。从国际上看，实行站场和毗邻区域的土地综合开发，基于土地开发获取收益，弥补铁路建设资金的不足，已有成功经验可循。但是由于制度环境差异，这些经验难以复制，我国城市必须走出自己的 TOD 综合开发道路。

观察我国已有的 TOD 综合开发实践可以发现，现有项目实施总体上是在不断打破并重建规范标准、突破并争取政策条件的。例如，在场站综合体的设计中，地上地下建筑物设计与现行设计规范在人防和消防等方面存在冲突。又如，在场站周边用地综合开发中，土地供应和出让须符合土地法等相关上位法规，如何确保土地开发的收益能够为轨道交通建设所用成为难点。TOD 综合开发这一举措发展到现在，我们亟须对现有相关制度障碍复盘梳理，推动项目发展和政策目标落实。此外，TOD 综合开发并不万能，也并非适用于所有地区，加强对项目实施的引导和规范非常必要。中央政府层面于 2018 年提出高铁站点周边综合开发应"因城施策、因站而异"，开发要坚决防控单纯房地产化倾向。什么环境下适合采用该政策、是否所有站点都可以采用该政策，也是目前政策制定和学术研究关注的重点问题。

第二节　研究问题与研究内容

一、研究问题

现有的研究和实践都肯定了 TOD 综合开发在我国具有适用性，为城市创造了大量的价值，也强调对轨道交通基础设施投资以及 TOD 综合开发需要加强制度保障与指引。这一价值创造的过程牵涉到多主体、多部门的规章制度和政策，其中既有中央政府的政策，也有地方政府的规章制度，这些政策究竟怎么样帮助克服了各样的 TOD 实施障碍，推动了 TOD 项目落地，实现了 TOD 综合开发项目的城市价值创造？带着这一研究问题来阅读本书将更轻松。

基于土地溢价捕获（value capture）理论，本书将 TOD 综合开发的价值创造和回收的过程分解为四个方面。

第一，TOD 综合开发需要多主体合作，其过程涉及交通与土地利用两个部门，以及政府、开发商、居民等多个行为主体。在 TOD 综合开发的合作过程中，究竟应如何制定价值分配机制才能促成多元主体合作，如何保障多部门之间的协调组织？

第二，TOD打造高品质的城市空间，使得交通基础设施与城市空间之间的联系更为紧密，在这一过程中，哪些TOD规划设计方法或原则帮助提升了城市空间价值，各个城市又是如何应对现有规划与设计规范的约束，让这些做法真正实现的？

第三，为轨道交通建设筹集资金是TOD综合开发的重要目标，在溢价捕获的过程中，土地增值直接或者间接回馈轨道交通建设投资与运营补亏是关键。在价值捕获的过程中，如何保障溢价回收的公益性，通过哪些方式能够突破制度障碍实现价值获取？

第四，轨道交通基础设施投融资与TOD综合开发政策密切相关，投融资主体的安排如何影响TOD综合开发这一政策的应用，TOD综合开发又如何影响轨道交通投融资模式？对不同类型的轨道交通综合开发而言，应如何优化投融资模式，保障轨道交通基础设施建设为城市创造整体价值？

二、核心概念说明

轨道交通场站及周边用地发展，是城市和都市圈发展的重点，尤其是在高密度发展的城市区域。当前各大城市土地资源愈发紧张，无论是在增量开发还是存量空间再开发上，都需要改变过去零散、粗放的用地发展模式，转变为集中、高效的土地利用模式。轨道交通基础设施，能够在一定的空间范围内重新分配可达性，有效疏解高密度发展城市区域，优化城市空间布局。提高土地利用效率、优化城市空间布局对我国城市可持续发展有着重要的意义。基于一定的制度设计，轨道交通与土地利用的协同发展，还能够支撑轨道交通系统基础设施的投资，这一协调过程就涉及TOD综合开发政策。因此，研究TOD综合开发这一双赢的做法，对实践工作具有重要意义。

TOD综合开发——本书所说TOD综合开发，即在公交导向开发理念下，对交通场站及周边土地进行开发，所获收益用于反哺轨道交通。TOD，是指以公共交通站点为核心，在其周边进行紧凑的、功能混合的、步行环境友好的高密度开发，用以促进城市集约效应的发挥，促进社会公平，鼓励绿色出行，促进健康和可持续发展的城市发展模式，本书主要关注轨道交通站点用地与周边TOD综合开发。本书所提"TOD 综合开发"包含了规划和实施两个层面，既包含 TOD 模式的城市空间规划，也包含以土地开发反哺轨道交通建设运营的政策工具。

溢价捕获——或"溢价回收""溢价归公"——是指获取轨道交通基础设施投资带来的土地增值的过程，其本质是内化投资公共产品所产生的外部性收益，具有公益属性和公平导向（郑思齐等，2014a）。从规划的角度看，TOD 综合开发中常常提及"站城一体化""站城融合"等概念。站城一体化一词来源于日本的轨道交通场站综合开发，其概念更倾向于交通场站与城市土地利用一体化规划开发的设计和运营组织理念。从政策工具的角度看，TOD 综合开发的关键在于实施溢价回收以支持轨道交通投融资。中国香港实践中提出的"轨道+物业"（rail+property）联合开发的概念，很好地诠释土地开发对轨道交通建设的意义。本书多从政策工具的角度来探讨 TOD 综合开发。

轨道交通——本书所提及的轨道交通，泛指固定轨道、独立路权的交通基础设施，包括四种类型：城市轨道交通、市域（郊）铁路、城际铁路和干线铁路。在都市圈发展背景下，需要"四网融合"以建立轨道上的都市圈，这四类铁路的层次与功能定位如表 1.1 所示。根据我国的相关设计规范中的定义，干线铁路是指在国家铁路网中起到干线作用的铁路，目前所说的干线铁路主要指代八纵八横的高速铁路。城际铁路、市域铁路属于地方铁路。国家铁路（简称"国铁"）与地方铁路的区别在于主管部门不同。根据《中华人民共和国铁路法》的规定，国铁由中央政府铁路部门主管，地方铁路由省级以下级别的地方人民政府管理。城市轨道交通总体上独立于国家铁路部门之外运营，国家铁路部门提供技术标准和建设审批的支持，日常的运营由地方城市轨道公司负责。

表 1.1　"四网融合"轨道交通类型定位与设计差异

轨道类型	轨网层次	功能定位	运营主体	设计速度（km/h）	设站间距（km）
城市交通	城市轨道交通	服务于市区内部	城市轨道交通公司	一般<100	0.5~2
地方铁路	市域（郊）铁路	都市圈中心城市城区连接周边城镇组团及其城镇组团之间	地方铁路公司、铁路局	100~160	>3
	城际铁路	相邻城市间或城市群	地方铁路公司、铁路局	160~200	5~20

轨道类型	轨网层次	功能定位	运营主体	设计速度（km/h）	设站间距（km）
国家铁路	干线铁路	跨区域中长距离出行兼顾城市群和都市圈内部	国家铁路部门	250～350	30～70

资料来源：作者根据相关规范整理

随着都市圈内跨城出行或通勤需求增加，多种轨道交通类型组成的轨道网络亟须建立一体化的运营模式，使不同类型的轨道线路顺畅衔接。例如，珠三角地区跨市的经济活动和生产活动十分活跃，在城际铁路尚未开通的交通通道上，可创新性地利用已有高铁线路承担城际服务（林雄斌和杨家文，2020）。但是，高铁与当地轨道交通之间存在管理壁垒，多层级的轨道交通依然无法实现无缝换乘。目前，国家铁路和地方铁路的运营融合仍存在许多挑战，在体制、机制和技术上均存在障碍，很难达到真正的融合。但随着铁路投融资机制的逐步改革，地方政府有机会在铁路投融资、运营机制上做出创新实践，并尝试打破国铁运营的垄断局面。可以看到，部分城市新开通的市郊轨道线路，其设计速度上限已达到城际铁路的设计运营速度，这些举措为共网运营、跨市运营留下了技术伏笔。在地铁审批愈发严格的情况下，城际铁路作为都市圈轨道交通发展的重要工具吸引了更多的关注。因此，各种类型的轨道交通站点均具有开展 TOD 综合开发的潜力和必要性，本书将包含各类轨道交通站点综合开发的典型案例。

政策与规划——政策与规划之间具有关联性。无论是在交通还是土地利用研究领域，政策与规划都是两个必然会提及的对象，在一些论述中甚至不会特意区分两者之间的差别（Rodrigue et al.，2016）。从词典中的定义来看，政策，是指政党或国家，为实现一定历史时期的任务，而制定的行动纲领、方针和准则；规划是指对事业或工作制定比较全面、长远的发展计划时使用的非正式公文。政策是规划能够顺利实现的重要保障，规划工具是实现规划策略的工具。交通和土地利用两者均可被纳入公共产品的范畴，因此两者相关的政策也具备公共政策的属性。所谓公共政策，也就是针对公共事务和利益制定的政策，是政府等公共权力机关为解决公共问题、管理公共事务而制定的行为准则，包括政府制定和发布的条例、文件、规范、决定，以及为解决公共问题而采取的措施、办法。从公共政策的角度来看，交通政策与公共政策一样，具有权威性、公共性、发展性和层次性等基本特征，这也为实际的城市管理提供了有力的支持（卢毅等，2010）。

无论是在交通规划领域还是在土地利用规划领域，均存在规划转向政策科学的趋势。市场化、多元化的经济社会环境，使得城市规划出现了政策化的转向。城市规划的本质，在于协调公共利益的分配与再分配，尤其是在土地和空间的利用规划上，城市规划需要从技术科学走向政策科学，实现公共利益最大化（石楠，2004）。但是政策与规划也存在错位，政策的制定可能不会反映在任何规划成果上，规划也经常在政策缺位的情况下完成（Rodrigue et al.，2016）。在交通和土地利用的交叉地带，这种错位的情况经常发生，规划与政策的协同，对于实现交通土地利用一体化非常重要。

三、研究区域选择与介绍

本书聚焦于珠三角地区城际轨道交通所覆盖的城市区域，具体而言包括广州、深圳、东莞、清远等城市的典型 TOD 综合开发案例（表 1.2），站点类型包含了城市轨道、城际轨道和高速铁路，以及两种或多种轨道共存的站点。在案例研究中，也会将珠三角以外的典型案例纳入讨论，深入探讨轨道交通和土地利用一体化规划与轨道交通投融资机制等方面的规划与政策实施思路，以拓展研究深度。本书所聚焦的珠三角区域有如下几个特点。

表 1.2　研究范围内城市与轨道交通发展情况

区域		城市发展			轨道交通基础设施发展		
都市圈	城市	GDP（亿元）	常住人口（万人）	建成区面积（km²）	干线铁路站点*	城际轨道站点#	城市轨道规模（km）/站点
广州都市圈	广州	25 019	1 874	1 324	12	10	531/271
	佛山	10 817	952	161	9	9	28/25
	肇庆	2 312	412	130	8	6	
	清远	1 777	397	200	5	3	
深圳都市圈	深圳	27 670	1 763	928	10	9	423/288
	东莞	9 650	1 048	1 156	28	26	38/15
	惠州	4 222	606	286	8	4	

区域		城市发展			轨道交通基础设施发展		
珠江口西岸都市圈	珠海	3 482	245	153	4	4	9/14
	中山	3 151	443	167	6	6	
	江门	3 201	480	158	7	7	
合计		91 301	8 220	4 663	97	84	1 029/613

＊主要指每小时 200km 以上的高速铁路，包含广深（广九）铁路。

#大湾区城际铁路规划中已建成的站点。

资料来源：作者整理，截至 2020 年年底

第一，该区域内的轨道交通基础设施发展居全国前列，所选研究城市，是我国最早尝试轨道交通 TOD 规划设计以及综合开发的一批城市，在各类轨道交通站点 TOD 综合开发方面有丰富的实践经验，具有典型性和代表性。

第二，该区域内的城市行政管理水平和经济发展水平位居全国前列，在综合开发机制创新上表现突出，既包含如广州、深圳等发展较好的一线城市，也包含肇庆、清远这样的三四线城市，能够为其他城市发展轨道交通，尤其是在都市圈背景下发展轨道交通带来启发。

第三，作者所在课题组位于深圳，对研究区域有直接的体验和直观的认知。通过在珠三角地区各地深入走访调研，课题组积累了扎实的轨道交通项目建设或是综合开发规划实施过程案例资料，具备较好的研究基础。

（一）珠三角地区城市与区域发展现状

珠三角即珠江三角洲，位于广东省中南部，毗邻香港特别行政区和澳门特别行政区，总面积约 5.5 万 km²，包括广州等九座城市。根据广东省统计数据，2020 年珠三角地区的总人口已经超过 9000 万，地区生产总值超过 9 万亿元，50% 的人口贡献了省内 80% 的经济生产总值（表 1.2），是我国南部重要的发展引擎。珠三角地区范围与广州、深圳和珠海三大都市圈有所重叠。都市圈，是指城市群内部以超大特大城市或辐射带动功能强的大城市为中心、以 1 小时通勤圈为基本范围的城镇化空间形态。根据广东省"十四五"规划纲要，广州、佛山全域和肇庆、清远、云浮、韶关等四个城市的市区共同组成广州都市圈；深圳、东莞、惠州全域和河源、汕尾等两市的市区部分组成深圳都市圈。自 2008 年国家发展和改革委员会（以下简称国家发展改革委）发布《珠江三角洲地区改革

发展规划纲要（2008—2020 年）》以来，各地政府通过多项合作推动湾区城市融合发展，2019 年《粤港澳大湾区发展规划纲要》获批，粤港澳大湾区内各城市发展定位逐步明确，构筑了清晰的枢纽和节点城市发展规划。如今，珠三角地区城市以都市圈为主要合作发展形态，加入大湾区，推进国内国际双循环的新发展格局。

（二）珠三角地区轨道交通发展现状

在城市内部轨道交通发展上，珠三角地区开通城市轨道交通的城市有 5 个，分别为广州、深圳、佛山、东莞和珠海①，总共运营里程为 1029km，共有 613 个站点。区域内城市与我国其他地区相比，轨道交通建设规划起步较早，在 TOD 综合开发实践上受到香港地区经验的影响较大。比较而言，广州和深圳城市轨道交通线网规模与人口规模均较大，而佛山和东莞的轨道交通建设晚，线路规模较小但人口规模较大，区域内未来还将投资建设大量轨道交通基础设施（图 1.1）。

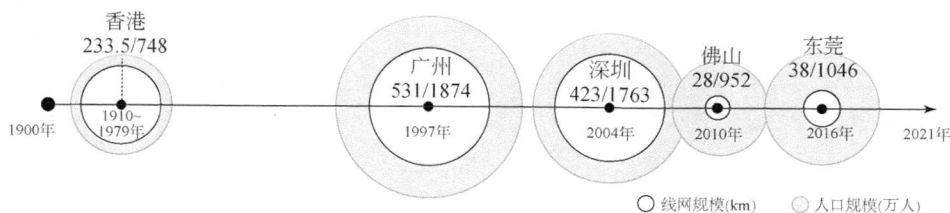

图 1.1　香港地区与珠三角地区城市轨道交通线网规模与人口规模

在城市对外轨道交通发展上，珠三角地区有高铁站 35 座（其中非城际站点 18 个），涉及广深港高铁、厦深高铁等国家铁路网干线。2020 年国家发展改革委批复《粤港澳大湾区城际铁路建设规划》，在原有《珠三角城际铁路建设规划》的基础上，提出将打造"轨道上的大湾区"（图 1.2）。截至 2021 年年底，大湾区城际轨道交通站点有 84 个，覆盖 10 个城市，环珠江口城市的城际站点普遍多于粤港澳大湾区内其他城市，开通运营的城际铁路项目 7 个，不完全统计在建城际轨道项目 12 个。深圳、广州、佛山、东莞、清远、珠海等城市都已经实施或

---

①　2021 年，珠海有轨电车暂停运营，本书不再对其进行讨论。

正在推进城市轨道交通 TOD 综合开发项目。最初，广东省政府作为城际轨道综合开发主导者，先后批复了三批共 18 个 TOD 综合开发试点站点（表 1.3），现在，城际铁路 TOD 综合开发已经与城市轨道 TOD 综合开发一样由沿线市政府主导。

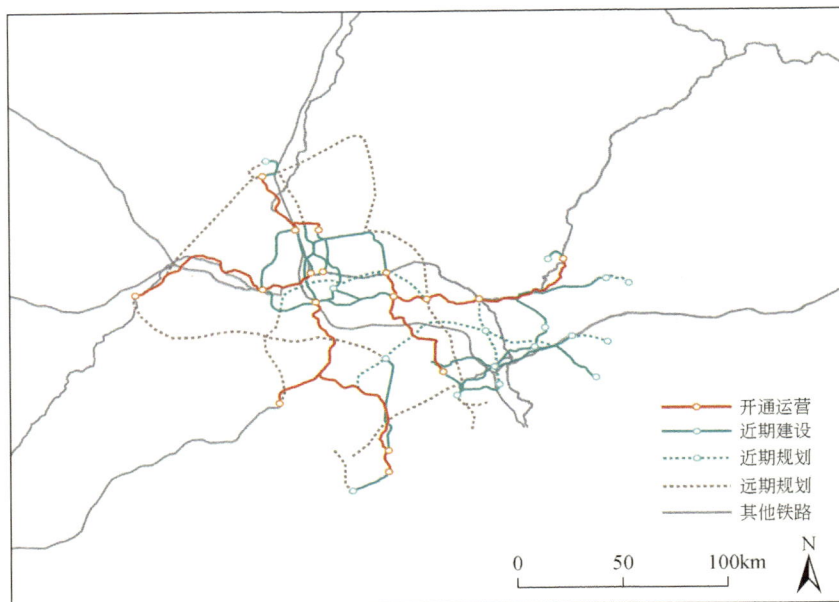

图 1.2　粤港澳大湾区城际轨道交通线网规划示意（2020～2035 年）

表 1.3　珠三角地区城际轨道场站 TOD 综合开发规划站点

时间	批次	站点
2012 年 3 月	第一批：6 个站点	鼎湖站、三水站、珠海北站、银盏站、虎门商贸城站（现虎门东站）、新塘站（现新塘南站）
2015 年 4 月	第二批：7 个站点	佛山西站、狮山站、张槎站、北滘站、陈村站、狮山工业园站、云东海站
2015 年 10 月	第三批：5 个站点	望洪站（现东莞站）、南头站、东升站、清远站、龙塘站

第三节　研究方法与研究思路

一、研究方法

本书以定性研究为主，在对相关的论文、书籍以及政策材料梳理总结的基础上，采用文本内容分析方法作为辅助，梳理 TOD 综合开发所涉制度，基于既有理论和政策实践构建分析框架。案例分析和访谈调研方法被用于深入研究 TOD 综合开发项目实施过程，结合制度背景和相关数据描述性统计，清晰揭示 TOD 综合开发运作机制以及产生的影响。

（一）内容分析法

内容分析（content analysis）法是一套对各类文本资料进行挖掘和处理，并总结其中的倾向和潜在主题，以形成知识框架的分析方法（Mayring，2000；Valdez et al.，2018）。内容分析法最早产生于新闻传播学领域，起源于对历史文献进行量化的分析（郑文晖，2006）。一方面，能借助研究者和情报分析者优秀的信息处理能力，使得分析结果更具深度和系统性，进一步探究问题产生的机理和影响；另一方面，结合文献计量学等分析方法，研究数据及分析结果都较为客观，克服单纯定性研究主观性较强的不足（孙瑞英，2005）。计算机辅助内容分析的兴起极大地推动了内容分析法的发展，计算机辅助的内容分析法可以克服传统内容分析法主观编码方式耗时耗力、主观性强、人工编码误差较大的不足，具体技术工具有字频或词频统计分析（李燕，2017）、语义网络分析等。内容分析法不会预设分析对象的类型或规范，可以各类灰色文献（gray literature），如政策文本、文献文本和网络文本的内容为素材，进行无监督或半监督的自然语言分析，并将定性的内容定量化。例如，通过词频分析挖掘文本中的内容倾向，通过潜在主题建模挖掘文本中的可能主题（Sun and Yin，2017）。内容分析法尤其适用于非文献性质的资料分析，因为这些资料是非标准化的，缺少关键词、方法和引文等规范内容，无法使用知识图谱法分析。因此，本书采用内容分析法分析交通与土地利用一体化的相关支持政策，具有较好的适用性（李江等，2015）。本书收集的文献资料主要分为三大类，一是与轨道和 TOD 项目相关的规划文本，二是与 TOD 综合开发相关的规范、标准，三是与 TOD 综合开发相关的政策。

（二）调研、访谈与案例分析法

本书采用半结构化访谈（semi-structured interviews）的方式进行调研，收集相关案例的实施过程、方案设计过程等资料。在访谈对象的选取上，覆盖了 TOD 综合开发的各个方面，包括政府行政部门、规划设计单位、轨道建设方和房地产咨询从业者（表 1.4）。访谈围绕 TOD 综合开发实践的创新与挑战进行。时间跨度从 2012 年至 2021 年，对正在发生改变的珠三角城际轨道投资主体等进行了追踪调研，共计正式访谈 20 余次。

表 1.4　主要访谈信息汇总

业务部门	单位	访谈主要内容
政府行政部门	广州市发展和改革委员会、深圳市发展和改革委员会、清远市轨道办、前海管理局	TOD 综合开发用地和交通规划管理与实施、项目效果评价、未来发展计划等
规划设计单位	中国城市规划设计研究院深圳分院、Aedas（凯达）	站城一体化设计方法应用、规划实践机遇与挑战、项目实施面临的问题等
轨道建设方	深圳地铁集团有限公司、港铁深圳公司、广东省铁路建设投资集团有限公司、广东珠三角城际轨道交通有限公司	轨道项目投融资计划、实施 TOD 综合开发面临的问题或实践创新等
房地产咨询从业者	同创卓越、普华永道会计师事务所	TOD 综合开发对房地产行业的影响、TOD 物业开发收益评价等

本书在访谈中主要获取两类信息：一是来自各相关行业对于 TOD 综合开发现状的观点；二是针对具体做法的介绍和解释（如珠三角城际轨道建设过程中投融资机制转变的原因）。第一类访谈所获信息主要用在目前 TOD 综合开发政策实施面临的挑战与障碍总结中（第三章），辅助说明本书的研究问题与研究框架；第二类访谈所获信息与第四~第七章的案例分析融合在一起，作为论据用于支撑机制分析和得出结论。了解各类型交通与土地联合开发项目的组织过程和制度背景，认识城市及区域层面的公共交通建设、土地利用与空间结构转变的政策动力，可以帮助我们理解地方化的 TOD 综合开发实施策略与过程。案例分析是达成这一研究目的的直接有效的方法，同时，配合访谈与调研，能够更深入地了解

案例的来龙去脉。

TOD 综合开发实施的相关工作可概括为如下五个方面：政策规划体系、实施机制保障、土地整备政策、溢价回收政策和私人部门参与。TOD 综合开发实践往往需要有效的管治工具，以促进多元行动主体、多元发展目标、信息交流和互动管理的协同（De Jong et al., 2010）。本书通过案例对比，着眼于相关政策措施的制度背景以及取得制度突破的途径，分析本土化 TOD 政策实践特征形成的原因，以及由此产生的影响。

二、理论与实践意义

目前，一些 TOD 综合开发项目的成功带来了一定的示范效应，正在推进轨道交通的城市政府，都围绕轨道交通的用地开发开展了大大小小的论证或尝试。在这一过程中，缺乏本土化的 TOD 综合开发经验总结，也难以预知 TOD 实施过程中可能遇到的障碍，这一知识短缺是所有试图落实 TOD 综合开发的城市共同面临的挑战。

（一）构建以价值为中心的 TOD 综合开发理论

本书将梳理 TOD 综合开发所涉制度，以"价值"这一驱动因素作为出发点，借用溢价捕获的理论构建研究分析框架。这一研究框架对于理解 TOD 综合开发本身及其与相关理论之间的关系有所帮助。交通投融资决定了交通基础设施建设的规模和形式等，从而影响可达性的分布，进而影响城市地理空间的发展。从制度背景出发，力图全面理解交通投融资与溢价回收相关决策的成因和影响，这一研究框架同样适用于其他地区和国家进行 TOD 综合开发实践分析。

（二）助力 TOD 综合开发实践

本书将对典型的 TOD 综合开发政策与规划实践进行系统梳理，具有如下三方面的实践意义。

第一，打通 TOD 规划设计与溢价回收工作的脉络，助益 TOD 综合开发实施。TOD 模式为集约化用地、低成本出行和便捷的公共服务获取提供了综合解决方案。但在现有规划实践中，TOD 规划设计的实施与溢价回收政策目标之间的对应关系不明确，导致车辆段上盖开发、站点周边用地在实际开发中经常出现与现有规范之间的冲突。对典型案例进行总结，能够了解如何破解 TOD 综合开发规划设计中的规制障碍，可为 TOD 综合开发项目谋求更大的综合价值。

第二，推动交通投融资可持续发展。溢价回收工具的实施，可以有效缓解轨道交通的投融资压力。本书一方面有助于读者理解不同轨道交通溢价回收的政策实施要点和作用效果，另一方面能为国家新型基础设施建设、公交都市与交通强国战略提供有意义的实践经验，促进轨道交通和城市的可持续发展。基于 TOD 和溢价回收的联合开发模式不仅将土地和轨道的开发融合起来，还给社会资本参与提供了机会。

第三，有助于促进城市空间高质量发展。TOD 作为一种集约和高效的土地利用方法，是高密度城市发展的必然选择。本书从土地整备政策和中微观城市设计、综合体设计层面，对 TOD 综合开发带来的影响和问题进行分析，从开发规模、项目选址等方面提出 TOD 综合开发政策实施的优化建议，可以更好地实现土地集约利用，以及城市空间格局优化。

三、研究思路

本书以轨道交通站点投融资建设与 TOD 综合开发实践为主要研究对象，以珠三角地区为主要案例研究地，针对"TOD 综合开发"实现筹集轨道交通建设资金和引导城市空间发展的双重政策目标，对比轨道交通场站及周边综合开发、溢价回收和分配以及投融资模式等方面的实践经验，厘清目前 TOD 综合开发政策实施的关键，分析目前 TOD 综合开发实践的驱动力和带来的影响，归纳适应我国城市发展情况的轨道交通 TOD 综合开发办法。本书从如下三方面入手展开研究工作。

（一）建立 TOD 综合开发研究分析框架

通过系统梳理 TOD 综合开发相关的轨道投融资、溢价回收以及交通与土地利用理论，归纳 TOD 综合开发的理论基础，以溢价回收的实施步骤为线索，建立 TOD 综合开发研究概念框架。TOD 综合开发中主要关注什么内容，涉及哪些制度，部分反映在现有政策中。但是，要在庞杂的政策文本中筛选出主题较为困难，且主观性较大。本书采用内容分析法，利用文本分析和主体模型，将非结构化的政策文件提炼为可读的主题内容，重点关注主题对应的主要制度，并以此为线索辅助建立研究概念框架。

（二）发掘现有制度条件下 TOD 综合开发实践障碍及突破途径

分析政策问题不能脱离具体政策环境。在 TOD 综合开发政策及与之相关的公交优先政策、铁路投融资政策、土地储备政策上，目前已有一批研究成果。在我国城市轨道交通建设的早期，就有规划师或相关从业者提出了 TOD 理念，或进行了轨道周边物业开发的实践，但是 TOD 综合开发的系统性做法是在近年来深圳等城市的早期实践效果显现后，才逐渐被各级政府认可并推广的。因此，这一规划理论或溢价回收政策工具，面对我国现有制度时存在摩擦，对现有制度进行大幅修改以适应 TOD 发展的需求也是不切合实际的，但是实践者们发挥了聪明才智，化解或另辟蹊径突破了这些障碍。对这样的实践进行总结，能够为未来发展提供参考，也能进一步为制度优化提供实践支撑。

（三）以案例对比分析探求政策制定可借鉴之处

在选择 TOD 综合开发这一政策工具时，需要对其产生的影响有所认识，以增加决策的科学性。TOD 综合开发对城市空间发展、轨道交通投融资方面均会有所影响。尤其是在都市圈发展背景下，跨城的轨道交通基础设施将成为未来的重点投资领域。相比城市轨道交通投融资，TOD 综合开发工具在城际轨道交通建设项目中鲜少使用，或是效果并不突出。这种差异背后的原因值得深入研究，会对理解和优化轨道交通投融资模式有所帮助。

| 第二章 | TOD 综合开发相关理论

第一节　轨道交通基础设施投融资理论与模式

一、轨道交通基础设施投融资属性

从经济学的角度来看，轨道交通基础设施属于准公共品，具有一定的正外部性。轨道交通基础设施在消费过程中具有有限的非排他性和非竞争性，理论上可由政府提供，也可由市场提供，或是通过区分生产与供应的过程，引入市场竞争，提高效率。外部性亦称外部成本、外部效应或溢出效应。正外部性是指一个人或企业的行为令他人受益，但是受益者不必付出相关成本。与之对应的负外部性，则是指行为对外界产生了负面影响，施加负面影响者却没有付出额外的成本，这种外部不经济可以通过税收等方式得以纠正（庇古，2006）。交通基础设施既存在正外部性，也存在负外部性，正外部性体现在带动旅游等产业发展、带动土地价值提升、带动知识经济等方面（Yin et al.，2015；Xu et al.，2016；Blanquart and Koning，2017），负外部性包含了噪音、城市用地空间割裂等（Al-Mosaind et al.，1993）。基于上述认识，轨道交通基础设施投资通常被认为具有以下三方面特性。

第一，轨道交通基础设施一次性投资大、沉没成本高。铁路或城市轨道建设之初需要大量资金，投资回收期较长，但是增载一名乘客带来的边际成本却通常可以忽略不计，由此有学者认为轨道交通存在自然垄断的特征（任鑫和周宇，2016）。轨道交通服务难以被"储存"，轨道交通设施建设后也难以被用作其他功能，固定的轨道设施可回收的成本很少，因此轨道交通基础设施投资沉没成本高。

第二，轨道交通投资具有公益性。大运量的城市轨道交通能够起到解决拥堵、减少环境污染的正面效果（Bernick and Cervero，1997）。如果跟保障房和用地规划结合起来，能够改善通勤结构，通过重新分布时空可达性，促进社会公平（Farber and Marino，2017）。由于轨道交通投资能够带来这些社会效应，因此轨道交通在多数情况下会成为由政府直接或间接推动的公益性产品。

第三，轨道交通投融资存在政府管制，盈利性受限。政府行业管制，是指政府对社会经济主体的经济活动施加的限制和约束，包括经济性管制和社会性管制。由于轨道交通基础设施投融资存在自然垄断，以及其能够带来较好的社会效益，政府会对轨道交通运营进行管制。例如，政府通过政策调节轨道交通服务的定价，以低廉的票价吸引民众使用轨道交通，达到调节交通出行结构，减少碳排放等目的。

二、轨道交通基础设施投融资模式

从轨道交通基础设施投资的资金来源来看，基础设施建设资金来源的具体途径主要有税收、政府借债、基础设施基金、市场化运作和项目融资五种（刘志，2010）。不同的投融资模式，本质上是不同的投融资主体形成的不同项目投融资资金结构。因此，以投资主体来分，可以将投融资模式分为政府主导、市场主导和政府与市场合作三种类型。

（一）政府主导投融资

政府主导投融资的投融资主体为地方政府，或由政府委托其他主体代为投资。政府投融资模式主要有两类资金来源，分别是政府财政出资和政府债务融资（孙志毅和荣轶，2013）。首先，在交通建设项目盈利能力较低的情形下，社会投资参与兴趣较低，因此一般采取政府直接投资的方式，以保障项目顺利启动。其次，政府债务融资指政府财政直接出资一部分，剩下的资金通过政府信用向金融机构进行借债。政府债务融资的主要方式有贷款、发行债券等方式。政府债务融资模式下，项目资金筹措相较于政府直接投资模式更快，但是这种政企不分的做法也存在问题，如企业的股权结构相对单一，公司治理机制不完善等（唐文彬和张飞涟，2011）。在政府主导投融资模式下，交通建设项目具有融资成本较低、易于协调和管理等优势，并且由于资金来源稳定性较高，项目的可靠性也较好。但是，政府债务情况难以做到公开透明，缺乏监管，容易导致地方政府陷入债务风险。此外，交通项目盈利性难以保证，除了还本付息以外，政府需要托底项目，对交通企业进行补贴，因此建设资金短缺的问题长期存在（任鑫和周宇，2016）。

（二）市场主导投融资

市场主导的轨道交通项目投融资，是以私人公司制企业为投资主体的投融资模式。在该模式下，轨道建设项目公司的首要目的是增加收入，保证利润（Chang and Phang，2017）。这一模式适合项目盈利性较好的轨道线路建设。与政府主导投融资模式的资金来源类似，市场化投融资同样也基于企业的信用进行融资，主要包括贷款、发行债券和股权融资。为了进一步吸引私人企业参与，有的政府也会在金融和税收上给予私企一定的优惠，鼓励市场力量积极参与轨道交通建设。相关融资活动通常围绕具体项目展开，因而融资具有有限追索性等特点（王灏，2004a）。市场主导的投融资模式能够缓解政府财政压力，发挥市场化企业的经营能力，优化轨道交通服务的供给。但是这一模式下也有垄断发展和损害公众利益的可能，从交通公平的角度来看，不如政府主导模式，并且私人企业的融资能力有限，也可能导致轨道交通项目发展规模受到限制，无法充分发挥轨道交通网络化的积极作用。

（三）政府与市场合作投融资

政府与社会资本合作（public private partnership，PPP）常见于公共品或准公共品的供给中。根据联合国开发计划署的定义，PPP中政府的合作对象可以是营利组织或非营利组织，政府与这些非政府部门之间以项目为契机开展合作、风险共担、利益共享，通过这种合作形式双方各施所长，期望项目总体利益最大化。政府与社会资本合作也是目前国际上比较流行的融资模式，其主要形式是成立股份制公司作为项目主体，由于有政府的支持，该合资公司在募集资金方面具备一定的优势（马德隆和李玉涛，2018）。有学者认为，PPP本质上就是项目融资（王灏，2004b）。轨道交通基础设施属于经济类的PPP项目，根据政府对项目资金支持的阶段不同，PPP可以分为前补偿和后补偿两种模式（王灏，2004b）。PPP项目的收费方式有三种，使用者付费、政府付费和可行性缺口补助。由于轨道交通项目投资要确保公益性，轨道交通PPP项目属于准经营类的项目，在付费机制上，政府通常会加以补贴，也就是采用后补偿的模式（Chang and Phang，2017）。

在轨道交通基础设施投融资领域，常见的政府和社会资本合作方式有建设–

移交（build-transfer，BT）和建设–运营–移交（build-operate-transfer，BOT）两种，在此基础上有一些变型。BT 模式下，政府或政府授权方作为项目发起人，社会资本作为项目主办人。项目主办人组建 BT 公司，完成项目后移交给项目发起人，发起人按照协议向主办人进行支付。BT 项目实施过程涉及多个环节的行政许可、审批和担保等内容，牵涉范围较广，复杂性强，实施障碍多，融资成本也因中间环节多而水涨船高。在项目实践中存在层层分包的做法，这加剧了 BT 项目的管理难度。但不可否认，BT 项目大大缓解了政府建设轨道交通基础设施的前期投资压力，在推动政府职能转变、完善市场化机制等方面都起到了重要的作用（吴胜权等，2014）。BOT 模式下，项目发起人与项目主办方就轨道交通基础设施建设相关项目签订特许经营协议，政府允许投资者在一定期限内享有项目建设权和运营权，投资者通过在规定期限内的经营收入收回投资成本。相比 BT 模式，BOT 模式多出了运营环节，常用在投资总额高、建设期限长的项目中，并且一般是新建项目。由于 BOT 项目周期较长，面临的风险也更大，需着重进行风险管理。对于轨道交通行业而言，BOT 模式涉及运营，因此项目主办方必须取得项目发起人提供的法定经营权，且拥有相关的资质，项目合作门槛较高。虽然 BOT 项目面临的限制与障碍较多，但是一旦正式运转起来，能够使各方都获得可观的收益，达成 PPP 所追求的"双赢"或"多赢"目标。在这一模式上，还出现了许多变型，如将物业开发也合并到运营的部分供轨道建设方获取收益（庄焰等，2006）。BT 模式和 BOT 模式属于后补偿的 PPP 模式，能够起到减轻政府投融资压力、发挥市场主体优势的作用。

三、轨道交通基础设施投融资发展

轨道交通基础设施可以分为城市对内轨道交通设施和城市对外轨道交通设施两类（刘志，2010）。对外轨道交通是指区域铁路、城际铁路等跨市的客运铁路，对内轨道交通是指城市轨道交通、轻轨等连接城市中心区内部或中心区与郊区的客运铁路。这两类铁路的投融资主体具有较大差异，因此其资金来源有较大差别，投融资模式的发展也有差异。

（一）城市对内轨道交通投融资

总体而言，城市轨道交通的投融资主体是城市政府，城市轨道交通的经营权在城市政府手中，省部级行政主管部门主要从标准或财政方面，对城市轨道建设给予约束或支持。城市轨道交通建设和运营需要大量的资金，目前轨道交通又处于快速发展期，若采用传统政府投资模式，对政府而言压力不言而喻（孙志毅和荣铁，2013）。因此，创新城市轨道交通投融资模式，短期内可减轻政府财政压力，长期能保障城市轨道交通可持续发展。综合国内外地铁的投融资模式，有学者将城市对内轨道交通投融资分为如下五种类型（表2.1）。

表 2.1　国内外城市轨道主要投融资模式

模式	模式特点	代表城市（线路）	投资主体	运营主体
1	完全政府投资	伦敦、巴黎	政府	政府
2	政府投资建设+政府补贴下企业运营	纽约	政府	政府+企业
3	政府投资建设+企业市场化运营	东京、新加坡市	政府	企业
4	政府和企业共同投资+企业市场化运营	深圳地铁4号线、北京地铁4号线	政府+企业	企业
5	完全市场化投融资	香港	企业	企业

资料来源：李福民等（2021）

当前，我国城市轨道交通融资模式以政府主导为主，分为债务型和市场型两类（刘丽琴等，2017）。政府主导负债型融资模式由地方政府支付资本金，资本金以外部分通过多种方式借贷融资。政府主导市场化融资模式，对于处于轨道交通建设扩张阶段的地区而言是有利的选择。PPP项目是政府推动市场化主体参与的主要途径（刘丽琴等，2017）。城市轨道交通项目建设初期投资巨大，初期收益能力较低，但是政府的支持是增加社会资本积极性的重要因素。我国在公共交通建设运营中引入PPP的投融资模式，可以缓解政府的投资压力（图2.1）。国内外对于公共交通领域PPP的研究逐渐从理论层面的探索过渡到实践层面，北京地铁4号线是国内最早引入PPP模式的项目之一，社会资本负责约30%的资金，大约46亿元，有效缓解了政府的财政负担（Chang，2013）。即便是配备了一系列严格的法律合同以及利益分配协议，PPP在实施过程中仍然存在交易成本高等缺陷（Jupe，2009）。从国际经验来看，当轨道交通PPP项目进入运营阶段，往往存在客流量不足、过分依赖政府补贴和项目财务状况不可持续的风险。近年来，中央政府不断加强地方债务管理。作为一种获得额外资金来源的可行方式，轨道交通的"溢价回收"机制，不仅对缓解城市财政负担具有积极意义，也能对当前政府大力推广的公私合作模式起到示范作用（Byrne，2006）。

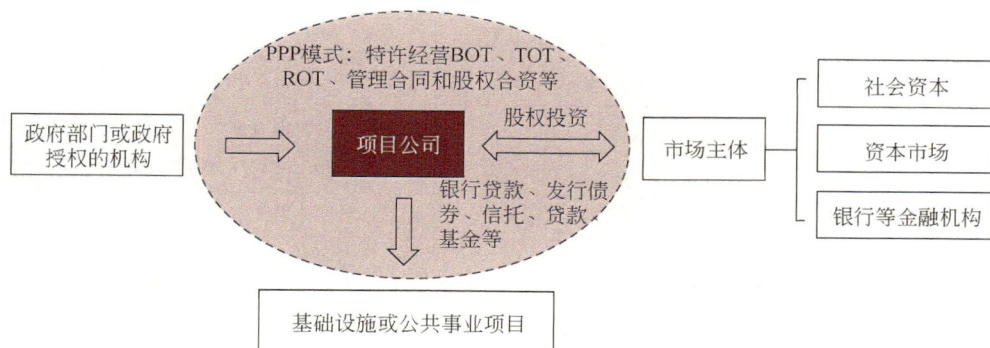

图 2.1 轨道交通项目 PPP 合作框架

城市轨道投融资领域大量涉及项目投资，很多城市都采用了 PPP 的合作模式开展城市轨道投融资。有学者总结，尽管 PPP 目前在城市轨道领域的实践表明了它对铁路投融资能够有所帮助，国内外城市轨道投融资在政府的前期投入、社会机构的参与方式与程度、对公众的影响以及适用范围上都还有较大的差距，且社会资本的营商环境和合作机制尚不完善（李燕，2010）。

（二）城市对外轨道交通投融资

城市对外轨道交通一般指国家层面组织规划建设的铁路系统（孙志毅和荣轶，2013）。发达国家在铁路投融资上有丰富的经验。如日本新干线由铁路公司、地方政府和中央政府三方共同出资建设，资金则交由第四方专门部门单独管理，铁路建设公团只负责新干线的建设与管理事宜（何军和王烈，2010）。美国铁路大部分是私营企业拥有和经营，主要通过借贷、租赁融资，在铁路发展初期，联邦政府提供各种形式的援助，能有效调动民间资本参与，最终使得地方政府和私人企业成为铁路建设主导者（Vega and Penne，2008）。法国政府授权相关基础设施管理机构开展铁路融资，主要形式是特许经营协议或合伙契约（何军和王烈，2010）。德国铁路系统的监管和授权大多由政府控制。在长期国有国营铁路经营模式下的积弊暴露出来后，德国政府对国有铁路进行了私有化改造，设立了铁路融资机构，积极拓宽融资渠道（表2.2）。纵览国外的铁路投融资，大多数国家都经历了国有铁路改制的阵痛，最终走向合作经营的局面。

表 2.2　国外铁路投融资的发展

国家	定价	私营铁路	资金来源
美国	市场定价	有	上市筹资、贷款、政府补贴
日本	市场定价	有	上市筹资、政府补贴、无息贷款、公益性项目按照 8∶2 或 5∶5 中央与地方分摊
法国	政府主导	政府主导	贷款、补贴等
德国	部分市场化	有	贷款、政府专项资金

资料来源：罗仁坚（2006）

铁路系统在我国具有很强的战略指导和国家安全意义，其规划、建设和运营的事权集中受政府管理。长期以来，中央政府一直是投融资中的主导角色。社会经济发展的需求撬动了我国铁路投融资改革，我国铁路建设资金来源的构成变迁，与我国铁路部门改革历史亦步亦趋（图 2.2）。铁路基本建设资金分为两类（表 2.3）。

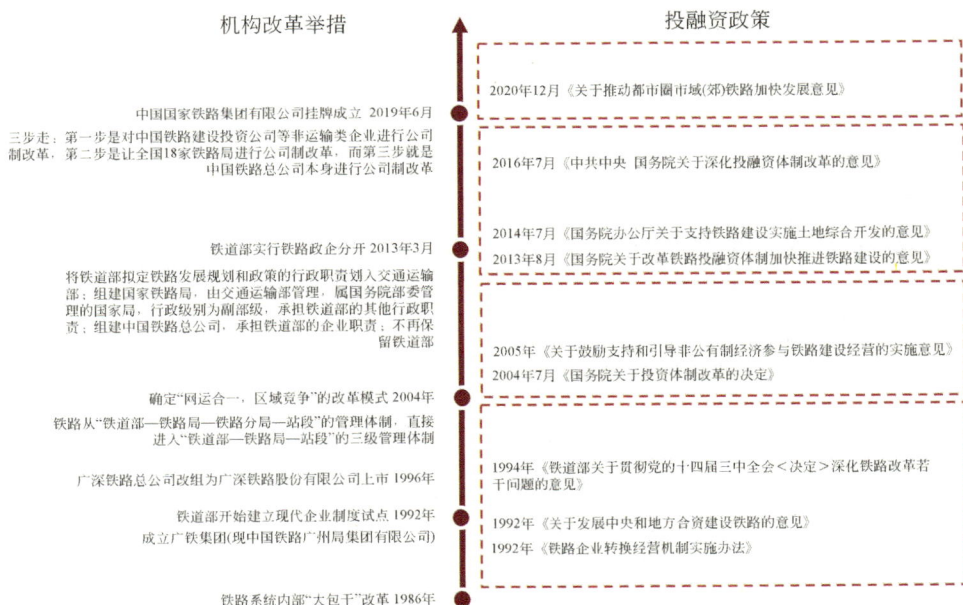

图 2.2　中国铁路部门机构改革与投融资改革历程

表 2.3 铁路基本建设资金分类

类型	资金来源	说明
权益性资金	中央财政预算内专项资金	国家财政用于基础设施建设的预算内专项资金
	铁路建设基金	按规定纳入国家预算管理的政府性基金
	其他资金	其他投资方注入的建设资金
债务性资金	国内银行借款	按投资计划安排、从银行借入的专项用于铁路基本建设的资金
	外资借款	向国际金融组织、外国政府、国外商业银行借入的用于铁路基本建设的资金
	铁路建设债券	按国家规定程序组织发行的、用于国家规定的铁路基本建设项目的建设资金

资料来源:《铁路基本建设资金管理办法》第三章第十条

2004 年以前,我国铁路投资的主要模式为"直接投资",资金的主要来源是国家财政预算内资金、铁路建设资金等权益性资金(玛莎·劳伦斯等,2019)。权益性资金作为这一阶段铁路建设的主要资金,其中除了财政预算,铁路建设基金是其最稳定可靠的资金来源。这一阶段中,虽然出现了部分地方铁路公司上市等投资计划尝试,但是并没有跳出中央财政直接投资的框架,铁路建设的规模和运输能力未能充分满足社会经济发展的需求,亟须启动投融资改革,打破我国铁路建设发展的僵局。

2004~2013 年,"省部合作"的机制大大刺激了地方政府参与铁路建设的积极性,我国铁路建设迎来了跨越式增长(郭文帅,2014)。债务性资金由项目主体来筹集,在铁道部主导直接投资的发展阶段,基本建设的投资和融资都由铁道部来完成(罗仁坚,2006)。铁路建设项目政策门槛高,因此鲜有外部资本和社会资本成功参与铁路建设。铁道债是铁道部融资的重要手段,从 2004 年的 50 亿元增长到 2013 年的 1500 亿元,其间累计发行 7700 亿元。此外,《中国统计年鉴》显示,自 2004 年起,铁路运输业固定资产总投资显著增加,其中中央投资占主要部分,地方投资占次要部分,但是占比持续增高(图 2.3)。铁路投资上的央地关系开始转变。铁道部背负的债务压力,以及地方政府对高铁、动车投资的重视共同促成了这一转变的发生。

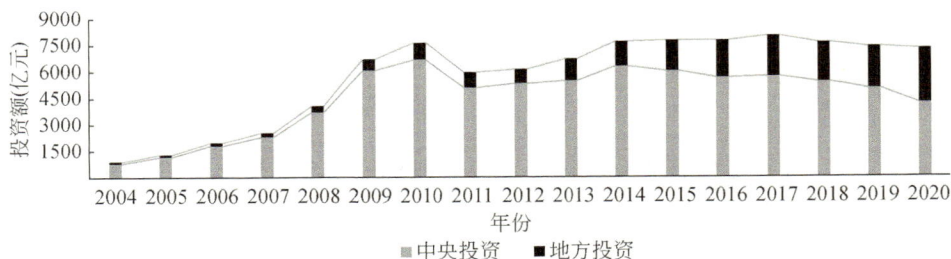

图 2.3　全国铁路中央与地方投资额变化（2004～2020 年）

资料来源：2005～2021 年《中国统计年鉴》

2013 年后铁路债务压力开始显现，中央进一步收紧了铁路建设贷款资金并提高了资本金的比例，不断出台政策鼓励多元化的融资途径。同年，我国实行铁路系统政企分开的改革方案，撤销铁道部，成立中国铁路总公司。在政策鼓励下，社会资本广泛参与，丰富了权益性资金的来源，银行贷款的比例有所下降。但总体而言，债务性的资金比例依然在上升（图 2.4）。并且在这一时期，中国铁路总公司实质上仍然承继了原铁道部对铁路规划和管理的主导权。尽管权益性资金的来源更加广泛，但以债务性资金为主的铁路投融资结构并没有出现实质性变化（张衔春等，2020）。随着改革步入正轨，高铁运营逐渐成熟，中国铁路总公司更倾向于发展干线，着重客流量大的城市，增加收益，而各地各级政府则是追求地方利益最大化，希望为本地争取更好的车站选址、线路联系等。此时，中央政府、铁路公司和地方政府的目标存在偏差。在博弈和拉锯下，地方政府为地方铁路筹集资金，主导部分区域铁路的建设，如 2017 年，我国首个民资控股高铁杭绍台铁路顺利动工（廖朝明，2017），现已开通运营。

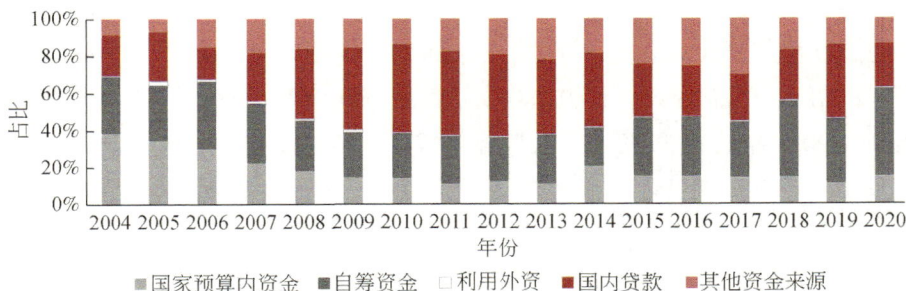

图 2.4　全国铁路投资资金来源（2004～2020 年）

资料来源：2005～2021 年《中国统计年鉴》

2019 年，中国铁路总公司正式更名为中国国家铁路集团有限公司（以下简称国铁集团），由于承受着庞大的债务压力，国铁集团在铁路建设和运营上逐渐放宽权限。同时，以都市圈为主要形态的城市化发展过程中，城际铁路等城市政府出资的地方铁路建设成为了铁路建设的重要组成部分（林雄斌等，2016）。2019 年后，我国铁路投融资的格局终于迎来实质变化，形成了多元化的铁路投融资结构。铁路在运营方面仍然以国铁集团为主，但是也出现了地方运营铁路的案例。

从上述过程可以看出，随着资金来源的变化，中央政府、铁路公司和地方政府之间的利益关系发生了改变。在直接投资阶段，铁道部的建设资金主要来自于中央政府，地方政府无须出资，因此，铁路项目由中央政府主导。在"省部合作"模式的推广下，地方的积极性被调动，此时中央、铁道部和地方政府的目标基本一致，都是为了快速建成高速铁路以谋求发展。此后，铁道部机构改革，希望通过市场化运营解决铁道部留下的高额债务，同时国家发展和改革委员会对项目资金的把控更为严格，防范地方债务危机成为中央政府关注的重点，地方和铁路公司需要拓展投融资渠道，自主获取更多建设资金（段阳等，2021）。目前我国铁路发展仍处于扩张期，干线铁路由中央与地方合作，地方铁路逐渐放权给地方政府，铁路资金结构回归权益性资金并注重防范债务风险，这样的特点将长期存在（表2.4）。

表 2.4　铁路建设项目资金来源构成变迁

铁路建设阶段	权益性资金		债务性资金	
	构成	占比	构成	占比
2004 年以前	国家财政预算内资金、铁道部留存收益、铁路建设基金	>80%	铁路专项债券、银行贷款	<20%
2004~2013 年	各级政府财政预算内资金、铁道部留存收益、铁路建设基金、社会资本	≈50%	铁路专项债券、银行贷款、中期票据等	≈50%
2013~2019 年	各级政府财政预算内资金、中国铁路总公司留存收益、铁路建设基金、社会资本	<50%	铁路专项债券、银行贷款、中期票据等	>50%

铁路建设阶段	权益性资金		债务性资金	
	构成	占比	构成	占比
2019 年以后	各级政府财政预算内资金、国铁集团留存收益、铁路建设基金、社会资本	>50%	铁路专项债券、银行贷款、中期票据等	<50%

四、小结

综上可知，轨道交通基础设施作为一种昂贵的准公共品（quasi- public goods），其投融资具有天然的进入壁垒，从国内外的经验来看，政府投资在其发展过程中起到了至关重要的作用，无论是城市轨道还是城际轨道，都面临筹集建设资金的难题。目前，我国处于城市化扩张时期，都市圈的发展进一步催生了轨道交通建设需求（戴子文等，2018），由此，轨道交通建设与运营带来了政府财政投资及必要融资规模需求的不断扩张。我国长达 7 年的铁路改革完成之后，中央与地方之间的投融资关系不断演变，之后轨道交通投融资的格局也相应改变。从投融资模式的发展趋势来看，公益性的轨道交通将逐渐与营利性的轨道交通有所区分，轨道交通建设的事权和财权将进一步下放到地方政府。城市轨道投融资中积累的经验，将对都市圈轨道、城际轨道等类型的铁路投融资产生影响。这样的发展环境与需求语境，构成了进一步讨论轨道交通基础设施投融资的基础。

第二节　轨道交通投资溢价捕获理论与工具

有学者指出，提升轨道交通票务收入、振兴社区、提升土地价值和提供可支付性住房是 TOD 所倡导的核心价值（Cervero et al.，2004），实施溢价回收政策既能促进这些多元化目标的实现，还能为轨道交通提供更多更可持续的资金支持。溢价回收的出发点，是为价值创造和价值捕获建立清晰的资金纽带（Yang et al.，2019）。以土地溢价反哺轨道交通融资是城市土地利用规划、城市交通规划与城市基础设施投融资规划的交叉领域，近年来受到各地城市政府、交通部门和学术研究的关注（McIntosh et al.，2017）。

一、土地溢价捕获的理论基础

土地价值捕获的概念可追溯到 David Ricardo（1821）和 Henry George（1879），它基于的原则是，土地价值不仅取决于固有价值和私人投资，还取决于其他外部因素（图 2.5）。溢价捕获作为融资的重要手段，被广泛应用于各国基础设施建设或大型公共项目中（Huxley，2009）。基于经济学视角，溢价回收本质上就是要内部化轨道交通作为准公共品带来的正外部效应，在设定的系统内部实现循环（姚影和欧国立，2008）。对于 TOD 规划项目而言，除了轨道交通基础设施带来的正外部性，还有基础设施集聚和协同带来的正外部性，这两类效应都对土地增值产生重要的影响。但是，由于成本收益分析中难以避免重复计算，交通投资带来外部性并不总是能够被准确评估（Yin et al.，2015）。

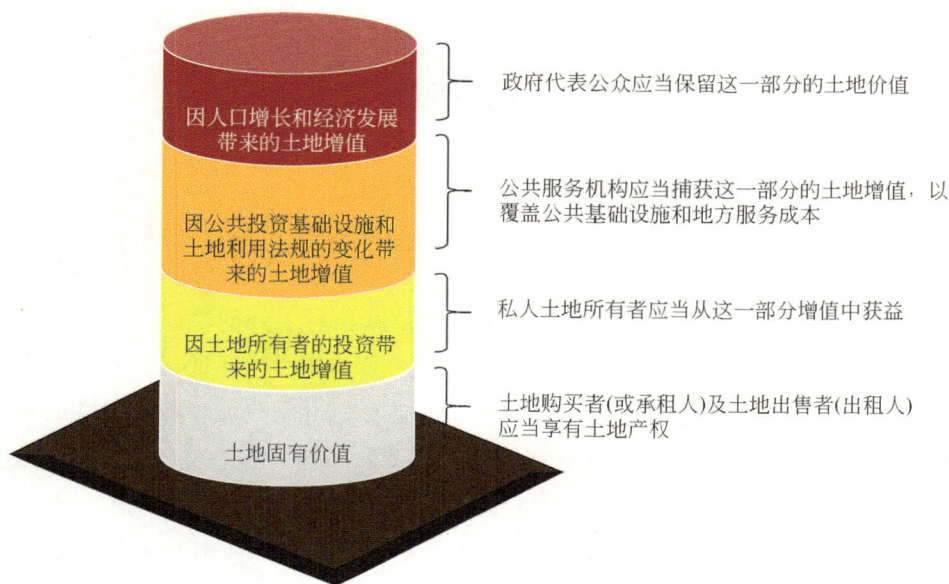

图 2.5 土地价值及其属性（Suzuki et al.，2015）

外部性实现内部化一般有三种思路：

1）基于福利经济学，采取税收等政府干预措施（Hasselgren，2018）。

2）基于科斯定理，明确界定产权，降低交易成本，通过市场的力量内化正外部性（Coase，1960）。

3）基于诺斯（North）的制度创新理论，通过制度设计改变主体关系以实现外部性内部化（何立胜和韩云昊，1999）。

上述思路也对应了溢价捕获的手段和方式。基于税收的溢价捕获工具对应了庇谷福利经济学的思想，联合开发则对应科斯定理与制度设计转变的溢价回收思想。

交通投资的溢价效应包括三方面的产生机制：①可达性改善；②土地用途变更；③土地开发强度提升（Suzuki et al.，2015）。需要注意的是，可达性不仅包括车站到车站的时间距离（或广义成本），还包括车站到目的地之间的时间距离。从日常人们交通出行的需求角度来看，应当更加注重目的地可达性（Moyano et al.，2018）。土地价值捕获的前提，是交通站点或线路附近的土地价格因为交通投资而上涨。但是，仅仅依靠公共交通基础设施，未必一定能使土地升值（Giuliano and Hanson，2017）。轨道交通土地资本化机制较为复杂，土地价值变动需要具体情况具体分析。

二、轨道交通土地溢价效应及其时空差异

有大量的文章研究轨道交通如何影响沿线土地溢价，相应地，也有许多文章采用荟萃分析（meta-analysis）方法对既有实证研究进行归纳和对比，从而揭示轨道交通带来的溢价效应异质性。Mohammad 等（2013）通过对23篇既有研究（106个观察样本）进行荟萃分析，发现通勤铁路相对于其他轨道交通模式，对房地产价值变化的影响更大，轨道交通规划公布比轨道交通开通运营对房地产价值的影响更大；在不同区域的对比中该研究发现，与北美的城市相比，欧洲和东亚的城市轨道对房地产价值的影响更大。在定量研究方法的选取上，采取线性模型还是对数模型可能得出有明显差异的评价结果。与这一研究类似，Wu 等（2020）基于中国1997～2018年的67项实证研究（155个样本）进行定量化比较，全面汇总我国轨道交通基础设施引起的土地和住房价值资本化效应的变化和差异，结果显示，城际和城市轨道交通带来的价值差异显著不同；与住宅用地相比，非住宅用地价值变化不大。类似地，不同的数据类型和研究设计也会影响溢价估算结果。在高速铁路基础设施投资研究中，类似的溢价效应估算差异也同样出现了。Cheng 和 Chen（2021）对45项实证展开荟萃分析，其中也包括对房地产价值的影响，发现采用不同的数据、模型和研究尺度等将得出差异化的研究结果。

（一）空间效应

轨道交通设施溢价的来源是其作为公共品带来的巨大的正外部性，以及可达性的空间再分配（王缉宪和林辰辉，2011；Kim and Sultana，2018）。大量的实证研究指出，轨道交通具有显著的土地溢价效应，高价值点在站点的周围集聚（Wu et al.，2020）。国内外的相关研究对轨道站点影响房地产价格在空间范围和程度上进行刻画（表2.5）。研究显示，站点周边一定范围内的房地产价格提升幅度差异较大，随不同的轨道类型、房地产类型、区位和评估方法而变化。除了城市轨道站点，大型交通枢纽产生的溢价效应也得到了关注，如刘晓欣等（2018）基于250个地级市的面板数据，采用双重差分模型证实高铁对房价的带动作用，并指出，位于中心城市经济群内的城市房地产溢价效应更明显。溢价效应空间范围的大小难免存在差别，反映各地的实际情况，但这些差别也是有限的，落于一个值域内，并且呈现出非线性的特征，类似于轨道交通对其他经济活动的影响（Yang et al.，2020a）。如果土地溢价回收采用"谁受益、谁负担"的原则（Mathur and Smith，2013），识别溢价范围和溢价程度十分重要。

表 2.5　轨道交通基础设施对房地产价值的影响

序号	作者（年份）	轨道类型	国家	城市	结果
1	谷一桢和郑思齐（2010）	地铁	中国	北京	在郊区，轨道交通站点周边1km内的住宅价格要比1km外高出近20%，而在中心区这一效应并不显著
2	潘海啸和钟宝华（2008）	地铁	中国	上海	内圈层楼盘每靠近站点1m，房价上升0.015%；中圈层房价上升0.0193%；外圈层房价上升0.02%
3	乐晓辉等（2016）	地铁	中国	深圳	规划公示后站点1km范围内的地价为公示前地价3.06倍，2km范围内的平均值为2.64倍；而随着地铁的开通运营，1km范围内与2km范围内的地价的增幅分别为公示前的5.21倍和4.95倍

序号	作者（年份）	轨道类型	国家	城市	结果
4	Chen 和 Haynes （2015）	高铁	中国	京沪高铁沿线城市	以时间距离计算，与高铁站的时间距离每下降1%，其周边房地产价格平均下降0.21%
5	Al-Mosaind 等 （1993）	轻轨	美国	波特兰	对站点500m内地块具有显著影响，平均溢价为10.6%
6	Bowes 和 Ihlanfeldt （2001）	地铁	美国	亚特兰大	1/4mi① 内：-2.4%；1/2mi 内：6.9%；1mi 内：3.1%；2mi 内：7.7%；3mi 内：6.6%
7	Bae 等 （2003）	轻轨	韩国	首尔	住宅价格提升2.6%～13%
8	Murray （2016）	轻轨	澳大利亚	布里斯班	站点400m内的土地价值比其他地块约高7.1%，轻轨对土地的溢价约为3亿美元，约占总投资的25%

需要指出的是，轨道交通对周边土地的溢价效应千城千面，从世界各国的案例来看，轨道交通对周边土地及物业的溢价程度可能存在显著的差异。同时，也有研究表明，特别靠近轨道交通站点的地方可能出现房地产价值相对下降的现象，如 Bowes 和 Ihlanfeldt（2001）在对英国轨道交通的研究中发现，在轨道站点约400m 范围内的房地产价格反而有所下降。轨道交通及其他公共设施带来的拥挤和噪声被用来解释这一现象（郑思齐等，2014a）。

（二）时间效应

在时间影响方面，轨道交通项目的周期较长，溢价效应一般基于规划期、建设期和运营期来讨论（聂冲等，2010）。例如，Dabinett（1998）通过对英国谢菲尔德的轨道交通基础设施投资带来的效应进行分析，结论是在轨道交通运营前对房价影响最大。类似地，Henneberry（1998）以英国的轻轨为研究对象，发现在

---

① 1mi≈1.6km。

规划期的运营期轻轨周边的物业租金较高，在建设期租金反而较低。因此，采用租金或房价作为房地产价值的评价标准所得出的结果有所差异。这种区别也体现在地域上，如韩国首尔轨道交通五号线的实证研究结果表明，轨道交通所带来的溢价效应，在规划期、建设期和运营期的初期会更加显著，这些效应随着时间减弱（Bae et al.，2003）。国内学者也对我国主要城市，主要是较早开通轨道交通的城市，开展了类似的实证研究。例如，梅志熊等（2011）对广州地铁三号线施工和开通期间的影响效应进行比较，发现在同一线路上的不同区段观察到的时间效应大小也会有差别，在广州的番禺区，轨道交通开始运营后轨道对房价的正向影响更明显。聂冲等（2010）以深圳地铁一期工程为例也得出了相似的研究结论。最近的一些研究通过大数据弥补了以往实证研究中样本量较少、时间跨度短等问题，还将心理预期效应加入到时间效应的影响分析中（崔娜娜等，2022）。尽管不同的实证研究得出了有差异的结论，但它们总体上确认了溢价效应在中国的城市里面是广泛存在的，并且这一效应受到住房和用地类型、地块规模及其距站点距离、经济发展阶段等综合影响，呈现显著的时空差异。这些实证研究工作对轨道交通溢价回收的策略方案提供了逻辑和参数上的支持。

三、溢价捕获的工具及实践进展

鉴于轨道交通的正外部效应，在传统政府财政补贴基础上，如何采取合理高效的土地溢价回收政策，实现正外部效应的内部化，成为轨道交通融资的焦点。目前，全球各地的城市在轨道交通规划、融资和建设过程中，实施了多样化的溢价回收工具，总体上，土地溢价捕获主要有税费型和开发型两种类型（图2.6）。土地税费型依靠多种税收机制来提取土地增值部分，而土地开发型则通过土地销售、土地租赁和开发权等实现（马祖琦，2011）。

（一）基于税收的溢价回收工具

基于土地税费的溢价捕获是以税收或费用为基础的公共交通投融资模式，主要包括改良税（betterment tax）、特殊评估区、税收增额融资、土地增值税、交通影响费等模式。其中，土地增值税是一种通过法律手段回收溢价部分的税种（程雪阳，2014）。它是基于征税对象的土地价值或土地与房屋价值总和的评估进行征税。由于土地增值税的税收通常会纳入政府的一般用途预算，所以它并非

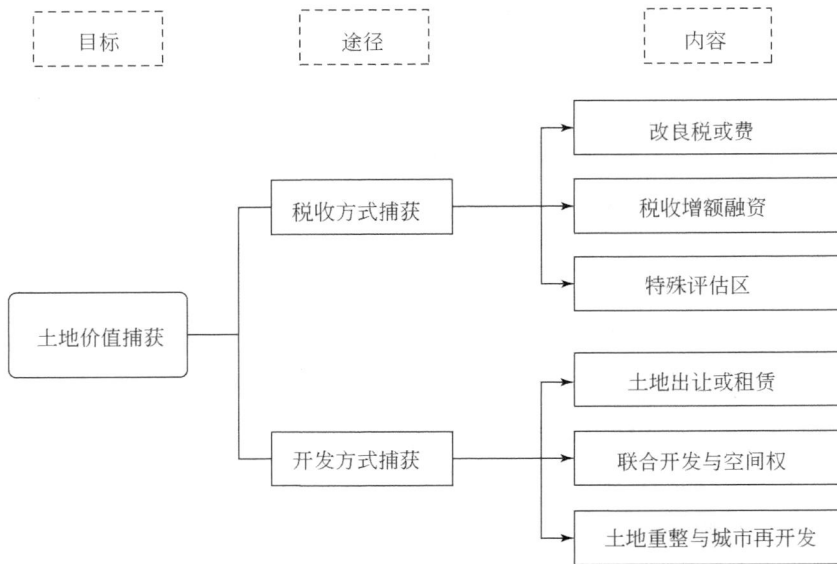

图 2.6　溢价捕获方式分类

一种专门针对轨道交通投融资而实施的税种。随着提供新基础设施和公共服务的成本逐渐超过各层级政府的财政预算，在轨道交通可达性更好的地区，通过土地溢价回收来增加地方政府的财政能力，被认为比一般的房产税更稳健（Hui et al.，2004）。目前，开发影响费在美国广泛使用，但在城市公共交通的应用相对较少。因此，重点介绍改良税、特殊评估区和税收增额融资的溢价回收方法。

（1）改良税

改良税，是基于公共投资带来的土地增值能够用于城市轨道交通投资这一设定所征收的税，是针对从交通基础设施建设受益的财产持有人所收取的费用（Medda，2012）。轨道建设这样的项目，其中大部分的成本来源于获取土地，如伦敦轨道公司（London Crossrail）通过向大伦敦地区征收改良税，筹集轨道建设资金 41 亿英镑（GLA，2010）。改良税被视为一种公平的、易于理解的和有效的征税方式，其底层逻辑也简洁，"只有通过社区的共同努力，土地才有价值"。人流增加会带来土地价值提升，这种价值源于全社会的共同努力（Batt，2001）。此外，改良税也激励高密度的城市发展，对土地资源紧缺的城市有着重要的意义。新加坡市和香港特别行政区就有通过征收改良税为其地铁系统融资的例子（Hui et al.，2004），土地溢价回收是它们的交通基础设施建设资金的重要来源。

香港特别行政区的改良税基于物业的完全市场价值，新加坡市的改良税税基是完全市场价值的 50%，另外一半则留给私营部门，用来激励城市发展。改良税主要适用于土地市场运作稳健、有完善税收管理系统的地方（Enoch et al.，2005）。实施改良税，尤其在发展中国家，存在产权不明确的障碍，有些城市的住宅房产登记往往是不完整的（Brown-Luthango，2011）。而且人们可能认为公民在使用公共交通时的便利程度和频率是有差异的，因此对这个税种并不买账。另外，改良税有可能会影响城市地区的人口迁移，因为有的人也许有大量的资产，但是没有足够的现金来支付改良税（Jaramillo，2000）。因此，开展快速公交系统（bus rapid transit，BRT）项目时，印度的运营商特别向商业办公用地所有者征收改善税，所获资金用于交通项目建设（Ballaney and Patel，2009）。

（2）特殊评估区

在城市与区域发展中，制定特殊区域（special district），是在"收益原则"的基础上，实施的一种成本还原策略（Zhao and Larson，2011）。这一政策工具能在各类公共服务供给中使用，如环境保护、污水处理、消防等。相比于改良税的纳税对象，特殊评估区征税的范围更具有针对性。采用该方法时，首先将受到轨道交通影响导致地价提升的区域认定为特殊获益区，对特殊获益区的税收开展特定评估后，对该范围内获益的房产持有者征收一定税费，所收税费用于补偿轨道交通建设和运营。1980 年以来，洛杉矶、华盛顿特区、西雅图等城市就开始制定特殊评估区政策，为新建轨道交通设施融资（Center for Transportation Studies，2009；Mathur and Smith，2013）。其中，西雅图的溢价回收政策实施，为地方政府筹集了约 2500 万美元经费，约占建设总成本 47%，对 2007 年轨道交通顺利开通运营起到了巨大的推动作用。特殊评估区的范围根据轨道交通的影响范围来划定，可以按照邻近性等方式评估（Moon et al.，2021）。此外，特殊评估区内的收费政策，对于不同用地类型通常有所区分（Zhao and Larson，2011）。

（3）税收增额融资

1952 年，税收增额融资在美国加利福尼亚州首次实施（Byrne，2006），目前广泛应用于美国城市基础设施项目融资（张民等，2019）。税收增额反映了项目建设开始（基准税基）与建设完成这一过程中的税收差额，其中基准税基对应的税收收入属于城市政府，而税收增额部分则用于区域内交通基础设施建设或补贴（马祖琦，2011）。税收增额融资的期限在十年以上，其优势在于保证原有税收收入并能够预支未来的税收，刺激发展预期。例如，在丹佛联合车站的建设中，2004 年丹佛市通过了增加 0.4% 销售税来帮助项目融资的决议，2008 年又在车站及其周边 20acre（约 0.08 km²）范围内设立了税收增额融资区，将该范围内的增额税收用于偿还联邦政府的交通贷款（EPA，2013）。

（二）基于土地开发的溢价回收工具

基于土地开发来反哺公共基础设施建设，主要实现方式有三种，分别为土地出售或租赁，联合开发与空间权和土地重整与城市再开发。

（1）土地出售或租赁

土地出售或租赁是指政府将土地出售或出租来捕获规制改变（如土地类型、容积率等）带来的土地增值（Suzuki et al.，2015）。这一模式能够与城市开发很好地结合起来，尤其是在实施的国有土地使用权出让制度（简称土地批租）下的地区，通过批租固定期限土地发展权，为基础设施投融资提供资金。在我国，基于土地批租的溢价回收途径有三种：一是地方政府行政辖区范围内的土地出让，通过增加地方政府一般预算外的财政收入为相应配套的基础设施进行投融资（Yang et al.，2019），这是中国地方政府的普遍做法，但这种模式并非专门针对轨道交通建设；二是在土地出让金的基础上，留存一部分收入作为专项资金，专门针对全市层面轨道交通建设进行投融资；三是在轨道交通站点的一定范围内，通过增加周边土地开发密度的形式，抽取相应的土地财政收入，用来承担轨道交通的建设和运营成本（Suzuki et al.，2015）。

（2）联合开发

联合开发简单而言就是"交通"与"土地"的联合，一方面，将房地产收入用于补贴交通基础设施投资，另一方面，利用交通流量支撑周边物业项目发展，最终达到一加一大于二的良性收益循环。这一模式能够减轻政府对公共交通的补贴负担，在美国各地均获得成功，包括圣迭戈、华盛顿特区和波特兰的市中心（Dittmar and Ohland，2004）。这种开发模式也存在问题，按照这一逻辑，房地产开发强度越高，所得收益就越高，但账面数字角度的"最佳和最优"，对行人和居民而言并非最好，过于活跃的人口活动实际上也带来了拥堵和安全的风险。

美国通过联合开发为轨道交通融资包括四方面的策略：①发展费用策略；②房地产税策略；③净值投资策略；④刺激开发策略。应当注意的是，美国联合开发的背景是公共交通系统使用率低、亏损严重，通过联合开发可以有效提升公交分担率，但这些策略并不都适用于我国，即使在目前来看，我国依然以增加公交服务供给为主要发展导向（陈雪明，1993）。

"轨道+物业"模式是联合开发理念下的一种类型，其特点为依托轨道交通站点，站点周边物业与轨道交通设施紧密结合，常见于高密度城市中，代表城市有中国香港、日本东京。香港地铁和东京JR东线大部分的收入都来自于土地开发（Khurana，2015）。"轨道+物业"是一种有效的投融资方式，能够显著提升客流量和住宅价格（Cervero and Murakami，2009）。据估算，靠近香港地铁的住房价格溢价达5%～17%，如果将住房与轨道融合设计，这一溢价范围会超过30%（Verougstraete and Zeng，2014）。虽然由于土地、交通投融资制度的差异，我国内地城市在实践这一模式时遇到了一定的阻力（Wang et al.，2019），但内地城市政府拥有土地，为采用基于联合开发的溢价捕获方式提供了较好的实施基础。

（3）土地重整与城市再开发

土地重整在亚洲国家和地区得到广泛使用（Sorensen，2000）。随着土地重整带来容积率的增加，在新增土地空间开发资源的配置过程中，一部分新增土地开发资源通过出售或租赁的方式转移至土地开发商，从而以筹集的新资金来覆盖再开发的（部分）成本，实现土地溢价回收。尽管土地重整表现为自我筹资型的土地再开发，但一些项目也需要来自政府的公共补贴（Hong and Needham，2007）。与之相近的两个做法是开发权转移（transfer of development right）和建筑权收费（charges for building rights）。但开发权转移是在保护历史建筑和环境生态的背景下产生的，是在限制开发的情况下制定的利益补偿手段，是一种空间开发容量的再分配（马祖琦，2020）。建筑权收费是指对提升容积率等开发指标的行为进行收费，是一种空间增量，容积率奖励（density bonuses）就是通过提供公共基础设施以免除建筑权收费的溢价回收方式。

（三）不同溢价回收工具的适用条件

总体上，不同溢价捕获政策的适用性和作用机制均存在显著的差异，从而呈现出差异化的效果。在实际运用中，这些溢价回收政策既可以单一使用，也可以组合使用（表2.6）。

表 2.6 不同溢价捕获工具的典型应用（Moon et al.，2021）

价值来源	价值捕获工具	工具说明
改变规制	对建筑权收费	政府出售超出土地利用限制（如容积率）的开发权，以筹集资金，资助公共基础设施和服务
	开发权转移	土地所有者向市政府支付的费用，用于将一块土地的密度潜力转移到另一块更适合的、更高密度的土地上
	对改变用途收费	政府出售改变区划的可能性（如从农村到城市）以筹集资金，资助公共基础设施和服务
	密度奖励	政府允许开发商提高场地的最大允许开发量，以换取资金或其他形式的支持，达到特定公共政策目标
公共投资	改良税	政府对公共投资创造的估计效益征收附加税，要求直接从公共投资中受益的财产所有者支付其费用
	特殊评估区	政府划定特定区域，对区域内的使用者收税
	税收增额融资	对某一地区的房产征收附加税，该地区将由市政债券资助的公共投资进行再开发，以抵消预期增加的房产税，主要在美国使用
联合开发	土地储备和项目公告	政府在公布基础设施投资计划前持有或获取土地，然后政府向开发商出售/租赁土地使用权，一次性或分期获得土地出让金
	城市更新	政府、土地所有者和开发商建立合作关系。将零散的地块整合成一个场地，然后开发（如高层混合用途建筑），并提供新的通道和公共开放空间。地方政府修改分区法规，提高目标再开发区域（通常在轨道交通站点周围）的最大容积率，并为基础设施提供资金
	土地重整	土地所有者将他们的土地集中起来，拿出一部分土地进行出售，以筹集资金，并（部分）支付公共基础设施开发费用

越来越多的研究提到，溢价回收的顺利实施也需要制度和政策的支持（Zhao and Larson，2011）。从我国溢价回收现实发展来看，通过土地销售和租赁的机制能在各个地方政府的行政管辖区内实现土地收益及其对公共交通投融资支持。但是，联合开发的方式仍然受到越来越多政府的青睐，只是这一方式需要特定的合作和制度设计（Song et al.，2021）。另外，即使在房产税等新的制度出现的情况

下，要使用基于税费的溢价回收方式也并不简单，仍待建立一个完整的税收和反馈机制，需要相应的人力资源和平台搭建（Medda，2012）。

四、小结

在轨道交通基础设施投资领域，溢价捕获已经从理论研究走向规划实践。在欧美地区，对溢价捕获的政策体系、实施机制和作用效果已形成了丰富的研究成果。这一经验在我国也逐渐得到推广和本土化实践。首先，现有研究肯定了轨道交通基础设施蕴含的价值潜力，主要从时空角度刻画轨道交通带来土地增值的效果。总体上，大量实证研究关注轨道交通影响房地产价值的机制，但是，产生了价值不等于能够捕获价值回馈交通投资。作为一种创新的投融资制度，溢价回收的实施依赖于地方政府的制度设计能力和治理能力。其次，在收益获取上，由于土地制度和税收体系的差异，国内外城市轨道交通融资溢价回收的政策和实践具有明显的差异（郑思齐等，2014a）。欧美地区溢价回收的实施主要依赖于多样化的土地税收体系，而中国城市轨道交通的土地溢价回收主要采用了土地开发导向的投融资政策。从我国的制度环境背景来看，基于开发导向的溢价捕获方式具有较好的适用性。成功实现溢价回收，需要制度和政策的协助，目前分析其实施机制或驱动因素的文献还比较少，需要对这一做法开展更为系统的研究（Wang et al.，2019）。最后，如何评价溢价回收是实践工作中的难点，发展背景的差异增加了评判这种收益方式的难度。评价的前提是认识，要对多样化的溢价回收手段进行评价，需要一个系统的分析框架对其进行研究，而现有研究中尚缺这样的一个框架。

第三节　公交导向开发理论与政策保障

一、交通和土地利用一体化理论

考察城市用地与交通的关系，城市用地的功能特征影响交通模式的选择和交通线路的构建，城市空间结构反过来又受到交通基础设施的影响。约翰·M. 利维（2003）在他的书中写道："当前的土地利用模式决定当前的交通需求，而交通决策决定未来的土地利用模式。在最好的情况下，土地利用和道路交通规划是相互协调而非相互孤立的过程。"

（一）交通基础建设引导城市空间发展

交通方式的改进将促进城市空间体系的演化，城市交通自从人类文明建立以来经历了步行时代、马车时代、有轨电车时代、汽车时代等几个交织发展的时期（图2.7）（黄亚平，2002）。长期以来，许多研究者致力于研究交通对空间发展的影响理论，其中，古典学派、芝加哥学派和行为学派三个学派的工作具有里程碑式的意义。19世纪中期至20世纪中期，德国古典经济学派的学者相继提出了农业区位论、工业区位论、城市区位论和市场区位论等著名理论。20世纪初，在美国崛起的芝加哥学派研究者们从人口与地域空间的互动关系入手，探讨了城市发展的动态过程，形成了著名的城市地域结构三理论，即同心圆结构理论、扇形理论和多核心理论。19世纪60年代，行为学派展开了交通、通信技术与城市空间结构的研究，提出了可达性影响土地使用理论与城市成长的交通理论。城市与交通的关系、交通系统与土地利用关系是上述三个学派的重要研究内容。

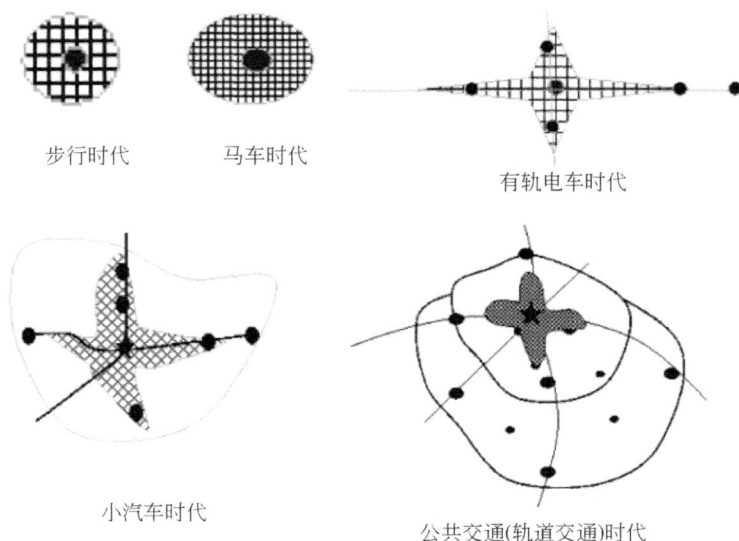

步行时代　　马车时代　　　　　　　　有轨电车时代

小汽车时代　　　　　　　公共交通(轨道交通)时代

图2.7　不同交通发展时期的城市空间形态与规模（黄亚平，2002）

不同的交通模式，带来不同的城市发展空间形态。交通作为联系城市空间的重要基础设施，通过改变区域内不同地点的可达性和区位条件，进而引导城市用地属性和形态结构的变化。早在 20 世纪中叶，美国规划官员协会以及以 Wingo（1961）为代表的多位学者便通过建立经济学模型，证实了交通出行时间和费用成本可以通过改变区域的通达性，对城市土地价值产生影响，进而决定土地的用途。Schaeffer 等（1975）探讨了交通系统对城市形态的影响作用，他们认为城市形态的演变和交通工具与出行方式的发展密不可分。在进入以小汽车为主导的城市化时期后，机动车通行的道路作为整个城市的骨架，承担着沟通其内部各区域的功能；早期的许多文献探究了交通投资尤其是道路交通建设对城市土地利用变化的影响（Chipman et al., 1974; Moon Jr, 1987）。国内外经验亦表明，相比其他交通模式，轨道交通对形成特大城市、都市圈或城市群有着非常重要的作用。

伴随着全球城市交通拥堵和环境污染等一系列城市病的出现，公共交通尤其是轨道交通成为了主导城市发展的重要交通因素。通过改变区域的可达性，公共交通从宏观层面上影响区域人口、产业和功能的集散，引导城市空间结构变化；微观上影响地区土地价值，从而引发土地使用用途和土地利用强度的变化。从公共交通对土地开发利用的引导作用来看，相关学者前期主要从公交对土地使用强度和房地产价格的影响角度展开分析，探讨了公交导向的规划如何有助于完善土地开发利用（Cervero et al., 1997a）、提升线路站点周边土地资源价值（王伟等，2014），如王姣娥（2013）和乐晓辉等（2016）在明晰土地价值和开发强度机理的基础上，探讨了公共交通对城市空间结构的影响，Papa 和 Bertolini（2015）则证实了 TOD 模式能够有效促进城市多中心化发展。王亚洁（2018）在总结归纳国外城市轨道交通与站域土地利用互动研究进展后指明，城际轨道通过改变居住和就业等可达性赋予站点周边土地区位优势，从而带来土地利用强度、混合度和价值的变化。

轨道交通与道路交通产生影响的方式有显著的差别，它作为一种固定轨道的交通工具，主要是以站点为媒介来影响城市土地利用。轨道交通本质上是通过提高可达性改变城市间相对区位，产生时空压缩效应，促进地区社会经济联系，而这种作用在空间上并不均衡（Monzón et al., 2013）。我们在生活中会发现，那些轨道交通路过但没有停靠站点的县市或者社区，容易成为轨道交通建设热潮中蒙受损失的地方。究其原因，是因为轨道交通的隧道效应，进一步扩大站点所在的区域、站点路过但不设站的区域与没有站点的区域之间的经济发展机会差距（Levinson, 2012; Monzón et al., 2013; Qin, 2017; Zhang, 2017）。

　　站点的区位和布局对于轨道交通网络能否发挥积极作用影响很大。站点本身兼具节点和场所的功能，它既是客运交通枢纽，也是城市中的重要公共空间（Bertolini，2008；Garmendia et al.，2012），交通衔接、服务供给和规划支持是有效利用站点带动地方发展的关键（Diao et al.，2017；Moyano et al.，2017）。轨道交通站点对城市和社区发展所起的作用可能是积极的，但也可能是消极的。总体上轨道交通对于区域经济有促进作用，但由于地方之间的自身发展条件差异较大，同一条轨道线路，给沿线不同市镇和社区带来的影响差异显著（Ureña et al.，2009；Vickerman，1997）。因此，站点本身并不能作为促进地方经济发展的有效保证，地方自身的经济发展条件、交通政策与其他因素共同塑造高铁站点的影响（Yin et al.，2015）。目前对站点选址的研究，多从工程建设的角度，基于客流量或是环境与可达性的要求对高铁站点的选址进行优化和设计，但站点选址作为多方博弈的结果，除了受制于技术和环境因素，还受到政治经济因素影响，包括土地开发的驱动（Xu et al.，2013）。此外，地铁和高铁等投资均十分昂贵，需要谨慎的决策，盲目地新建轨道设施，可能不仅不能达到预期发展目标，甚至可能导致地方政府滑向债务危机（丁志刚和孙经纬，2015）。

（二）土地利用模式影响交通模式选择

　　土地利用对交通出行的模式选择也一直受到学界关注。学者通过开展一系列实证研究，探析了城市土地开发密度、混合利用程度、区域活动通达性等用地特征因素对居民出行方式选择产生的不同层面及程度的影响（孙斌栋和但波，2015；Hu et al.，2018）。周素红和杨利军（2005）结合广州城市形态的演化过程探究了城市空间结构与其内部交通需求的关系，并指出，职住关系将影响交通量和交通需求空间分布。杨超等（2012）以居民出行调查数据为基础，提出一套基于居民活动模式的分析方法，以实现基于出行活动的交通需求预测。此外，也有文献通过定量数据分析证实了大都市土地利用模式及空间形态对交通通勤时间和出行距离的影响（Mcnally and Ryan，1993）。在探讨交通出行行为与土地利用联系时，研究者也采用了不同的土地利用特质对其进行解释，其中包括城市的建成环境和空间结构等内容。如 Handy 等（2005）、Susilo 和 Maat（2007）分别利用北加州和荷兰城市的实证数据探析了建成环境因素与居民出行行为和通勤趋势的关联关系；Yang（2005）在对亚特兰大和波士顿两座城市的对比中分析了城市空间去中心化带来的通勤影响；Pan 等（2009）则以上海的四个社区为例证实了城市形态对出行行为的影响。城市土地利用模式是一个泛化的概念，有学者关注"郊区化""多中心""职住关系"这三个维度的城市空间结构现象，从近年来对于中国的相关研究中得出，郊区化使得出行距离显著增长，多中心结构对于出行的影响尚不明朗，工作地与居住地紧密联系的情况下，出行量显著减少（Hu et al.，2020）。

随着由小汽车带来的城市环境问题显露，学者们逐渐转向关注公共交通。陈燕萍（2000）在引入公交社区的概念和应用实例的基础上，指出要解决我国城市交通问题，根本出路是发展公共交通导向的土地利用形态。同时，以轨道交通为主要对象的城市土地利用的影响研究越来越多，其内容包括公交乘客量（Taylor and Fink，2013；Zhu W et al.，2019）、公交分担率（赵丽元等，2019）等方面。而在研究方法上，国内外文献都经历了从传统到现代化的方法和技术革新，以往的研究多是利用土地使用和出行调查等传统数据，建立多种统计回归分析模型来进行分析。随着学者们对新数据和新技术力量的关注，之后逐渐涌现出大量利用大数据（Gan et al.，2019）以及可解释机器学习（Ding et al.，2018）等新工具和新素材的实证研究，这也意味着城市土地利用对交通需求影响机制的研究体系越来越成熟。

总体来看，目前相关的研究逐渐呈现两种趋势，在研究对象方面，随着交通技术和理念的发展，对城市交通行为的关注从最初的步行转向小汽车出行又逐渐向公交出行侧重，公交化趋势已经成为当前交通与土地利用一体化的主要方向，TOD 模式也成为学术研究的热点；在研究方法上，先前的文献中更多以城市交通出行、土地利用特征以及经济社会属性的调查与统计数据为基础，之后便出现了更多的基于活动日志、互联网信息等大数据的研究，数据分析技术也由传统的多变量统计回归模型，转向了采用梯度提升决策树等机器学习的方法进行分析。

二、TOD 起源、定义与设计原则

（一）TOD 起源与定义

TOD（transit-oriented development）这一词汇，是卡尔索普在其《未来美国大都市：生态·社区·美国梦》一书中提出的，这一概念则源自于"新城市主义"（卡尔索普等，2014）。卡尔索普将 TOD 定义为"以公交站点和核心商业区为中心、平均半径为 2000ft（约 600m）的土地混合利用社区"。在 20 世纪 80 年代，小汽车产业迅速发展与崇尚郊区的生活模式导致城市蔓延、环境污染等问题日益凸显，城市规划师们试图寻求一种新的城市开发模式以解决这一问题。TOD 通过整合交通与土地资源呼应了新城市主义提倡的步行、环境以及历史文化友好的发展原则。因此，早期所说 TOD 是从社区层面对城市生活效率和生活品质反思后的一种规划应对方案。

随后 TOD 的概念逐步扩展，不再局限于社区层面，而是被用于城市空间结构的讨论，其内涵也增加了效率之外的成分，如生态环境、社会公平。基于实践案例，Dittmar 和 Ohland（2004）提出，"TOD 从早期的一种规划概念，逐步发展成为一种特殊的'用地单元'，成为一种有别于传统'小汽车交通为导向'的新的城市基本构成结构"。学者和政府部门都给出了 TOD 的定义，在美国，反复强调的是 TOD 模式下高密度、混合、步行友好的城市功能和空间形态（表 2.7）。实际上，早在 TOD 一词被提出之前，日本就实践了轨道引导城市发展的做法。需要指出的是，不同的城市社会发展背景下，倡导 TOD 的目的是不同的。第二次世界大战后，日本政府期望通过新城建设改变东京单一集中型的城市结构，实现多中心型结构的规划设想，并由此大力发展轨道交通引导新城的发展，疏解东京中心区的居住功能（李燕，2017）。在南美，TOD 理念并非体现于轨道交通出行，而是体现在 BRT 出行上。相比轨道交通而言，BRT 降低了技术难度和经济成本，公共交通的建设不仅仅是为了城市的通行效率，也成为缓解社会阶层矛盾、促进社会融合的手段和切入点。在波哥大强力推动 BRT 系统建设的市长潘纳罗萨（Peñalosa）认识到，城市交通的整体挑战不是技术性的，而是政治性的，"以自行车和公共交通为主要交通方式的城市更民主也更平等"（Suzuki et al.，2015）。

表 2.7　学者和政府对 TOD 的定义

来源		定义
规划研究	Calthorpe（1993）	以公交站点和核心商业区为中心、平均半径为 2000ft（约 600m）的土地混合利用社区
	Bernick 等（1997）	以公共交通站点为中心，1/4mi（约 400m）为半径（相当于步行 5min 距离）的混合功能社区
	美国 TOD 研究中心（2007）	在公共交通中转站周围步行距离内（约 800m）紧凑发展模式，它通常具有混合功能，如商业、商务、住宅和餐饮设施

来源		定义
政府机构	马里兰州交通部（2000）	TOD 具有较高的发展密度，包括居住、就业、商业以及公共设施等功能混合于一个大型的公共汽车或轨道站点周围适于步行的范围之内，偏重于步行和自行车交通的设计原则，同时允许汽车交通
	加利福利亚州交通部（2002）	TOD 是围绕主要公共交通站点进行适中或更高密度的土地利用，通常将居住、就业、商业服务设施混合布置于适合步行的范围之内，采用适用于行人的规划标准和手法但并不排除小汽车。TOD 适合于新建也适合于改建，前提是充分与公共交通设施相互协调

从城市间发展背景对比来看，我国目前面临的问题是用地紧张，交通基础设施投资不足（表2.8）。中国城市发展 TOD 的目的，最初是为了缓解高密度城市建设地区由于小汽车保有量激增引发的交通拥堵以及环境污染等问题（Xu et al.，2017）。自实施"公交都市"政策以来，我国各大城市积极响应该政策（孟祥海等，2020）。此后，随着交通投资的压力显现，TOD 开发又增加了筹集基金的使命。

表 2.8 城市发展 TOD 背景对比

项目	中国内地主要城市	中国香港	美国主要城市
人口与土地资源	人口压力大，土地稀缺	人口压力大，土地稀缺	人地矛盾不突出
城市化	人口向中心城市集聚	人口集聚城市中心	多中心、郊区化的趋势明显
机动化	机动车保有量已快速增加，拥堵问题严重	机动化出行率较低	保有量长期很高，小汽车是主要的出行方式
公交发展	公交服务供不应求	已建立轨道交通为主导的公交体系	使用率较低
职住关系	通勤距离和时间近年来显著增加	适中	通勤距离长期较大
土地所有制	国有	政府持有	私有

（二）TOD 的设计原则

TOD 规划的目标是通过一些简明的原则来细化和实现的（表2.9）。Dittmar 和 Ohland（2004）认为要将 TOD 规划转变为可靠的房地产产品，必须要从功能上对 TOD 有更明确的定义，如密度、混合利用程度、交通服务水平和街道连接度等。随着交通与土地利用的一体化理念的推广，TOD 的设计原则从"3Ds"细化到"6Ds"，对可达性和交通管理方面的原则进行明确和补充（Cervero et al.，1997b；Ewing and Cervero，2010）。大量的学者和规划师为 TOD 本土化作出贡献，在中国，虽然发展 TOD 的出发点与其概念起源地具有差异，但是借鉴美国、日本等国家和香港地区开展 TOD 的经验，我国推出"公交都市"战略，推动公共交通的发展尤其是轨道交通的建设（卡尔索普等，2014；Doulet et al.，2017；Xu et al.，2017）。同时各个城市也推行了一系列的综合开发政策文件。此外，不同于北美城市发展 TOD 是为了防止城市蔓延，提倡精明增长和紧凑开发，中国城市发展 TOD 更多是为了优化出行、缓解拥堵，以及减少小汽车带来的环境影响，解决城市用地供给有限的条件下更加有效地开发土地和组织城市空间的问题。在城市设计和场站规划上，随着 TOD 在中国的深入发展和应用，产生了适应不同规模和特点的城市的具体设计手法与概念（张明和刘菁，2007）。

表 2.9　设计原则的细化与本土化

作者		原则
Cervero 等（1997b）	3Ds	密度、多样性、设计 （density，diversity，design）
Cervero 等（2008）	5Ds	密度、多样性、设计、目的地可达性、站点距离 （density，diversity，design，destination accessibility，distance to transit）
Ewing 和 Cervero（2010）	6Ds	密度、多样性、设计、目的地可达性、站点距离、需求管理 （density，diversity，design，destination accessibility，distance to transit，demand management）
与中国国情结合的原则	张明和刘菁（2007） 5D^2	极差密度、港岛式区划、精心设计、多样选择、涨价归公 （differentiated density，dockized district，delicate design，diverse destination，distributed dividends）
	卡尔索普等（2014） 7Ds	密度、多样性、设计、目的地可达性、站点距离、需求管理、人口 （density，diversity，design，destination accessibility，distance to transit，demand management，Democratic）

（三）TOD 的类型

交通与土地利用一体化的设计原则沿袭新城市主义和精明增长的城市设计理念。在开展 TOD 设计时，首先要划定 TOD 影响区的范围，对影响区内的开发强度、密度和街道尺度等要素进行引导（Ollivier et al., 2021）。对 TOD 进行分类，有助于在规划中落实相关的概念，给出针对性的政策建议。目前的 TOD 分类主要从区位视角、功能视角和开发类型来分类。如卡尔索普将 TOD 归纳为城市级TOD 和邻里级 TOD 两个基础类别，两个类别在土地混合程度、密度等方面有所区别，在此基础上建构不同的标准以指导 TOD 社区的建设（Calthorpe, 1993）。Dittmar 和 Ohland（2004）以区域功能定位的视角，将 TOD 社区产品分为六个类型。我国的实践中，一般根据轨道交通站点的特征来分类，如站点的等级、规模等。

更为系统地，节点 - 场所模型提供了一种分类评价 TOD 站区的框架（Bertolini, 1996），将 TOD 的用地特征和交通特征结合了起来。站点既承担交通功能，也是城市公共服务空间的重要场所，这两种功能之间既相互干扰，又相辅相成。在站点规划设计与开发时需要权衡这两种功能的价值，采用节点 - 场所这个框架进行站点的类型学研究对政策制定有所帮助。基于这个概念，有学者将土地与交通的联系程度加入其中，对站点进行分类（Lyu et al., 2016），最近还有学者系统地将北京、上海、深圳、武汉、杭州五个城市置于同一个评价框架中进行研究，其方法也是基于节点 - 场所模型的概念（Su et al., 2021a）。也有研究指出，孤立地看待一个站点时会低估站点可达性潜力，将站点放在 TOD 网络中考虑时能更全面地评估 TOD 的价值，基于这样的思路，通过交通网络联系可以扩展节点的含义（Huang et al., 2018）。

根据 TOD 片区所处区域开发阶段的差异，TOD 理念主导的规划实施方式可以分为新区开发与城市更新两种类型。在新区建设中，TOD 的理念通过用地规划与公共交通体系的协调，以公共交通体系支撑城市新区的开发。新建项目的规划与建设相对容易和经济，但由于公共交通建设进度可能相对滞后，导致过渡过程中公交服务的缺失（李燕，2017）。在城市更新中，以公共交通为切入点，能够实现老城区的复兴。其中，填入式开发方式可以用于郊区也可以用于城市中心，填入式开发不仅仅是填补缺失的用地要素，它还必须与周围社区进行连接（Loo et al., 2017）。Loo 等研究了 TOD 在城市中的空地和未利用土地中的应用，TOD

被视为解决和管理人口增长的一种方式，并作为城市更新战略的一部分，这项研究恰好展示了新城新区开发和城市更新两种形式下 TOD 的开发潜力差异。他们对比了 TOD 在香港绿地和城市空地上的实施情况。结果显示，与填充式开发相比，在绿地等城市外围土地上的相对大规模开发带来了更多的人口和就业增长，但是，城市内的填入式开发具有更大的人口和就业密度。

三、公交导向开发政策支持

TOD 历经数十年的发展后，我国学者已察觉到国内对于 TOD 的政策保障的研究和讨论尚且不足，开始对国外的优秀发展经验进行总结。如李智慧等（2011）将 TOD 保障公共政策归纳为规划政策，法规政策，价格政策和宣传政策四种类型，强调系统的政策对于落实 TOD 的重要性。母睿（2014）依据西方国家的政策制定经验，从土地、交通、规划和房地产发展等六个方面总结了 TOD 的保障性政策，并对这些政策的可借鉴性进行了探讨，指出 TOD 在能否成功应用取决于土地开发现状、政策法规和组织环境，以及社会接纳性三方面因素。

TOD 政策从实施对象上看，可以分为两个，交通与沿线用地。一方面，在机动化和汽车工业迅速发展的背景下，需要推进公共交通基础设施建设和公交优先发展，调控小汽车的拥有和使用（卓健，2013；张韦华等，2020）。另一方面，在高质量城市化和城市空间拓展的要求下，需要促进和保障沿线用地开发，有效回收交通投资产生的收益，并将获得的收益反馈于公共交通基础建设中，以保障公共交通的可持续发展（Medda，2012；郑思齐等，2014a）。以下将从公共交通优先发展战略和沿线用地综合开发政策两方面，介绍国内外的政策和部分文献。

（一）公共交通优先发展战略政策保障

（1）发展公交都市的交通规划保障

规划的内涵从工程建设计划出发，越来越多地融入政府公共政策（杨洁等，2013）。在交通规划方面主要有两类措施来保障 TOD 中的公交优先发展。第一，结合土地利用规划完善公共交通网络。如通过建立土地利用和交通整合模型（LUTI model）辅助修订公共交通网络规划，随后按照交通政策的要求预留好各类公交场站以及用地（Morton et al.，2008；Zhang et al.，2018）。第二，在交通规划中纳入绿色出行交通模式。如哥本哈根开展的自行车专项规划（Elesawy，2020），这一方式需要考虑到多种交通模式之间的充分衔接以及路权优先顺序。

在应对如何划定交通规划的服务范围问题上，法国的交通规划打破了固有的行政规划边界，将传统的技术导向的交通规划转为政策导向的交通规划。1982年法国颁布法案提升了"城市公共交通服务区"在管理城市交通问题上的重要性，城市公共交通服务区的特点是其范围随着城市公共交通网络的延伸而变化，基于这一点，法国政府进而提出将城市交通的建设与管理从各市镇分离出来，由沿线各个城市组成委员会，统一管理城市交通（卓健，2019）。

公交导向开发，公共交通优先是前提。大力支持公共交通的发展，本质上是要改变城市居民的出行模式结构，这并不是单纯追求建设公交或是达到更高的公交分担率，而是使得公交、小汽车与非机动出行形成恰当的比例，因地制宜改善和优化城市交通（卓健，2013）。在我国公交优先政策指引下，对于公共交通规划的重视程度逐渐提高，但是目前公共交通规划作为一项专项规划，影响力有限，需要结合更完善的运营管理等方面的制度设计来保障公共交通规划实施（卢毅等，2010）。

（2）公交优先发展的法规支撑

20世纪60年代，由于财政危机，美国公共交通行业已难以为继，美国联邦政府不得不从国家层面对城市公共交通行业实施援助（图2.8），从1961～1966年，相关法案逐渐完善，从法律上保证了联邦政府能够利用来源相对稳定的高速公路燃油税，拯救日渐衰退的公共交通事业（周江评，2006）。20世纪70年代，美国公共交通行业逐渐恢复，但公共交通资助金额仍大幅增加，有学者认为交通行业资助体系的立法意图已超出公共交通行业自身，更多从国家整体战略层面进行考量（李晔等，2013）。美国公共交通发展的过程中，主要通过法规保障其目标的实现。法规是公共交通领域在美国获得资金的重要保障，这也说明了公共交通作为准公共品，政府和补贴在其中具有重要的地位和作用。

中国香港地区高密度的城市发展模式与内地大多城市类似，香港的公共交通的法规体系也与内地的法规体系更为接近，其建立的战略、规划标准和运营相呼应的公共交通法规保障体系，对于内地城市有着重要的参考价值（图2.9）。20世纪70年代末，高密度城市开发带来的弊端逐渐显现，香港特别行政区政府出台三部白皮书倡导使用公共交通，为香港城市交通的发展指明了方向，并为规划准则和运营条例的制定提供了依据（陈晨，2011）。

立法要点变化　　　　　　"里程碑"法案

```
┌──────────────┐
│  单独条款关注  │   · 1961年《住房法案》(HA-1961)
└──────────────┘      ——美国第一部明确为公共交通提供单独条款的法案
┌──────────────┐   · 1964年《城市公共交通法案》(UMTA-1964)
│  确立财政资助  │      ——首次在法律上明确了联邦政府为公共交通提供财政资助
└──────────────┘   · 1966年《交通部法案》(DOTA-1966)
┌──────────────┐      ——在形式和行政上确立单一的机构来领导、管理和解决城市公共交通问题
│  明确管理机构  │   · 1969年《国家环境政策法案》(NEPA)
└──────────────┘      ——将公共交通纳入国家的环境保护战略层面
┌──────────────┐   · 1974年《国家公共交通援助法案》(NMTAA)
│  关联环境战略  │      ——初步确定联邦财政的公共交通财政资助体系
└──────────────┘   · 1991年《综合地面交通效率法案》(俗称冰茶法案)(ISTEA)
┌──────────────┐      ——有意识地将综合交通与经济、能源、土地、环境、安全等方面整合考虑
│  完善财政体系  │
└──────────────┘
┌──────────────┐
│  综合交通框架  │
└──────────────┘
```

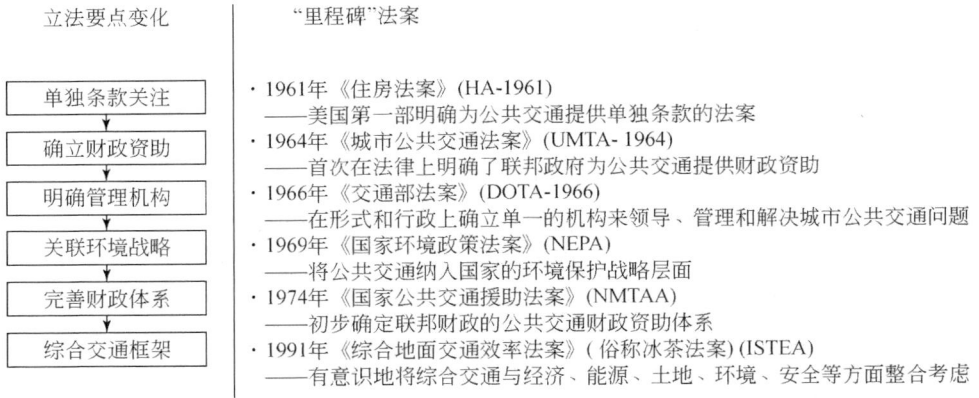

图 2.8　美国公共交通立法发展进程

基于（李晔等，2013）整理

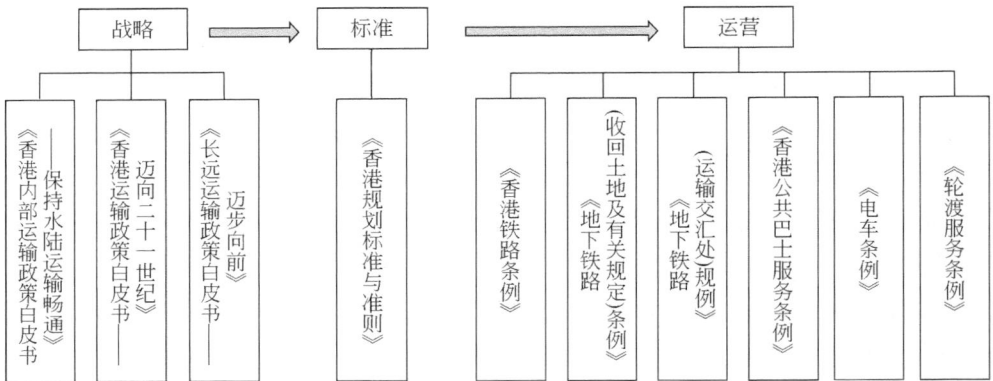

图 2.9　中国香港地区公共交通法规体系

基于（李晔等，2013）整理

　　中国目前在中央政府层面还没有针对公共交通立法，因此也导致了地方政府想对公共交通立法时没有上层依据，立法进程滞后于实际城市交通发展需要，给后续推动公交导向开发以及公交都市政策造成了一定的困扰。我国关于公交优先的法规正在完善之中，关于这个方向的研究工作具备很强的现实意义。

（3）公交优先发展财政支持政策

根据国内外的发展经验总结，可以将鼓励公交优先发展的财政政策分为补贴型政策和限制型政策。国内外已有研究对公交实行补贴型政策的必要性进行了充分论证，主要从公益性、公平性、正外部性和规模经济四方面考虑（Elgar and Kennedy，2005；Goeverden et al.，2006；朱伟权等，2015）。第一，公交服务作为准公共品，具有明显的公益属性（Mattson and Ripplinger，2012）。第二，完善的城市交通保障系统，可以为弱势群体提供低廉的交通服务（卓健，2013），而财政补贴可看作一种收入再分配方式，提升交通公平。第三，补贴政策有利于引导部分小汽车出行需求向公交转移，缓解小汽车增长带来的拥堵等问题（黄敏等，2014）。第四，公交行业特别是地铁，存在规模经济特征。即使是常规公交，在考虑乘客出行时间成本后，也存在规模经济效应（Savage and Small，2009；Basso and Jara，2010），可理解为乘客数量增加后，仅需将公交车数量同比例增加，此时每位乘客平均运营成本不变，乘车时长不变，但由于增密班次，等车时长缩短了，因此每位乘客平均总成本下降，这一现象被称为"莫林效应"。

公交补贴方式非常灵活，可以是中央向地方政府拨款、发放专项补贴、税费减免，也可以是申请地方项目发展基金等（张敏等，2001）。1970 年后，日本对轨道交通建设运营的补贴刺激了东京都市圈轨道交通网络迅速扩张，促成了轨道交通模式的垄断地位（张道海等，2013）。在法国，用于城市公交发展建设的支出分为两部分：基础设施建设和日常运营维护，基础设施建设的资金支持来自中央政府拨款，而日常运营和维护则由地方政府承担（卓健，2014）。2006 年，我国明确了公交服务的公益属性，并建立公共财政补贴制度，提出实行"低票价+财政补贴"的政策。我国公交运营企业可以获得的政府补贴有三部分。一是中央政府发放的油价补贴，二是地方政府（省级或市级财政）提供的购车补贴，三是市级财政对公共交通的运营补贴（周华庆和杨家文，2015）。卓健（2014）认为，我国中央财政对地方公交建设发展的资金扶持基本是缺位的，这在一定程度上影响了公交优先战略在地方层面的贯彻和执行。

限制型政策主要体现为征收汽车购置税、征收燃油税、交通拥堵收费、停车收费和附带条件的机动车所有权等相关措施。长期以来，交通需求管理被认为是解决城市交通拥堵的有效策略。车辆限行限购措施由于较好的可操作性而被地方政府广泛接受（乐晓辉等，2018；潘海啸，2010）。停车许可证绑定了小汽车使用者和其责任，在日本得到应用，有助于控制整体的机动车保有量（李智慧等，

2011）。日常生活中，错峰限行、单双号限行等限制小汽车出行的政策得到广泛的应用和尝试，各个城市都摸索出了适用于本地的交通需求管理办法。

目前我国主要通过公交补贴、设置公交专用道等政策和规划手段，从资金、税收等各个方面支持公共交通发展，同时调控或适当限制某些低效率、高污染的交通方式，如通过限行或限牌来管理机动车拥有与使用（周素红和杨利军，2005；李晓江，2011；母睿，2014）。考虑到特大城市和大城市巨大的客流需求以及紧张的土地资源，环保、快速的大运量轨道交通，成为构建大城市公共交通系统的必选项（王姣娥，2013）。但是对于人口密度较低、机动化出行占据主导的地区，发展公共交通的成本收益仍然需要谨慎评估，避免投资失衡和社会资源的浪费（宋彦和丁成日，2005）。

（二）公交沿线用地综合开发政策保障

（1）支持用地开发的规划策略

土地利用方面，李智慧等（2011）认为国外较为成熟的调整空间形态的规划政策主要包括四类：①调整宏观城市空间结构；②调整微观城市形态；③巩固城市中心；④以大型开发、投资项目引导城市空间趋向方便公交服务的土地利用形态发展。国内外城市采用多种政策或规划工具以调整宏观城市空间结构，如城市优先发展区（Renne，2008）、城市增长边界或城市服务边界（Nelson and Moore，1993）、城市开发权转让区（马祖琦，2020）等。各城市主要依靠调整密度、土地混合使用等工具塑造 TOD 区域，在宏观层面进行密度控制，在微观层面进行局部高密度开发（刘冰冰等，2009；刘泉和史懿亭，2020）。城市建筑遗产保护和城市中心再开发都可以视作对高密度、混合使用目标的巩固。研究发现，改建已有火车站点往往能带来更好的开发效果，因为其可达性通常优于新建站点（Bertolini，1998；Diao et al.，2017）。不同的制度背景下，所采取的用地开发策略有所不同。欧美很多城市对于大型开发较为保守，其原因是基于税收的主要财政收入方式，使得项目倾向于落在税收基础较好的区域。但是，我国倾向于利用大型交通基础设施开展大规模的用地开发和新城建设，这与我国的土地财政和财政资金利用制度密切相关。

此外，通过交通影响评价管控开发强度也成为一种常用的方法。交通影响评价一般被纳入建设项目的环境影响评估中，以控制项目建设（陆化普等，1996）。交通影响分析是避免土地过度开发的规划控制措施，在香港地区，用地规划设计都要符合交通影响评价制定的开发强度（黄良会，2014）。林雄斌等（2019）对日本的交通影响评价经验进行剖析，指出交通影响评价对于实现高密度开发有重要的意义。

总结而言，支持 TOD 综合开发的规划策略包含宏观层面的空间结构控制策略，以及具体的土地利用规划及城市设计。根据现有文献将美国实践中所用到的规划工具整理如表 2.10 所示。事实上，其中的很多工具在我国也有所使用，只是变更了名字或者方式，如深圳的密度分区规划走在我国前列（唐子来等，2003）；配建公共品和可支付住房等捆绑用地出让条件，一直是土地批租制度下我国土地开发的重要工作内容（朱丽丽等，2019），但是由于税制的差异，影响区等工具则使用较少。

表 2.10　美国支持 TOD 综合开发的规划策略整理

策略	工具
空间发展	城市增长边界、设定增长区、捆绑开发、农地保护
土地利用	密度分区、混合区划、引导更新与再利用、可支付住房、停车步行、自行车规划、联合开发、其他开发激励手段如设定 TOD 影响区

（2）保障沿线用地的供应

在土地供给方面，TOD 综合开发的首要基础是土地，获得土地是发挥轨道站点的交通优势对城市发展积极影响的重要前提。在土地私有制国家，综合开发土地获取的主要方式有土地征用和土地先买两种（苏剑等，2010；蒋俊杰，2017）。土地先买比土地征用更可行，譬如法国和美国采用这一办法，规避土地征收可能带来的法律、协调问题，保障综合开发实施进度（程雪阳，2014）。日本通过《宅铁法》鼓励轨道沿线的用地开发，允许开发商对轨道站点及周边区域不同权属的各类土地进行整合，要求政府协助铁路公司获取土地，必要时，政府可直接借予或转让其所需土地（蒋俊杰，2017）。香港特别行政区政府通过制定条例，在法律上赋予香港地铁轨道沿线和站点周边的土地开发权和轨道交通专营权（黄良会，2014）。我国的"招、拍、挂"土地出让制度为 TOD 土地整备带来了一些困难，增加了轨道公司获取用地的不确定性以及轨道企业的融资压力（蔡蔚等，2008），使得综合开发难以广泛实施（杨建华，2016）。在法律和政策层面打通土地获取的制度瓶颈对于推广 TOD 综合开发十分重要，杨家文等（2020）总结了东莞、上海和深圳城市的用地获取做法，分别根据新开发用地和已出让或已开发用地获取模式，在现有制度设计下，归纳出定向招拍挂、土地作价出资和协议出让是三种可实施性较强的综合开发用地出让方式。

在土地管制方面，规划许可是许多城市管理土地开发的基本工具。在德国，基于规划的合规审查，土地开发规制几乎覆盖了所有的土地开发建设行为（李泠烨，2015）。在英国，从《住宅与城市规划法》到《城乡规划法》，现代城乡规划制度得以确立；同时，发展权国有制度和开发许可制将所有土地都纳入了规划管制，实现了从土地用途分区管制向开发许可制的转变（卢为民，2015）。在我国，用地监管也是我国国土空间规划的重要改革内容，林坚等（2019）指出，国土空间用途管制的最重要的功能是实施自然资源开发监管，规划许可应当被纳入更大的规划语境之中。

（3）TOD 项目财政和税收激励政策

公交用地综合开发的实现需要积极的财税政策。越来越多的政府和公共部门认识到，实施 TOD 综合开发的成本十分高昂，需要额外提供财政和税收激励，才能促进公交用地综合开发。目前，主要采取的财政和税收激励手段有贷款优惠、影响费收费、税收减免、创新融资、税收增额融资（tax increment financing，TIF）。以美国为例，州政府层面保障 TOD 规划和实施主要针对购买和规划两个环节的行为。针对购买行为，政府部门主要通过税收减免和贷款优惠政策引导公共交通与土地利用一体化，部分地区会提供住房补贴以鼓励人们居住在公交站点附近；针对建设与规划行为，主要是通过政府财政拨款，提供相应的项目资金支持，有的地区会提供容积率奖励或是在规划中促成联合开发（张晓东，2012）。但是，这些支持站点周边开发项目的做法是否合理尚且存疑。有学者认为，如果交通与土地利用之间的正反馈关系成立，那只需要刺激（补贴）轨道交通建设这一端，就应该可以让整个反馈系统运转起来：首先，投资轨道交通使轨道交通建设获得正外部性，然后，通过溢价回收策略收集资金再用于轨道建设（Levinson，2012b）。相反，如果进行了轨道交通投资，但是却没有相应的物业增值出现，反而要通过补贴站点周边物业项目来鼓励 TOD 的发展，那反向说明这个地方轨道交通投资是不必要的，需要反思项目实施的必要性。

四、小结

综上，国内外交通与土地利用一体化领域已有丰富的研究与实践，但发达国家与地区的经验并不能简单地被复制粘贴到我国城市。各个城市的实际的工作中已经对 TOD 综合开发有所尝试，但我国目前仍缺乏系统的 TOD 支持保障政策（Xu et al.，2017；李智慧等，2011）。表 2.11 针对交通与土地两个对象，从规划、法律和财政三个维度总结了支持公交导向开发的政策工具包。从上述文献可以看出，以往的城市交通规划主要突出物质规划的特点，近几年则开始强调城市公共交通规划的公共政策属性。公共交通规划由政府与其他相关利益主体协商达成，逐步被视为一种维护与协调公众权益尤其是出行权益的工具，这一过程离不开法治的保障（杨洁等，2013）。TOD 用地规划支持政策，在发达国家和地区，有较为完整的法律和税收制度配套保障，因此许多工具需要结合我国国情进行修改使用，不能照搬。我国的交通与土地利用一体化政策研究已有一定的基础，但政策实践大多领先于政策理论研究。各个城市针对自身的环境条件尝试性制定城市、站点的 TOD 相关政策，通过控制性详细规划和城市设计等手段介入原有的规划体系。在国土空间规划的背景下，规划的传导性和一致性有了更高的要求，缺乏制度保障可能成为落实 TOD 政策的重要障碍，需要审视现有的 TOD 策略如何更好地融入国土空间规划体系。

表 2.11　TOD 支持政策构成

项目	规划	法律	财政
公交优先发展	公共交通综合规划 -国家战略方针 -跨行政区合作框架 -城市交通模式引导	公共交通立法 -确立公交的地位 -确定公共交通供给的标准 -明确公共交通投资的来源	补贴型政策 -公交运营补贴、燃油补贴 -票价票制 限制型政策 -限制小汽车（限牌、拥堵费等）
沿线土地开发	宏观 -城市增长边界 中微观 -调整用地类型 -密度分区 ……	土地供给 -土地征收 -土地先买 -特许经营 规划许可与影响评估管理	购买环节 -贷款优惠 -减税免税 规划环节 -财政补贴、项目资金 -容积率奖励

第四节　既有研究总结与展望

首先，现有研究均肯定了 TOD 综合开发对轨道交通投融资能够起到正面作用，甚至能够进一步放大轨道交通的正外部性。轨道交通作为准公共品，其盈利性受到一定的限制。TOD 综合开发政策通过溢价回收的思路，能够部分填补轨道交通投融资的资金缺口。这一做法能够带来经济、社会和环境多方面的潜在价值，对于各地政府来说都具有吸引力（Yang et al., 2020b）。但是大量的研究均集中在分析轨道交通带来的土地增值效应上，对通过 TOD 综合开发获取这些价值的机制研究较少。推进这一方面的本土化研究，有助于提升 TOD 综合开发政策的应用效果。

其次，既有研究肯定了 TOD 这一理念具有很强的适用性，同时也强调需要重视 TOD 发展背景的差异化（Yang et al., 2016a；Zhang, 2007；赵鹏军等，2016）。谈到 TOD 规划，绕不开交通与土地利用之间的互馈机制。正是基于由可达性联系起来的交通与土地利用正反馈，公交导向开发的实践逻辑才得以成立。也是因为这一基础理论具有普适性，TOD 具有很强的适用性，在美国的低密度发展城市、欧洲的更新导向的城市、亚洲的高密度发展主导的城市，均发展出了各自的特色（张明和丁成日，2005；Cervero et al., 2008；卡尔索普等，2014）。TOD 理念的真正落实有赖于本地化的制度创新与突破。

再次，我国 TOD 话题的相关研究和概念存在一定程度的模糊。TOD 规划与TOD 综合开发之间存在一个基本的区别，TOD 综合开发强调溢价回收以及与轨道交通投融资的联系，而 TOD 规划更偏向于在空间形态上强调交通与土地的联结。国外 TOD 相关研究已有大量积累，从研究主题来看，最多的是与规划、政策与实施相关的研究（Jamme et al., 2019），从设计转向政策的研究趋势，体现了 TOD 项目从概念走向落地的实际需求。目前我国城市在交通与土地利用一体化领域已有大量的实践（清华大学中国城市研究院等，2020），公共交通与土地利用一体化规划与实施，也逐渐成为学界和实践管理部门最为关注的公共政策内容之一（汪光焘，2016）。国内的研究中，偏向于空间设计的 TOD 规划更多，规划设计与轨道交通投融资之间的联系研究较少，话题相对分散，对综合开发政策目标的回应程度不够。

最后，面对大量、多样化的 TOD 实践案例，现有研究论述仍然缺少系统性的分析框架，不利于之后对这些实践进行规范化梳理与系统性提炼。溢价回收或是 TOD 综合开发都是多样化的，在不同的社会制度、经济发展条件下有着不同的形态或方式。在溢价回收方面，从既有研究中可以看到，要实现溢价回收很大程度上受到当地经济政策、制度背景和土地法规的影响。目前国际上主流的回收模式有两种：以美国为代表的征收税费的溢价回收模式，和以中国香港地区为代表的联合开发模式（Cervero et al.，2008；Medda，2012）。在我国的现有土地和政府运作模式下，由于土地所有权大部分都能由政府来把握，基于土地开发的"轨道+物业"的模式具备很好的实施基础，也是目前主要采用的溢价回收方式。但是，"轨道+物业"的开发模式对轨道公司运营和管理物业的能力有所要求，对于土地获取的程序与制度保障有所要求（Tang et al.，2004；杨建华，2016）。从理论研究到实践需求，均提出了本土化的轨道交通溢价回收模式的研究指向。而要从之前的经验中获取养分，则需要系统性地深入了解国内外成功案例的实施逻辑，结合制度背景来重新审视 TOD 综合开发。

总体而言，国内与 TOD 相关的实施机制、制度安排等方面政策研究已有一定的基础，但是与 TOD 效应和评价的研究成果相比，则相对模糊和分散，政策的实践大多领先于政策的理论研究，尤其是缺乏一个系统的分析框架，用于研究和认识多样化的 TOD 综合开发案例。一方面，受到东京、香港等亚洲高密度城市发展 TOD 的影响，国内 TOD 站点的建设如火如荼。同时由于土地财政的缘故，"轨道+物业"的联合开发模式以及交通投融资成为了重点的研究对象，与之密切相关的溢价回收理念也得到了充分的推广，但是仍然缺乏系统性的政策知识体系来支撑政策在不同阶段和不同地区的使用，使得实施具体政策时，会出现空有规划而无法落地的现象。另一方面，各个地方城市针对自身的环境条件，尝试性地制定城市、站点的 TOD 相关的政策，通过控制性详细规划和城市设计等手段介入原有的规划体系中。国内外制度背景和城市条件差异导致的政策效果差异，在相关研究中已有多种表述，重视这种差异性并开展本土化的相关研究有相当的价值。

第三章 | TOD 综合开发政策沿革与分析框架

要建立 TOD 综合开发的分析框架，首先要对其实践发展、政策目标以及相关制度背景进行了解。我国 TOD 综合开发实践源于筹集轨道交通建设资金和节约集约用地的发展需求。目前 TOD 综合开发的理念已经得到广泛的推广，国家到地方也出台了许多探索性的政策文件予以支持。从现有政策出发，我们可以了解 TOD 综合开发的实施要素，而从理论研究出发，我们能够建立这些实施要素之间的联系。本章将基于综合开发实践和政策的发展提炼溢价回收的实施框架，构建本书整体的分析逻辑。

第一节 我国 TOD 综合开发实践发展

一、我国 TOD 综合开发实践探索

我国各个城市轨道交通发展起步时间有所差异，但综合各个城市的发展经历来看，可以按照空间开发模式将我国轨道交通 TOD 综合开发的实践分为三类：地下空间开发为主、轨道交通设施用地复合利用、站点与周边用地一体化开发。

（一）模式一：地下空间开发为主

在我国轨道交通综合开发实践早期，主要针对城市轨道场站相连的地下空间进行一体化综合开发，也就是我们今天所熟知的地铁地下商业街或地下商场。地下空间的使用权获取相对简单，符合城市开发中节约集约用地的发展诉求，在 20 世纪 90 年代率先开通地铁的城市如广州、深圳等城市均有发展。如广州地铁 1 号线公园前站动漫星城商业广场，是我国首个获得地下空间产权的项目，面积约 3.1 万 m²（广州地铁，2021）。深圳地铁集团利用修建地铁车站及区间施工自

然形成的地下空间，开发商业街并增加地铁出入口通道，深圳地铁1号线连城新天地一、二期已成为目前国内规模最大的地下空间开发项目，面积共约4.7万 m²，项目商业空间贯通三个地铁站，所增加的出入口与周边的住宅、高端商务和大型公共空间紧密相连，扩大了地铁影响的辐射范围。

（二）模式二：轨道交通设施用地复合利用

香港地铁"轨道+物业"上盖开发模式，对内地城市开展 TOD 综合开发起到重要的示范作用。内地一些城市在早期就曾尝试对车辆段等交通设施用地进行复合利用。但受制于土地使用权、建筑设计规范和规划审批等制度因素的限制，物业开发与轨道建设难以同步。一些早年布局的物业项目直到近几年才正式落地完成开发出售，一些则不了了之。可以说，车辆段和车站综合体开发、起步早、收效晚。上海是我国较早进行车辆段开发的城市，上海市政府在用地供应、开发主体和规划报批都给予车辆段开发政策保障，申通地铁以一级半开发商的身份参与开发建设，完成开发预留条件的地块通过招拍挂方式出让给市场主体开发。典型的开发项目如上海地铁10号线吴中路停车场，项目取得用地到上盖物业开始经营共历时8年①。广州地铁和深圳地铁早期就均具备物业开发和经营的经验，在车辆段的开发项目中，都选择了自主开发运营的路子，如深圳地铁5号线塘朗站车辆段上盖住宅和人才住房均由深圳地铁集团主导开发运营。内地兴起车辆段开发后也引发了一些争议。首先，车辆段上盖物业位置分散，大多处于轨道交通线网的端头，甚至有的项目只有场没有站，并无联通轨道交通的服务；其次，由于缺少慢行系统的统筹规划，上盖物业与周边地块的连通性也较弱。在综合开发选址中，过于聚焦车辆段或停车场上盖物业开发，忽视步行友好和公共空间营造，实际上是背离 TOD 设计准则的。

在铁路枢纽方面，由于涉及不同层级的轨道建设单位，项目工期、规划更是难以同步，合作开发挑战更大。深圳北站作为新建铁路场站综合体，在选址和客流培育上相对其他同期高铁站点 TOD 较为成功，通过地上地下空间一体化开发整合资源，由深圳地铁集团自主开发运营。重庆沙坪坝火车站 TOD 是近年来引人瞩目的实践案例，因为它既是我国首个高铁 TOD 上盖项目，又是依托既有铁

---

① 2009年上海申通地铁取得用地，2010年由华润置地集团竞得50%项目股权进行物业开发，2017年吴中路万象城开业。

路站点更新建设的代表，兑现了国铁、社会资本和地方政府多方合作，在存量空间上实现高铁、城际铁路、地铁、公交等多种出行方式的融合。

（三）模式三：站点与周边用地一体化开发

随着 TOD 理念的拓展，许多城市开展轨道站点周边用地一体化开发的尝试，通过"定向"招拍挂、土地作价出资等方式，突破土地出让制度障碍，保障轨道交通建设主体参与 TOD 综合开发。站点周边新城开发与城市更新成为这一阶段 TOD 综合开发的热点。但是既有轨道站点，尤其是既有铁路站点，其选址多从运营速度、征地成本出发，导致周边土地利用与枢纽的一体化开发建设不匹配。要培育出新的城市次中心需要较长的开发周期。许多铁路站点周边用地开发功能以居住为主，缺乏产业支撑，片区开发后继乏力。最关键的是，站点周边大规模的土地出让的收益与轨道交通建设脱钩，没有起到直接补贴运营或建设的作用。珠三角城际铁路在规划之初，就制定了土地综合开发收益分配的机制，从制度设计层面解决土地开发收益分配的问题。随着城市的扩张，既有铁路站点逐渐被城市化地带包围，区位优势逐渐显现出来，但交通与用地的矛盾也更为突出。一些城市通过改造既有铁路站点的契机，整合周边用地资源，实现站城一体化开发，如成都的成都南站、东莞的虎门高铁站和广州的广州火车站等。

（四）现阶段多种开发模式并举

目前，TOD 开发的领头羊城市和后起之秀城市都开展了统筹多个 TOD 项目开发的部署工作。如成都市政府将统筹现状和规划的 105 个站点和 90 个车辆基地的综合开发用地，提出"无策划不规划"，强调产业、居住和商业等布局规划，注重 TOD 物业产品开发质量；又如杭州印发了《杭州市轨道交通 TOD 综合利用专项规划》征求意见稿，规划"六区二十一片"TOD 分布格局，TOD 站点将分为 5 个层级规划实施，同时 2021 年推进"8+1"TOD 综合开发示范项目规划和城市设计编制。上述做法，体现了城市从总体层面对 TOD 综合开发的重视。在政策和规划的支持下，站点开发模式从单一转向多种模式并举，场站周边的用地成片规划，不同的开发模式采用针对性的空间供给策略，我国的轨道交通 TOD综合开发覆盖城市全域，发展日益完善。

二、TOD 综合开发实践意义与挑战

开展铁路或城市轨道交通项目时，主导者不能仅仅追求发展建设，还要防范规避债务风险，避免地方财政最终被庞大的资金需求拖垮，陷入进退两难的境地。从资本金①比例要求的变化中可以看出，不同发展时期对应的宏观调控思路有所不同（图 3.1）。在大力推动 GDP 和刺激经济发展的背景下，铁路和城市轨道项目的资本金比例一再下调，以撬动基础设施建设迅速打开局面。近年来，随着债务压力显现，中央政府加大力度防范资金风险，对铁路或城市轨道项目立项逐渐严格，对城市轨道交通和铁路项目投融资的资本金比例要求也有所提高（图 3.1）（详见附表 A.2）。

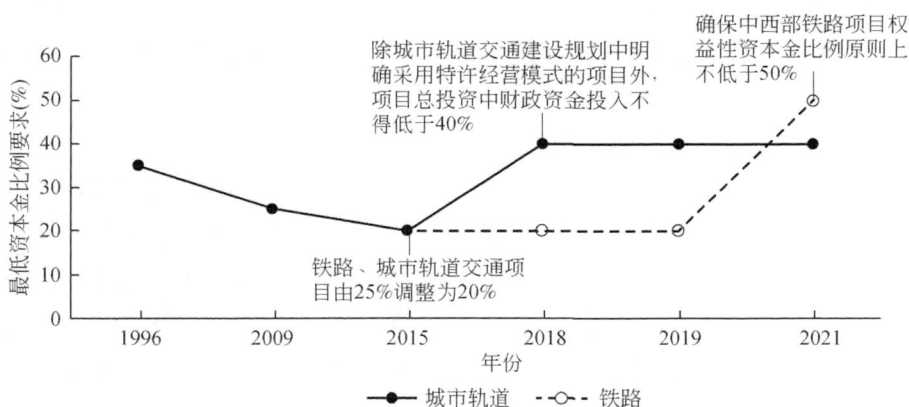

图 3.1　铁路、城市轨道交通项目最低资本金要求变化（1996～2021 年）

TOD 综合开发获取的收益，不仅能反哺轨道交通项目运营，还能够为轨道交通项目投融资提供支撑，是近年来重要的轨道交通投融资改革创新的探索路径之一。场站周边土地综合开发的实质，就是从加强市场配置和充分运用好土地资源资产的角度，创新土地开发利用新模式，从而促进铁路经营方式、管理体制、投

---

① 指在投资项目总投资中，由投资者认缴的出资额，对投资项目来说是非债务性资金，项目法人不承担这部分资金的任何利息和债务；投资者可按其出资的比例依法享有所有者权益，也可转让其出资，但不得以任何方式抽回。

融资体制改革。我国出台该政策，除了能促进轨道行业的投融资改革创新，还能对土地资源利用和城市规划发展起到积极影响（胡存智，2014）。

（一）TOD 综合开发实践意义

（1）促进节约集约土地利用

2014 年国务院发布《关于支持铁路建设实施土地综合开发的意见》，提出支持铁路建设土地综合开发，从两个方面提出了节约集约用地新要求。一是综合利用、一体设计、统一联建，落实这一要求的关键是协调交通设施和商业居住等各类用地功能，形成交通无缝连接、服务功能完善、居住环境适宜的土地利用新格局。二是立体开发，对地上地下空间一体设计、整体开发，通过交通场站上盖物业、地下开发，实现土地利用效率最大化。土地综合开发是我国土地供应和使用管理的重要制度创新，从注重单一宗地的节约集约利用，转向注重同一区域内各类土地功能互补的联合效益，从而实现各类土地资源的效益最大化和效率最大化（胡存智，2014）。

（2）筹集资金保障铁路可持续发展

当前，我国铁路和轨道交通发展仍处于迅速扩张的时期，通过土地综合开发获取收益是保障铁路建设可持续发展的重要渠道。铁路基础设施作为准公共品，具有"投资大、回收慢"的特点，依靠运营收入无法满足项目还本付息和运营补亏的资金需求，更无法满足后续铁路建设资本金需求。在市场经济条件下，建立合理的分配机制，使投资主体能够享有因铁路建设带来的部分土地增值收益，是支撑铁路建设可持续发展的重要条件（胡存智，2014）。建立可持续的铁路经营模式，对于吸引社会资本参与轨道交通项目投融资意义重大。允许铁路投资建设主体利用土地进行综合开发，分享土地增值收益，是促进铁路建设持续发展的关键环节之一。

（3）促进高质量城市发展

《国家新型城镇化规划（2014—2020）》提出，以城市群为推进城镇化的主体形态，推动大中小城市和小城镇协调发展。铁路等交通运输网络，对优化和构建城镇化格局具有不可替代的支撑和引导作用。轨道交通导向的土地综合开发，有机衔接了交通建设和城镇发展内在关系，既是建立城市群一体化、优化城市建设布局，加快发展中小城市、小城镇的关键环节，也是解决交通拥堵、环境污染、人口过度集聚、房价上涨及城市规模无序扩张等"大城市病"问题的有效措施，高度符合新型城镇化的发展目标、指导思想和基本原则。

总结而言，在我国，TOD综合开发是保障轨道交通可持续发展的重要途径，是铁路或城市轨道基础设施建设资金的重要来源。对土地或空间价值的挖掘与获取，是综合开发政策出台的重要驱动因素。

（二）TOD综合开发面临的挑战

通过对政府相关部门、轨道建设方、开发商以及规划师的访谈，本书将我国TOD综合开发项目实施面临的挑战总结为如下五点。

（1）TOD综合开发用地储备与供给

TOD综合开发以土地为前提和基础。要保障"有地可用""有好地用"，就要在站点选址阶段布局好项目，做好用地储备。过去，我国土地利用规划、城市规划和轨道交通规划长期存在协同程度不足的情况（黄叶君，2012），并且，轨道建设和用地开发的周期不一致，导致现在的一些TOD项目选址被动、场站周边用地碎片化甚至与轨道交通站点毫无联系。在用地出让方面，根据国家《中华人民共和国物权法》① 和《中华人民共和国土地法》的相关规定，轨道交通设施用地不能用于经营开发，而想要获取经营性质开发用地必须通过"招拍挂"② 的方式。在这样的制度背景下，轨道建设方要参与也只能迎合市场的规则，无法确保轨道建设方是开发主体，使得TOD综合开发为轨道交通建设提供资金支持的初衷背道而驰。归根结底，在政府土地储备和用地出让制度上，怎么通过制度设计保障轨道建设主体参与土地增值收益分配，是目前TOD综合开发的一大挑战。

（2）协调TOD规划设计与现有设计规范

在对规划设计师的访谈和调研中，发现既有的规划、建设设计规范与TOD的理念存在冲突，影响最终步行友好等设计理念的呈现。TOD倡导的功能混合、高密度开发等设计，与现有的防火、消防、道路、人防等设计规划均存在一定的冲突。如轨道交通场站建筑规范中属于工业厂房的类型，而上盖物业属于民用建

---

① 《中华人民共和国物权法》第137条规定，设立建设用地使用权，可以采取出让或者划拨等方式。工业、商业、旅游、娱乐和商品住宅等经营性用地以及同一土地有两个以上意向用地者的，应当采取招标、拍卖等公开竞价的方式出让。严格限制以划拨方式设立建设用地使用权。采取划拨方式的，应当遵守法律、行政法规关于土地用途的规定。

② "招拍挂"是招标、拍卖和挂牌的统称。招拍挂制度是指在《中华人民共和国土地法》及原国土资源部相关的部门规章规定，对于经营性用地必须通过招标、拍卖或挂牌等方式向社会公开出让国有土地。

筑，两者对应的设计标准有很大的差异。并且，在早期，工业厂房上方是否能建设住宅也是很多城市开发场站时争议的焦点。回顾现在一些已经成功落地的 TOD 项目，实际上彼时并没有相应的设计规范能够使用。

（3）统筹和组织 TOD 综合开发

在项目统筹上，谁来主导 TOD 综合开发对项目实施非常关键。我国市级以下地方政府是土地储备、供应的主体，轨道建设单位不具有土地收储的权限，大部分的轨道建设方，也没有参与物业开发的相关经验。这样的情况下，轨道建设需要通过合作，才能在建好轨道的同时，做好物业开发并获取收益。在项目管理上，轨道交通规划和城市规划在管理上存在条块分割的状况，这就导致 TOD 综合开发中，轨道建设和城市开发难以实现同步。轨道交通一旦开工，施工进度有硬性要求，等不得其他建设，但用地开发的周期不确定性较大，等轨道的部分建设好了再要回头修改十分困难，因此在规划审批上，需要前置同步确定好轨道和物业的设计方案，这对现在的规划管理而言也是一个挑战。

（4）评估 TOD 的价值与可行性

TOD 模式在许多城市掀起了一阵热潮，也造就了轨道交通时代下的新型"想致富，先修路"。然而，是不是所有的站点都适合进行 TOD 综合开发，城市轨道交通沿线用地的开发模式能否适用于铁路交通沿线用地，这些问题有待进一步讨论。本质上，这一问题反映了现有的 TOD 综合开发实施前，缺少系统科学的评估论证，对项目潜在的风险预估不足，高估项目带来的收益。如在二、三线城市，房地产价值相对一线城市更低，而上盖物业开发的成本并不比一线城市少。在房地产价格未能达到相当水平的情况下，难以通过物业开发收入覆盖开发成本，更难以支持轨道交通建设。

（5）推动交通基础设施投融资体制改革

TOD 综合开发还担负着推动轨道投融资体制改革的使命。具备较好收益预期的物业开发项目，补齐了轨道交通投融资项目的盈利短板，能够吸引社会资本参与其中。从访谈中可以看到，业界普遍认为 TOD 规划理念在短期内无法创造立竿见影的经济效益，但从长期来看物业整体的收益较好，因此许多公司争先恐后地参与 TOD 项目，抢占市场。然而，在过去高杠杆短周期的发展方式下，一般的房地产企业难以掌控周期如此漫长的项目。如何获取保障长期的收益，如何平衡盈利性和公益性，如何吸引社会资本参与 TOD 综合开发，这些问题的解决方式，都将对 TOD 综合开发项目的质量产生深远的影响。

第二节　TOD 综合开发政策沿革与主要内容

在大力推进 TOD 综合开发实践的同时，实施者们也意识到规章制度对 TOD 综合开发项目的重要性。目前，打破当前我国轨道交通站点周边土地综合开发工作的瓶颈，需要政策来保障 TOD 综合开发项目的实施。从对 TOD 综合开发实践的梳理中可以看出，土地综合开发实践过程是自下而上的，许多 TOD 综合开发项目都是摸着石头过河。但随着实践经验的逐渐丰富，我国从国家到地方层面公布了一系列政策，让 TOD 综合开发更加有据可依。

2014 年国务院发布了《关于支持铁路建设实施土地综合开发的意见》（以下简称"国办发 37 号文"），这是我国国家层面第一份明确支持铁路项目周边"土地综合开发"的指导性文件。此后，我国省级、市级各级政府积极响应，也发布了相关的铁路或包含城市轨道的综合开发政策文件。这些文件相较于早期的 TOD 相关政策更为系统，涵盖政府目前针对土地综合开发的主要考虑和制度安排。对我国公开公布的 TOD 综合开发的政策文件进行分析，从管理和组织的角度而言，能够挖掘出目前综合开发实施中的管理和组织侧重点有哪些；对照实践中的障碍也可以发现当前我国 TOD 综合开发政策实施的难点与症结所在。

在筛选收集针对 TOD 综合开发的政策文件的基础上，从以下两个方面分析土地综合开发政策的内容及演变：①分析文件间的联系与沿革；②归纳文本包含的主题。

一、TOD 综合开发政策发展分析数据与方法

（一）建立本地数据库

TOD 综合开发在我国相关公文中一般被称为"土地综合开发"或"TOD 综合开发"。在国务院政策文件库和地方政府网站，以"土地综合开发""TOD 综合开发"为主要关键词，辅以"铁路投融资""站城一体化""站城融合"等关键词对三类文件进行收集：①直接针对土地综合开发的纲领性指导意见文件；②指导土地综合开发意见制定的上位文件；③土地综合开发指导意见引申出的相关文件。本书围绕 TOD 综合开发这一主题，关注 TOD 综合开发实施总的过程与

机制安排，因此与投融资改革、规划设计和土地供给等单一方面相关的文件不用于文本分析中，仅作为解释文本分析结果的基础材料。珠三角地区多个城市是本书的主要研究对象，因此单独对珠三角地区各个城市指导综合开发的文件进行了全面的收集。

经过筛选，获取国家和地方政府公开的土地综合开发政策文件共计 60 份。所收集的文件发布时间从 2012 年初至 2021 年底。2015 年、2018 年和 2021 年是新增 TOD 综合开发政策文件数量最多的三年（图 3.2）。从铁路的类型来看，在前期，针对铁路项目沿线用地的政策占比较高，后期关注城市轨道交通沿线用地的政策有所增加，只有少数省份专门出台针对城际轨道交通沿线用地的政策。

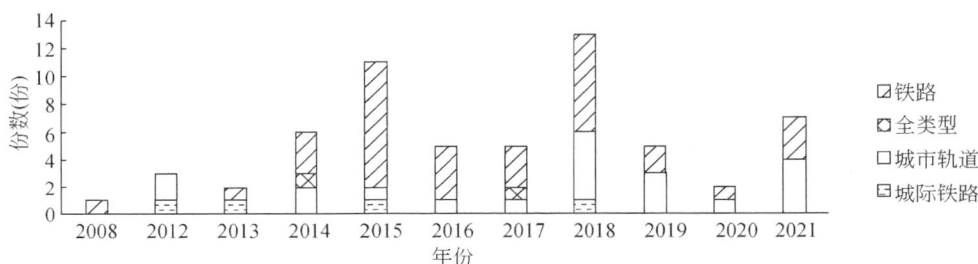

图 3.2 不同轨道类型 TOD 综合开发政策发展

其中，中央政府部门颁布铁路综合开发的相关文件有 12 份，省级政府和地级市政府颁布的铁路或城市轨道综合开发相关文件 48 份（表 3.1）。珠三角地区与轨道沿线用地开发机制有关的文件有 13 份，3 份为广东省出台的鼓励铁路沿线综合开发的文件，10 份为广州、深圳、东莞和佛山围绕轨道交通或铁路沿线用地开发颁布的相关政策或规章。本书利用 60 份政策文本建立本地土地综合开发文件数据库。国家级政策以"N"为前缀进行编号，地方级政策以"L"为前缀进行编号（表 3.2）。

表 3.1 综合开发政策文本类型与发布级别分布　　　　　（单位：份）

文件类型	地级市政府	省级政府	中央政府部门	总计
规范性文件	12	21	10	44
工作文件	9	5	0	14
规章	1	0	2	3
总计	22	26	12	60

表 3.2　全国综合开发政策与相关文件信息汇总

编号	标题	类型	地区
N1	《国务院关于城市优先发展公共交通的指导意见》国发〔2012〕64 号	△	全国
N2	《国务院关于改革铁路投融资体制加快推进铁路建设的意见》国发〔2013〕33 号	△	全国
N3	《国家发展和改革委员会、财政部、交通运输部关于印发〈铁路发展基金管理办法〉的通知》发改基础〔2014〕1433 号	△	全国
N4	《国务院办公厅关于支持铁路建设实施土地综合开发的意见》国办发〔2014〕37 号	△	全国
N5	《关于进一步鼓励和扩大社会资本投资建设铁路的实施意见》发改基础〔2015〕1610 号	△	全国
N6	《国家发展改革委、住房城乡建设部、交通运输部等关于促进市域（郊）铁路发展的指导意见》发改基础〔2017〕1173 号	△	全国
N7	《关于推进高铁站周边区域合理开发建设的指导意见》发改基础〔2018〕514 号	●	全国
N8	《国务院办公厅关于进一步加强城市轨道交通规划建设管理的意见》国办发〔2018〕52 号	△	全国
N9	《国务院办公厅转发国家发展改革委等单位关于推动都市圈市域（郊）铁路加快发展意见的通知》国办函〔2020〕116 号	△	全国
N10	《国家发展改革委关于印发〈铁路项目中央预算内投资专项管理暂行办法〉的通知（2021 修订）》发改基础规〔2021〕197 号	△	全国
N11	《国务院办公厅转发国家发展改革委等单位关于进一步做好铁路规划建设工作意见的通知》国办函〔2021〕27 号	△	全国
N12	《节约集约利用土地规定》中华人民共和国国土资源部令（第 61 号）	●	全国
L1	《广东省人民政府印发关于完善珠三角城际轨道交通沿线土地综合开发机制意见的通知》粤府函〔2012〕16 号	△	东部
L2	《广州市人民政府办公厅关于印发广州市推进轨道交通沿线土地和物业开发工作方案和 2012—2016 年广州市轨道交通沿线土地储备规划（首批）的通知》穗府办函〔2012〕172 号	○	东部
L3	《云南省人民政府办公厅关于支持铁路建设土地综合开发的实施意见》云政办发〔2014〕80 号	△	西部

编号	标题	类型	地区
L4	《广州市轨道交通建设及偿债资金筹集和使用管理办法》穗发改城〔2014〕74 号	△	东部
L5	《上海市发展和改革委员会、上海市规划和国土资源管理局关于推进上海市轨道交通场站及周边土地综合开发利用的实施意见（暂行）》沪发改城〔2014〕37 号	○	东部
L6	《山西省人民政府关于深化铁路投融资体制改革加快推进铁路建设的实施意见》晋政发〔2015〕41 号	○	中部
L7	《遵义市人民政府关于加快推进铁路建设的意见》遵府发〔2015〕7 号	○	中部
L8	《河南省人民政府关于进一步加快推进铁路建设的意见》豫政〔2015〕11 号	○	中部
L9	《陕西省人民政府办公厅关于进一步加快铁路建设支持铁路用地综合开发的意见》陕政办发〔2015〕104 号	△	西部
L10	《辽宁省国土资源厅、辽宁省发展和改革委员会、辽宁省财政厅等关于支持铁路建设实施土地综合开发的实施意见》辽国土资发〔2015〕310 号	△	东北
L11	《河北省人民政府办公厅关于加快城际铁路建设工作的通知》冀政办字〔2015〕146 号	△	东部
L12	《四川省人民政府办公厅关于支持铁路建设土地综合开发的实施意见》川办发〔2015〕79 号	△	西部
L13	《黑龙江省人民政府办公厅关于支持铁路建设土地综合开发的实施意见》黑政办发〔2015〕31 号	△	东北
L14	《河北省人民政府办公厅关于支持铁路建设实施土地综合开发利用的意见》冀政办字〔2015〕73 号	△	东部
L15	《南京市人民政府关于推进南京市轨道交通场站及周边土地综合开发利用的实施意见》宁政发〔2015〕215 号	○	东部
L16	《南宁市人民政府关于印发南宁市城市轨道交通综合开发建设用地使用权作价出资管理暂行办法的通知》南府规〔2016〕26 号	△	西部
L17	《南通市政府办公室印发关于推进轨道交通场站及周边土地综合开发的实施意见的通知》通政办发〔2021〕24 号	○	东部
L18	《贵州省人民政府关于加快铁路建设的意见》黔府发〔2016〕18 号	△	西部

编号	标题	类型	地区
L19	《白山市人民政府关于贯彻落实《国务院办公厅关于支持铁路建设实施土地综合开发的意见》的实施意见》白山政发〔2016〕1 号	△	东北
L20	《江苏省政府办公厅关于支持铁路建设推进土地综合开发的实施意见》苏政办发〔2016〕162 号	○	东部
L21	《福建省人民政府关于支持福厦高铁土地综合开发九条措施的通知》闽政〔2017〕44 号	△	东部
L22	《新疆维吾尔自治区人民政府办公厅关于支持铁路、公路沿边及机场周边实施土地资源综合开发的意见》新政办发〔2017〕175 号	△	西部
L23	《广州市人民政府办公厅关于印发广州市轨道交通场站综合体建设及周边土地综合开发实施细则（试行）的通知》穗府办规〔2017〕3 号	△	东部
L24	《郑州市人民政府关于印发郑州市城市轨道交通场站及周边土地综合开发实施管理办法（暂行）的通知》郑政文〔2021〕57 号	○	中部
L25	《重庆市发展和改革委员会、重庆市财政局、重庆市规划和自然资源局、重庆市住房和城乡建设委员会关于推进主城都市区城市轨道交通区域综合开发的实施意见（试行）》渝发改交通〔2020〕1664 号	○	西部
L26	《湖北省人民政府关于进一步加快铁路建设发展的若干意见》鄂政发〔2018〕8 号	△	中部
L27	《宁夏回族自治区人民政府办公厅关于支持铁路建设推进土地综合开发的实施意见》宁政办发〔2018〕10 号	△	西部
L28	《安徽省人民政府办公厅关于推进城际铁路建设的通知》皖政办秘〔2018〕303 号	○	中部
L29	《广西壮族自治区人民政府办公厅关于印发广西支持铁路建设促进土地综合开发若干措施的通知》桂政办发〔2018〕165 号	△	西部
L30	《广东省人民政府办公厅印发关于支持铁路建设推进土地综合开发若干政策措施的通知》粤府办〔2018〕36 号	△	东部
L31	《重庆市人民政府办公厅关于支持铁路建设实施土地综合开发的实施意见》渝府办发〔2018〕75 号	△	西部
L32	《江西省人民政府办公厅印发关于支持铁路建设推进土地综合开发若干措施的通知》赣府厅字〔2018〕28 号	△	中部

编号	标题	类型	地区
I33	《东莞市人民政府关于印发〈东莞市轨道交通站点周边土地专项储备管理办法〉的通知》东府〔2018〕29号	△	东部
I34	《东莞市人民政府关于印发〈东莞市轨道交通站场地区规划管理办法〉的通知》东府〔2018〕28号	△	东部
I35	《东莞市人民政府关于印发〈东莞市轨道交通建设投融资管理办法〉的通知》东府〔2018〕27号	△	东部
I36	《东莞市人民政府关于创新体制机制加快轨道交通建设发展的若干意见》东府〔2018〕26号	○	东部
I37	《浙江省发展改革委、浙江省财政厅、浙江省自然资源厅关于印发〈杭衢铁路（建德至衢州段）项目土地综合开发试点方案〉的通知》浙发改交通〔2019〕67号	○	东部
I38	《山东省人民政府办公厅关于促进高速铁路建设的意见》鲁政办字〔2019〕128号	△	东部
I39	《成都市人民政府办公厅关于印发成都市轨道交通场站综合开发用地管理办法的通知》成办发〔2021〕53号	△	西部
I40	《西安市人民政府办公厅关于印发西安市轨道交通用地综合开发规划和土地供应暂行规定（试行）的通知》市政办发〔2019〕43号	△	西部
I41	《天津市轨道交通场站及周边土地综合开发利用实施意见（试行）的通知》津住建发〔2019〕6号	○	东部
I42	《佛山市人民政府办公室关于印发佛山市轨道交通场站及周边土地综合开发实施办法（试行）的通知》佛府办〔2021〕8号	△	东部
I43	《深圳市轨道交通项目建设管理规定》深圳市人民政府令第333号	●	东部
I44	《东莞市轨道交通站点TOD范围内城市更新项目开发实施办法》东府〔2021〕3号	△	东部
I45	《浙江省人民政府办公厅转发省发展改革委关于推动浙江省轨道交通健康可持续发展意见的通知》浙政办发〔2021〕52号	△	东部
I46	《湖北省人民政府关于加强武汉城市圈城际铁路沿线土地综合开发的意见》鄂政发〔2013〕26号	△	中部
I47	《广东省自然资源厅关于向社会公开征求〈推进铁路项目站场及毗邻区域土地综合开发的实施细则（征求意见稿）〉意见的公告》粤府函〔2012〕	△	东部

编号	标题	类型	地区
I48	《合肥市人民政府关于印发轨道交通场站综合开发的意见（试行）的通知》合政秘〔2019〕72 号	△	中部

注：△为规范性文件；○为工作文件；●为政府规章

（二）引文网络构建和主路径分析

政策文本为公文体裁，具有一定的结构性。虽然由于缺少摘要、关键词和参考文献等信息，为政策文本统一分析带来了难度，但借用文献分析方法进行政策分析仍然具有很大的潜力（李江等，2015）。本章基于北大法宝法律数据库[①]，借鉴 HistCite 中构建引文网络所需要的数据，计算总引用频次（global citation score，GCS），本地引用次数（local citation score，LCS）和本地参考文件次数（local cited references，LCR）三个指标来描述文件之间的关系。政策文件的 GCS 越高，意味着该文件的影响力越大；文件的 LCS 越高，意味着是重要的核心文件，文件的 LCR 越高；意味着对已有上位文件回应越充分、越全面。

在构建引文网络的基础上，我们可以识别出政策文件传播的主路径，展示政策文件发展的脉络（Li and Love，2020）。本章采用搜索路径计数（search path count，SPC）来表征文件之间链接的重要性。SPC 能清晰地告诉我们，在本地数据库中政策文件的源头在哪里（Liu and Lu，2012）。识别主路径的方法可以简单分为两步：①计算文件之间每个链接的 SPC；②沿着 SPC 最大的方向搜索出主路径。SPC 计算方法详见附录 B.1。

（三）文本预处理发现关键词

由于中文字和词之间不具有天然的、形式上的分隔符，需要进行分词来理解语句。在文本分析前，本章采用 Python 中的 Jieba 分词精确模式对文本数据进行切分。Jieba 是一种专门针对中文开发的分词工具，广泛运用于中文文本预处理中（曾小芹，2019）。中文分词在确定分词字数、结构等方面存在一定困难，分

---

① 北大法宝法律数据库中能够显示文件被国家、地方文件引用的次数，但因公文文件未必全部公开可获取，因此该被引数量为至少被引数。

词颗粒度的大小对文本主题、政策对象等内容的确定也存在显著的影响，尤其在公文中存在许多新词更增加了分词的难度（魏伟等，2018）。研究中如"综合开发"一词，在分词过程中会被拆分为"综合"和"开发"，因此对于专业性较强的政策文本，需要制定专门的分词词表以保证分词的准确性。本章在 Jieba 初步分词的基础上制定自定义分词词表，增加不宜进一步拆分的专业术语，如将"综合开发"加入词表后，其作为专业术语将不被拆分。并在导入自定义词表的基础上重新进行分词，并多次重复上述操作。分词结果中也存在一些与主题无关的标点、形容词、动词和数字，如序号标注"（一）""首先"等、动词"加强""提高""按照"等、形容词"多种""全面"等，为使研究结果更直观，我们构建停词词表以过滤无意义的词，并统计关键词词频得到高频词表。本地文本数据库共计约 20.8 万字。

（四）文本主题挖掘

近年来，文本主题挖掘的方法受到人们广泛的关注。主题模型（topic modeling）是自然语言处理中常用的文本挖掘方法。在主题模型中，一个主题是以统计学意义上的模式出现的单词列表。一个文本可以是一封邮件、一篇博客文章或任何种类的非结构化文本（Jelodar et al.，2019）。LDA（latent dirichlet allocation）算法是 Blei 等（2003）为主题建模而引入的生成概率模型。作为一个无监督模型，LDA 不需要事先对文档进行任何注释或标记，所有的主题都是自然而然地从文档–单词数据本身的统计结构中产生的（Sun and Yin，2017）。要特别注意的是，LDA 算法将文本简单地看作词汇的频率组成，该模型并不强调词语之间的先后顺序和联系，但实践证明，这并不影响其有效性（Jelodar et al.，2019）。LDA 在文本分析领域不断被使用和推广，同时，自然词汇以外的要素也可以被轻易地纳入模型，例如，Sun 等（2017）加入了时空要素，分析和挖掘交通领域的研究趋势；或被用于挖掘我国电气化政策的潜在主题，在此基础上研究政策导向对新能源汽车发展的影响（Li et al.，2021）。LDA 算法具体方法详见附录 B.2（Blei et al.，2003）。我们将基于上一步骤的分词结果，进一步挖掘文档的主题，利用 LDA 算法得到各主题中的关键词以及文档的主题概率分布。

在使用 LDA 算法时，需要自行确定主题的数量。主题数量过少容易使主题过于宽泛，难以充分捕捉文本的含义；而主题数量过多容易出现重复（Li et al.，2021），同时降低可解释性。由于本书更注重主题的解释和概括而非预测，因此本书借鉴已有文献或实践中对主题的分类数量。世界银行等组织将 TOD 实施所需要的知识分为四类：战略性综合规划、改善融资机制、改善治理实施和安全系统方案（Ollivier et al., 2021）。东莞在对其土地综合开发政策文件进行细化时，主要从四个方面入手：轨道交通建设开发投融资、土地储备供应、规划设计研究与工程实施建设、TOD 综合开发利益机制与法律关系（林雄斌等，2019）。因此本书也尝试设置 4 个主题，同时，设置 8 个和 16 个主题进行比对，以验证结果的稳健性和主题的概括度。此外，词云可将主题可视化，图中关键词越大，表明该主题下产生该词的概率越大，也就意味着该主题与该词的相关性越大（赵紫娟等，2019）。

二、TOD 综合开发政策发展与传播

从土地综合开发政策的网络中，我们回答下述三个问题：第一，土地综合开发政策是如何发展的？第二，哪些政策文件最关键？是否存在潜在重要政策文件？第三，基于核心文件的分析所展示出的土地综合开发政策的发展趋势怎样？

（一）土地综合开发政策的发展路径

从政策发布的区域来看，东部省份或城市发布的文件数量最多，有 24 份，中部和西部地区政策发布数量相当。从发布的趋势看，2018 年以来东部地区的政策文件发文量快速增长。如图 3.3 所示，在全国的综合开发政策文件中，识别出 N1-N2-N4-L30-L42、N1-N2-N4-L30-L47 这两条主要政策传导路径。国办发 37 号文（N4）依据国务院 2013 年颁布的《关于改革铁路投融资体制加快推进铁路建设的意见》（N2）（以下简称"国发 33 号文"），国发 33 号文依据国务院 2012 年颁布的《关于城市优先发展公共交通的指导意见》（N1）（以下简称"国发 64 号文"）。总结而言，土地综合开发是为了落实"公交优先"和"投融资改革"两个重要政策所制定的举措。

在国办发 37 号文基础上，广东省积极推进落实和深化该政策。在 2018 年出台《关于支持铁路建设推进土地综合开发若干政策措施的通知》（L30）（以下简称粤府办 36 号文）的基础上，2021 年广东省政府出台综合开发的实施细则征求意见稿（L47），同年，佛山市政府基于粤府办 36 号文出台了该市土地综合开发

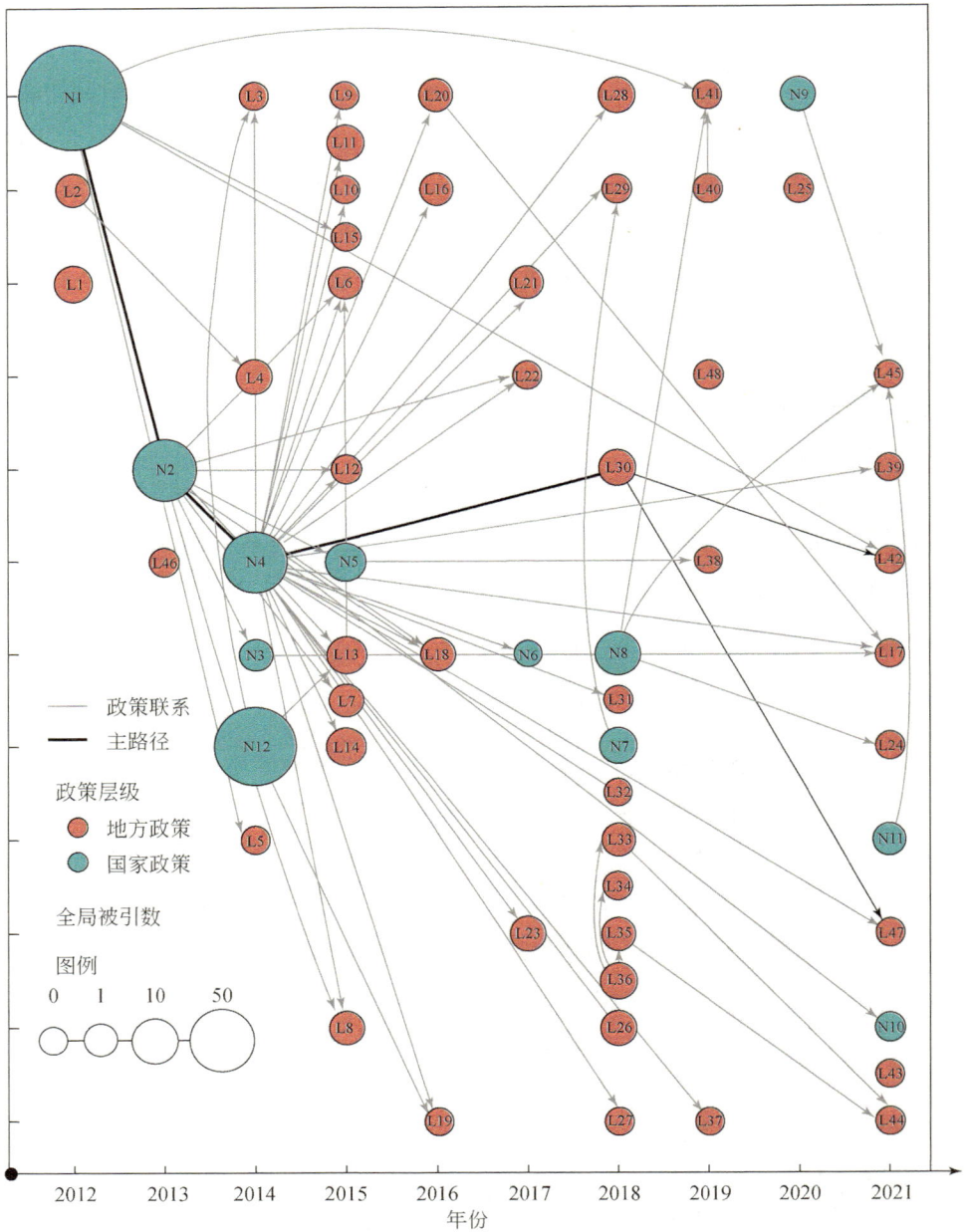

图 3.3　全国土地综合开发相关政策关系

实施办法（L42）。将珠三角地区的城市政策文件单独提取出来可以看到，该地区的土地综合开发具有以下三个特点（图3.4）。

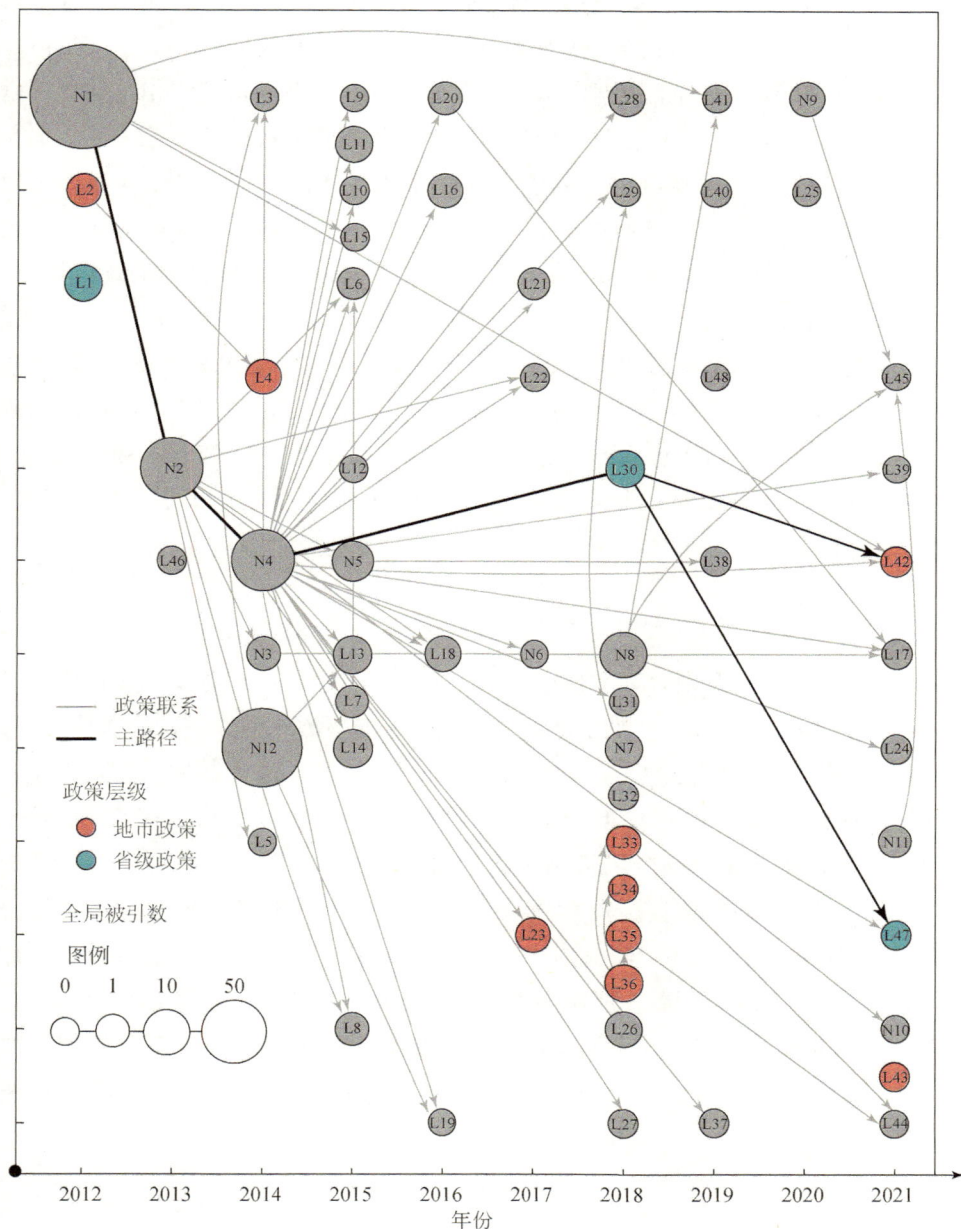

图 3.4　珠三角地区土地综合开发相关政策关系

第一，珠三角的土地综合开发政策文件制定相对超前。早在 2012 年，珠三角就公布了城际轨道沿线综合开发的机制实施意见（L1），先试先行推动场站周边土地一体化开发。第二，珠三角内城市的土地综合开发政策相对独立，各个城市探索的路径有所不同。在指导轨道交通沿线土地综合开发的机制上，广州市利用的是国家的政策，佛山市依据广东省的上位政策，深圳、东莞则相对独立、自成体系。尤其是深圳，没有公开出台一部统筹铁路和城市轨道的政策文件，但是通过将 TOD 综合开发落实到已有的规章制度体系中进行部署，如在《深圳市轨道交通项目管理规定》中点出综合开发的必要性，在《地下空间开发利用管理办法》中点出综合开发用地获取的途径，为推动 TOD 综合开发留出政策接口。第三，珠三角内城市的土地综合开发政策较为全面。如东莞，在发布了《东莞市人民政府关于创新体制机制加快轨道交通建设发展的若干意见》（L36）后，在此基础上，专门制定了与土地储备（L33）、规划管理（L34）和资金管理（L35）相关的一系列 TOD 综合开发细化政策，并且此系列文件还在不断扩充中。横向与其他地方政府比较，东莞市在 TOD 综合开发方面政策也是完整度最高、覆盖最全面的。

（二）土地综合开发政策关键文件

在全国土地综合开发政策文件中，国办发 37 号文（N4）在本地文件库中被引用的频次最高，为 32 次，是土地综合开发政策的核心文件，其次是国发 33 号文（N2），为 10 次（表3.3）。多个文件中同时引用了这两个文件，这两个文件是地方政府制定综合开发政策的关键指导依据。排名第三的是国发 64 号文（N1），它也是数据库中在全局被引用次数最高的文件，高达 237 次，在本地数据库中，大多城市也是依据国发 64 号文"公交优先"的发展战略推进 TOD 综合开发项目，但在这个文件中缺乏对土地综合开发用地如指标、实施主体等具体的支持信息。2014 年，国务院还颁布了《节约集约利用土地规定》（N12），这份规定虽然在土地综合开发的文件中被直接引用得不多，但在不限于综合开发的规章政策中至少被引了 107 次，是土地综合开发政策制定中潜在的重要文件。

表3.3　土地综合开发相关政策文件引用统计

编号	地区	GCS	LCS	LCR	编号	地区	GCS	LCS	LCR
N1	全国	237	5	0	N11	全国	1	1	0
N2	全国	46	10	1	N12	全国	107	3	0
N3	全国	1	0	1	L1	广东	3	0	0
N4	全国	50	31	1	L2	广州	1	1	0
N5	全国	6	2	1	L3	云南	0	0	2
N6	全国	0	0	1	L4	广州	2	0	1
N7	全国	3	1	0	L5	上海	0	0	1
N8	全国	12	4	0	L6	山西	1	0	3
N9	全国	2	1	0	L7	遵义	1	0	2
N10	全国	0	0	1	L8	河南	1	0	2
L9	陕西	0	0	1	L29	广西	0	0	2
L10	辽宁	0	0	1	L30	广东	3	1	1
L11	河北	3	1	2	L31	重庆	0	0	1
L12	四川	0	0	2	L32	江西	0	0	1
L13	黑龙江	4	0	2	L33	东莞	1	1	1
L14	河北	4	0	1	L34	东莞	0	0	1
L15	南京	0	0	1	L35	东莞	1	1	1
L16	南宁	1	0	1	L36	东莞	3	3	0
L17	南通	0	0	3	L37	浙江	0	0	1
L18	贵州	2	0	2	L38	山东	0	0	1
L19	白山	0	0	2	L39	成都	0	0	1
L20	江苏	1	1	1	L40	西安	0	0	0
L21	福建	1	0	1	L41	天津	0	0	2
L22	新疆	0	0	2	L42	佛山	0	0	3
L23	广州	2	0	1	L43	深圳	0	0	0
L24	郑州	0	0	1	L44	东莞	0	0	2
L25	重庆	0	0	0	L45	浙江	0	0	3
L26	湖北	2	0	0	L46	湖北	0	0	1
L27	宁夏	0	0	1	L47	广东	0	0	2
L28	安徽	2	0	1	L48	合肥	0	0	0

（三）土地综合开发政策的发展趋势

第一，土地综合开发政策从东部到中西部逐渐覆盖各大重要城市。在国办发37号文的指导下，我国在国家层面颁布了针对市域（郊）铁路发展的指导意见，地方层面共出台31部政策或规章。东部和中部城市最先响应相关的政策，河南、四川等17个省份，以及南宁、广州等11个城市都推出指导铁路或城市轨道站点周边土地综合开发的统领性政策文件，近年来政策文件发布地集中在省会城市和有城市轨道交通系统的城市。第二，土地综合开发政策逐步覆盖各种轨道类型。虽然国办发37号文主要强调的是既有铁路和新建铁路，但是也同样适用于城市轨道交通设施。2017年，广州是第一个将该文件用在指导城市轨道交通沿线土地综合开发上的城市，此前如南京等城市均是依据国发64号文为上位政策，部署轨道沿线土地综合开发工作。2021年底，河南、江苏等7个省份已经实现了市市通高铁；城际轨道作为新基建的重要组成部分，粤港澳大湾区、长三角城市群城际轨道网络已初具规模；城市轨道交通虽然昂贵，但是我国已经有50个城市开通了城市轨道。可以预见，针对城际、城市轨道综合开发的文件将会越来越多。

（四）TOD综合开发政策沿革特征小结

从总体上而言，TOD综合开发政策以国办发37号文和国发33号文为核心文件，发布区域多集中于东部地区，发布的类型逐步涵盖各类轨道交通基础设施。近十年来，从中央到地方都不断跟进发布相关的政策文件予以补充，尤其是在都市圈发展背景下，针对多模式轨道交通沿线土地综合开发将会出台更多支持政策。从政策沿革来看，珠三角地区的相关政策发展较为全面，在中央的核心政策发布之前就已经先试先行，其经验对后续的TOD综合开发实践带来了一定的影响。虽然上述文本数据包罗了近十年相对成熟的TOD综合开发政策文本，但在这些政策成形之前，各个城市针对具体的项目特事特办，一些支持综合开发的做法，当时并没有形成系统的政策文本，因而也无法从上述分析中揭示其特征。若要进一步揭示这些早期TOD综合开发的实施机制，需要深入的案例探查。

三、TOD 综合开发政策主要内容

（一）土地综合开发文件主题分布

从分词的结果来看，"铁路""建设""综合开发"等词汇是土地综合开发政策文件中最高频使用的词汇，本书在此基础上对主题进行挖掘（表 3.4）。

表 3.4　土地综合开发政策关键词表（前 50 名）

排名	关键词	词频	排名	关键词	词频	排名	关键词	词频	排名	关键词	词频
1	建设	2036	14	政府	415	27	审批	242	40	协调	198
2	铁路	1774	15	运营	364	28	统筹	240	41	主体	192
3	土地	1511	16	方式	359	29	周边	232	42	轨道	191
4	综合开发	1406	17	管理	331	30	组织	227	43	供应	189
5	项目	1181	18	单位	301	31	部门	221	43	依法	189
6	轨道交通	1103	19	人民政府	292	32	铁路站场	218	45	办理	181
7	规划	1021	20	国家	269	33	沿线	217	46	企业	179
8	用地	886	21	综合	266	34	方案	215	47	计划	176
9	发展	525	22	编制	255	35	交通	213	48	条件	175
10	工作	447	23	范围	253	36	站场	209	49	合理	174
11	开发	437	24	场站	251	37	城市轨道交通	205	50	市政府	169
12	资金	421	25	规模	249	38	规定	204	50	服务	169
13	投资	419	25	工程	249	39	发展改革	200			

每个政策文件都包含多个主题，但每个主题属于该文件的概率有所差异。选概率最高的主题作为文件的主要主题。在设置 4 个、8 个和 16 个主题数量的情况下，所有文件的主要主题分布如图 3.5 所示。由图 3.5 可以看出，在每一种主题数量设置下，所有文件的主题分布并不均匀，这意味着整个数据库中主题有所侧重。例如，在设置 4 个主题时，主题 4-1 和主题 4-4 的文件数量明显较多。不同条件下生成的主题之间存在明显的层级结构关系（图 3.6）。例如，主题 4-3 主要由主题 8-1 构成，主题 8-1 包含了 6 个子主题，因此主题 4-3 也基本概括了这 6 个子主题。进一步地，对主题词云进行解读，发现在 8 个和 16 个主题的情景下，

主题的含义或有所重复，或可以被归纳为同一主题。因此，最后采用了 4 个主题数归纳土地综合开发文本的内容，在该条件下模型结果稳健可读。

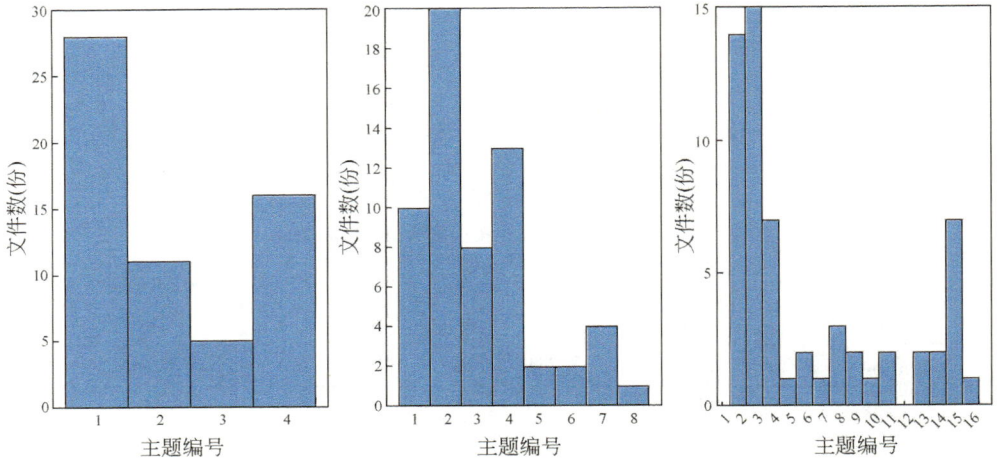

图 3.5　土地综合开发政策文件所属主题分布直方图

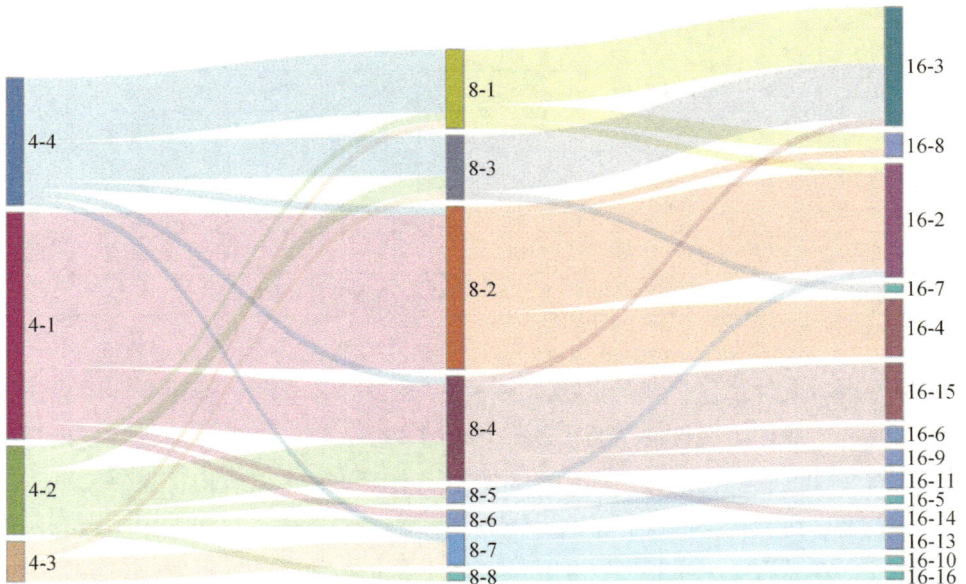

图 3.6　土地综合开发政策文本主题相关关系图

结果显示，现有土地综合开发政策可以提炼出如下四个主题：土地开发与供给（主题 4-1）、规划编制与建设审批（主题 4-2）、项目资金筹措（主题 4-3），以及项目运营合作机制（主题 4-4）（图 3.7）。在整体的政策文本中，涉及土地开发与供给和项目运营合作机制的内容最多。规划编制与建设审批和项目资金筹措两方面的内容较少，但通过对这两方面主题的其他文件进行收集和比对发现，其内容较少的原因不尽相同。以下基于政策文件的深入解读，对每个主题内容进行说明。

(a) 主题4-1 土地开发与供给 (b) 主题4-2 规划编制与建设审批

(c) 主题4-3 项目资金筹措 (d) 主题4-4 项目运营合作机制

图 3.7　土地综合开发文本主题分布及其关键词词云图

（二）土地综合开发政策所涉主题

（1）土地供给与开发是核心政策内容

在文件主题分布中，50% 以上的文件主要针对土地开发与供给的主体，其中关键词主要包括"用地供给""土地出让""土地储备"等（图 3.5）。中央层面，国办发 37 号文针对既有铁路和新建铁路两种开发类型提出盘活和支持土地综合开发的指导意见，具体而言，包含土地规模的控制、土地供应方式、供应计划等。在国办发 37 号文的基础上，各个省份结合自身的情况进行了细化。如在供应方式上，多地政府提出将铁路建设和相关规划条件作为用地取得的前提。在土地指标上，广东在其政策（L30）中对用地指标予以明确，大大减轻地方新增建设用地指标的压力。在用地规模上，多个城市设置了每个场站 50 ~ 100hm² 的控制需求。在用地供应时序上，广东省各个城市应积极探索"成片提供，分期供应"的方式办理用地相关手续，赋予开发时序弹性。在土地整理主体上，郑州在其政策（L24）中明确，土地综合开发地块和筹资地块的供地主体为郑州地铁集团，郑州地铁集团负责将土地从"毛地""生地"开发整理成"净地""熟地"，而广州、佛山等市则选择将任务分割到市、区两级政府，分别讨论轨道交通综合体以及周边用地综合开发不同情况。

（2）政府层面保障项目运营合作

构建项目运营合作机制，是 TOD 综合开发顺利实施的重要保障，也是地方政府在 TOD 综合开发中最能也最应发挥作用的环节。因此，大部分文件有一定的篇幅对此进行指导。例如，在行动组织方面，广东、湖北两省在政策（L1、L46）中提出由省政府成立土地综合开发工作领导小组，负责总体部署土地综合开发工作，沿线城市政府各部门、省市铁路公司共同参与城际铁路项目。河北省在其政策（L11）中授权河北建设投资集团有限责任公司作为河北省与中国铁路总公司合资合作铁路建设项目土地综合开发的执行主体，支持河北建设投资集团有限责任公司与相关市对依法取得的铁路沿线土地进行联合开发。在其轨道投融资机制改革的纲领性文件（L35）中，东莞提出健全轨道交通建设开发工作机制，成立轨道办统筹工作。此外，在 2017 年和 2018 年，中央政府部门加大了对市域铁路的关注（N6、N9），提出"建设轨道上的都市圈"，强调轨道交通多模式融合，这对地方政府实施土地综合开发项目带来了新的要求和挑战，在跨市轨道交通项目中各城市如何协调建设等。

（3）投融资与综合开发紧密相关

项目资金筹措方面虽然在本地数据库中的内容较少，但在土地综合开发的文件以外，有大量的政策出台以指导铁路投融资。从关于铁路和轨道交通投融资模式变迁的内容中可以看到，早在土地综合开发政策出现之前，国家政府到地方政府就出台了一系列针对"铁路项目投融资"改革和创新机制的政策。例如，2004年提出对铁道部进行投融资改革，2005 年鼓励非公有制经济参与铁路建设经营，2013 年在机构改革的同时提出铁路投融资体制改革，2014 年建立铁路发展基金（N3）。但随着铁路部门投资和还本付息的压力攀升，2021 年国家发展改革委出台相关政策（N10），提出项目资本金测算按不高于项目总投资的 70% 考虑，东部铁路项目的中央预算内资金安排不高于 10%，对铁路建设项目的自筹资金部分提出了新的要求。这些政策主要对项目资金结构进行改革。在资金主体方面，从中央到地方政府，均提倡多元主体经营方式，鼓励发挥市场的力量，促进政府与社会资本合作。2015 年，国家部门联合出台文件（N5）鼓励社会资本投资建设资金，精简流程，建立良好的营商环境。综上，轨道项目投融资是另一个更庞大的话题，在分析土地综合开发的政策时，应避免混淆土地综合开发和轨道交通投融资，土地综合开发是轨道交通投融资改革创新的途径之一。

（4）逐步重视 TOD 综合开发规划编制

总的来看，从政策发布的趋势来看，2018 年后的文件关注规划编制和项目审批的比例有所增加（图 3.8）。如东莞出台了专门的文件（L34）支持综合开发规划管理审批的工作。西安在其综合开发政策（L40）外还颁布了《西安轨道交通与城市融合设计导则》。然而，本地政策文件库内外，针对土地综合开发中规划编制与建设审批方面的政策内容都是比较欠缺的。在 TOD 综合开发项目实施中，规划和审批上遇到的问题最为细微和烦琐。由于每个城市或区域的具体背景和情况各有不同，项目可借鉴经验依然缺乏，很多 TOD 综合开发项目都是在摸索中前进，因为无法预知在项目推进中会遇到哪些问题。缺乏上位文件的统筹，会带来两个负面影响：一是在开发上难以统筹轨道交通基础设施和土地规划，无

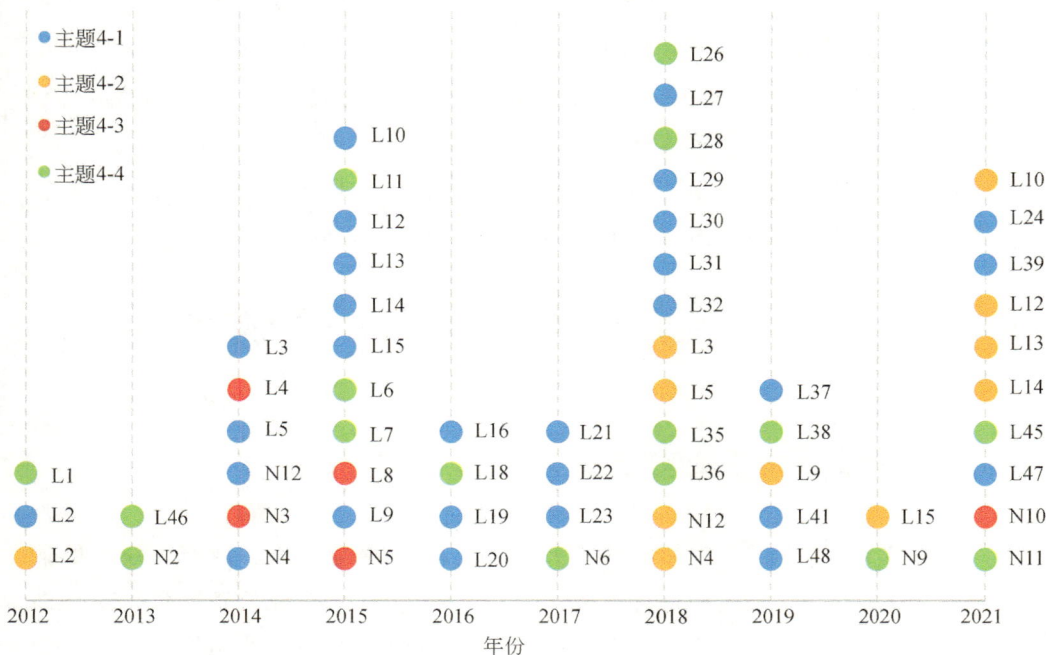

图 3.8 历年土地综合开发政策主题分布

法实现最优开发效果；二是在时序上缺乏前瞻性，导致项目不确定性增加。因此在之后的工作中，规划和审批上的内容应该得到更多重视，这对实现高质量的土地综合开发项目有重要意义。

通过以上文件的解读可以发现，珠三角地区的政策文件对主题的覆盖程度较好，在每个主题下都有珠三角城市的政策亮点与特点。这也是本书在后续的内容中以珠三角的政策和实践为重点的原因。

（三）从内容分析到研究框架构建

本书对既有政策内容进行分析归纳，得到在现有制度背景、目标导向的影响下，政策制定者和规划实施者关心的主要实施内容。综合来看，我国既有的 TOD 综合开发政策是在实践基础上建立的，相关内容能够体现现有实践中 TOD 综合开发相关主体注重或强调的内容。研究结果显示，土地供给、合作与收益分配、规划编制和投融资模式是目前政策中主要关注的内容，而这些内容实际上也对应了溢价回收的实施环节。

归纳既有政策的主题，对建立研究的分析框架的内容有所帮助。不过，内容分析并不能告诉我们这些主题之间的关联或相关内容的实施顺序，还需要进一步借助相关的理论，组织 TOD 综合开发所涉主题。从上述政策制定的出发点来看，土地开发收益或城市发展收益驱动着政策制定者对 TOD 综合开发给予支持，"价值"这一命题贯穿在 TOD 综合开发政策中。因而，本书将通过溢价捕获的理论框架，结合 TOD 综合开发的实施内容，建立研究分析框架。

第三节 基于价值链条的 TOD 综合开发分析框架

一、溢价捕获的理论实施框架

以开发为基础的土地价值捕获方案实施操作过程非常复杂，政府和开发商都希望公共交通站点区域的土地价值增值最大化并相互分享，充分发挥交通投资的可达性提升带来的集聚效应。实现这些需要有利的宏观条件、战略性目标、支持性监管和制度框架及充足的专业知识。方案的制定和实施取决于每个城市的独特条件和需求（Suzuki et al., 2015）。但相同的是，每个城市实施 TOD 综合开发，都受到"价值"或"利益"的驱动，政府部门、开发商及轨道公司等主体在协商与合作中都能够获得各自的收益，是项目最终实现的重要原因。

Huxley（2009）提出溢价捕获策略的正循环框架，包括四个步骤：价值创造、价值变现、价值捕获和本地价值再利用。在这个框架基础上，有研究者以深圳和香港的 TOD 综合开发作为案例，将这个溢价回收的循环周期分为四个阶段，提出"轨道+物业"溢价回收的循环。本书政策文本分析的结果，对这一框架进行完善。交通基础设施提升带来可达性提升，能够对 TOD 综合开发地块的价值带来长期的正面影响，因此在循环中，本书将可达性加入循环，以体现轨道交通项目的特点，由此形成了"价值分配–价值创造–价值获取–价值应用"的溢价回收循环框架（图 3.9）。这一循环包括四个环节：首先，在轨道建设与土地开发项目实施之前，要协商制定合作与收益分配的框架；其次，在轨道项目规划与选址的阶段，需要协调交通与土地利用的相关部门，促进总体价值更大，能够分配的利益更多；再次，在项目实施阶段，需要保障公共部分的价值能够被获取，推动整体循环；最后，在轨道投融资的环节上，所得的价值能够回到轨道交通建设上，投融资方案制定影响最初价值分配以及合作的方案制定。

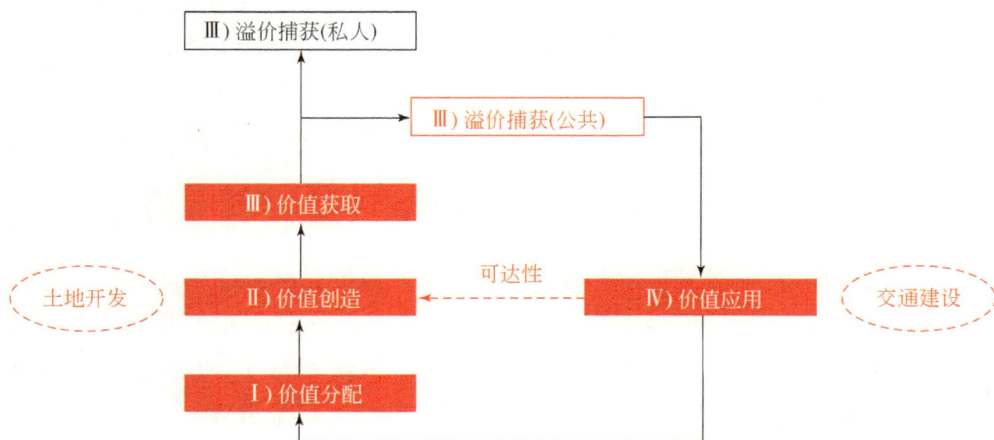

图 3.9　TOD 综合开发溢价捕获理论框架

二、溢价捕获实施环节所涉制度

制度，也就是"一个社会的游戏规则"，包含正式或非正式的约束，塑造了人类活动的互动方式（Lott and North，1990）。制度分析是对正式或是非正式制度中文化价值、法律框架、市场机制和政治过程等方面的分析与思考，这一方法对理解城市空间发展、政策实施逻辑中复杂的因果关系，解析现有制度的缺陷，并通过制度设计优化现有城市空间发展有着重要意义（赵燕菁，2009）。在新制度经济学的范式中，学者们一方面指出了产权和交易成本的重要性（Coase，1960），另一方面强调了制度因素对产权界定的基础作用（Lott and North，1990）。土地综合开发过程中受到多种制度的影响，其本身也是一系列的制度设计，其过程可以理解为在一定制度条件下，不同主体合作，共同采用 TOD 综合开发的方式获取收益的行为。制度环境既提供约束也提供机遇（Wang et al.，2019）。Wang 等（2019）认为我国基于土地开发支持 TOD 需从三方面制度入手：一是规划体系上融合交通与土地利用；二是在财政制度上保证溢价回收；三是通过（政府）治理促成合作和实施。Song（2021）通过东莞等城市 TOD 综合开发案例的剖析认为，TOD 综合开发中所涉制度包含三类：一是土地制度；二是规划体系制度；三是利益相关者之间的合作。Tan 等（2014）认为 TOD 综合开发战略之所以能够成功在于通过激励的刺激促成体制环境的改变，从而克服制度障碍，推动制度变迁，使得政策得以实施。制度实施包含有实施的主体、对象和机制三大部分内容。制度成本包括：组织安排、法规政策、审批过程中的摩擦成本。制度收益则包括：土地收益，公共产品的提供和城市环境改善。将制度因素纳入交通与土地利用一体化研究，将有助于弥合设计构想与现实的差距。

（一）建立价值分配机制：合作与分配制度

成功的 TOD 综合开发项目合作需要有：①一致的目标；②统一的认识或规范；③相互信赖的合作环境；④必要的物质条件（Ollivier et al.，2021）。在土地综合开发的过程中，各个主体存在共同目标，就是获取收益。但政府和轨道企业、物业公司的目标也存在一定的差异，如政府除了筹集基金以外，还要注重城市空间、社会公平方面的目标，而不是完全逐利（Yang et al.，2020b）。合理的利益分配方案对达成合作至关重要，良好的政府治理很大程度上为土地综合开发实施创造一个互利共赢的合作环境（Wang et al.，2019）。在 TOD 综合开发规划和实施过程中，由于权力下放和责任分工的改变，城市规划和基础设施管理上出现越来越多的跨部门联系，条块关系的冲突为实施带来挑战（张衔春等，2020）。总而言之，目前 TOD 综合开发实施中，还需要加强政府之间和区域之间协同合作，不同技术部门之间的协同合作，以及不同交通模式之间的协同合作（Doulet et al.，2017）。

此外，政府和非政府组织以及私营企业之间相互依存，越来越多的行动者参与到了交通和土地利用的规划和决策过程（De Jong et al.，2010）。在多主体决策环境中，合作、利益或目标冲突增加了部门之间的复杂性。在土地与交通一体化策略实施中，应当关注不同基础设施部门和政府部门之间存在政策障碍的政治、组织、背景和行为因素（Geerlings and Stead，2003）。土地综合开发合作是否能达成，很大程度上受到土地收益分配方案的影响。在珠三角地区，土地开发的过程不仅受到产权、法律等正式制度的管制，也受到一系列非正式制度的影响（姚之浩和田莉，2018）。尤其在城市更新中，村集体的非正式制度与政府的正式制度之间存在目标差异，城市化的社会利益最大化与村集体的集体福利最大化的目标之间存在偏差。解决这一问题，需要重视利益主体的需求，制定合理的收益分配条件，通过协商或谈判落实 TOD 综合开发的土地资源来源（朱介鸣，2011）。

（二）提升土地价值：规划体系与设计

土地综合开发同时涉及土地利用规划和交通规划的设计、编制和审批等制度，并且对两种规划之间的协调提出了更高的要求。空间规划作为公共政策，是公权力在实现经济、社会、环境平衡发展时体现效率和公平的一种重要调控手段（贾莉和闫小培，2015）。在土地综合开发中，良好的规划可以创造很大的价值潜力（Song et al.，2021），好的规划本身甚至比轨道交通设施更具有吸引力（Chatman，2013）。有学者指出，城乡规划的核心任务就是要权衡效率与公平，以分配土地开发权，城乡规划体系则是从不同层面明确土地开发权（黄莉和宋劲松，2008）。在国土空间规划背景下，国土空间规划限定了城乡之间、区域之间的土地开发权边界，详细规划确定土地的用途和强度。但是目前在规划审批和管理环节，交通和土地利用一体化开发存在不少障碍需要克服（林雄斌等，2016）。交通规划和土地利用规划长期以来缺乏协调，土地综合开发能够促进跨部门、跨层级的规划实践（王缉宪，2004）。规划的可行性和有效性，不仅取决于是否规划了合理的空间结构，更重要的是对土地利益结构的理解，并且制定相应的对策；城市发展是公共利益与个体利益互动的过程与结果（朱介鸣，2011）。因此要在 TOD 综合开发中成功创造更多价值，不仅在于设计手段本身，更在于这一规划设计是否能够协同复杂的设计要素，是否能够回应不同利益相关者的诉求。

（三）保障价值获取：土地供给制度

在我国，轨道交通场站用地的土地增值，主要基于土地开发的方式回收，因此土地开发中正式或非正式的制度都将对 TOD 综合开发带来影响。土地制度的含义非常丰富，在 TOD 综合开发项目中，主要涉及土地征收、土地储备、土地供应三个重要环节。土地征收，是指为了公共利益的需要，在依法进行补偿的条件下，将集体所有土地转为国有土地的行为；土地储备或土地整备是指通过征收等多种方式获取土地资源并储备，等达到用地出让条件后进行出让的过程；土地供应则是以划拨、协议出让或招标、拍卖、挂牌的方式出让给使用人的行为（程雪阳，2014）。土地收储整备是实现 TOD 综合开发项目的重要前提和基础（杨家文等，2020）。

我国政府主要采用土地批租制度获取土地增值，一次性出让多年土地使用权获取收益。土地出让金与土地抵押借款的组合，为我国城市建设提供了大量的资金支持（郑思齐等，2014b）。通过土地批租获取土地出让金，政府开展轨道交通基础设施投资，实际上也是我国早期溢价回收的一种方式。但该方式存在许多问题，如收入不可持续、分配路径不清晰（Alterman，2011）、分配机制不公平（姚之浩和田莉，2018）。在土地财政的驱使下，政府会在选址时趋向于将站点布置在待开发的地区期待更大的土地收益，同时减少征拆成本（段阳等，2021；Zhang et al.，2008），也可能在一定条件下助长"卧城""鬼城"等阶段性现象（Zheng et al.，2019）。因此，城市空间发展中的土地使用和管理制度，对促进或限制 TOD 综合开发实践有很大影响，在实施 TOD 综合开发的过程中，同时存在对现有土地收储和供应制度的适应或革新，厘清相关土地开发与管理措施，对 TOD 实施效果尤其关键。

（四）实现价值应用：投融资制度

TOD 综合开发的关键目标之一是为建设轨道交通项目筹集资金。投资，是指投资主体为了获得经济效益和（或）社会效益，而将一定的资金投入到某个特定项目的经济行为。融资，是指投资主体为了投资项目所需要的资金进行一系列融通资金的经济行为，包括融资渠道、融资方式、融资数量和结构等。项目的投资和融资相互影响，是一个整体的过程，因此通常将投资和融资合称为投融资（王书会，2007）。投融资体制主要包括投资主体（谁来投资）、筹集资金方式

（资金来源）、投融资的运行机制（怎样投资）、投融资的宏观调控等方面（肖翔，2003）。轨道交通基础设施投融资体制涉及中央政府、铁路交通主管机关、交通企业、地方政府、金融机构、其他国有或民营企业等之间的关系（玛莎·劳伦斯等，2019）。我国现行的投融资体制如要保障轨道交通长期持续的发展，需要完善现有规范，保障相关投融资行为。研究者认为，我国应保障轨道交通基础设施中的公益性投资，同时也要营造更好的经营环境和条件吸引社会资金。土地综合开发对于轨道交通基础设施投资实际上存在交叉补贴机制，优化这一投资结构对于我国基础设施可持续发展有着重要的意义（尹贻林和乔璐，2012）。

三、研究分析框架

总而言之，如果将TOD综合开发的实现过程与溢价回收的理论框架对应起来，实践中所关心的上述土地、规划、投资运营等内容，可以凝练为四个环节：

1）价值分配。构建TOD综合开发合作与分配机制。

2）价值创造。提升规划设计协同，增加TOD开发潜力。

3）价值捕获。通过土地开发相关环节获取社会经济收益。

4）价值应用。融合TOD与轨道交通投融资。

上述四个环节分别主要对应四方面的制度设计和安排，即政府治理下的合作与分配机制、公交导向开发的规划设计、综合开发价值捕获的土地制度，以及轨道交通投融资制度。这些制度并非孤立存在，相反地，它们相互影响，并且对TOD综合开发实现溢价回收的各个环节施加叠加影响。基于土地综合开发溢价回收的实践与理论，构建出本书的研究分析框架（图3.10）。虽然不同地区政策与制度的背景不尽相同，但是溢价回收实施的理论基础是相同的，这一研究框架因而适用于不同地区的TOD综合开发案例的分析，只是它们在相同的环节可能会表现出不同的特点。接下来的四章将分别对上述四个环节深入剖析，以展示在溢价回收的各个环节中，TOD综合开发如何突破现有制度障碍得以成功实施。

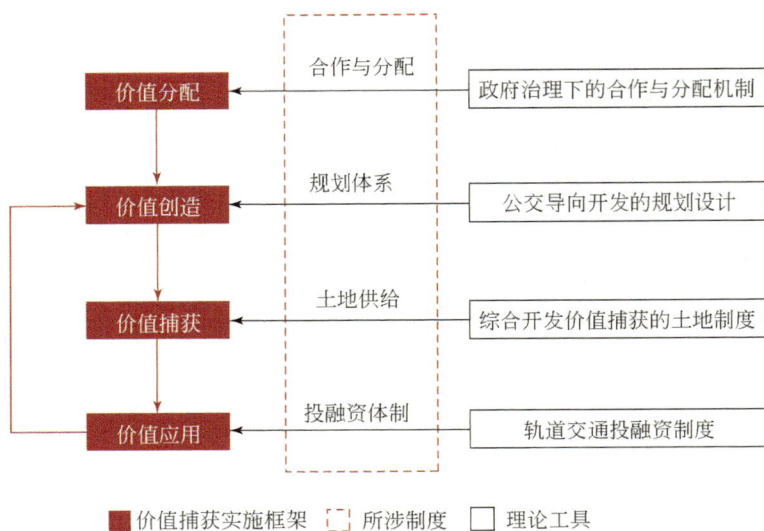

图 3.10　本书研究分析框架

| 第四章 | 建立 TOD 综合开发合作与分配机制

在实施 TOD 综合开发之前，各利益相关主体会就收益分配方案达成一致，进而开展后续合作。TOD 综合开发涉及的部门较多，主体关系复杂，促成这些主体开展合作相对困难。合理的分配机制是促成多元主体合作的基础。受到其他政策因素影响，现有项目中合作与分配方案具有一定的不确定性。本章将对 TOD 综合开发中涉及的主体进行梳理，结合现有的 TOD 综合开发合作收益分配案例，分析和总结珠三角地区 TOD 综合开发合作实施机制的特征与面临的问题。

第一节　TOD 综合开发主体与职能

一、TOD 综合开发相关主体

提到组织与制度，需要先厘清 TOD 综合开发中有哪些主体。在轨道交通场站周边土地综合开发的过程中主要涉及两个对象，即土地资源和交通设施。在土地开发方面分别由土地供给主体和物业开发主体负责，铁路基础设施则由铁路投资建设主体负责（图4.1）。在我国，政府尤其是地方政府在土地综合开发中扮演了非常重要的角色，是贯穿整个项目的重要主体，在统筹和协调项目上起到关键作用。对典型城市土地综合开发合作框架进行分析，可以发现现行主体认定的特点和存在的问题。

（一）土地供给主体

在我国土地和税收制度背景下，市（区、县）政府是掌握土地资源、储备和供给土地的主体。地方政府需要配合铁路建设征收和整备土地，土地一级开发的收益也主要在各级地方政府间分配。土地出让金是地方政府重要的收入来源，

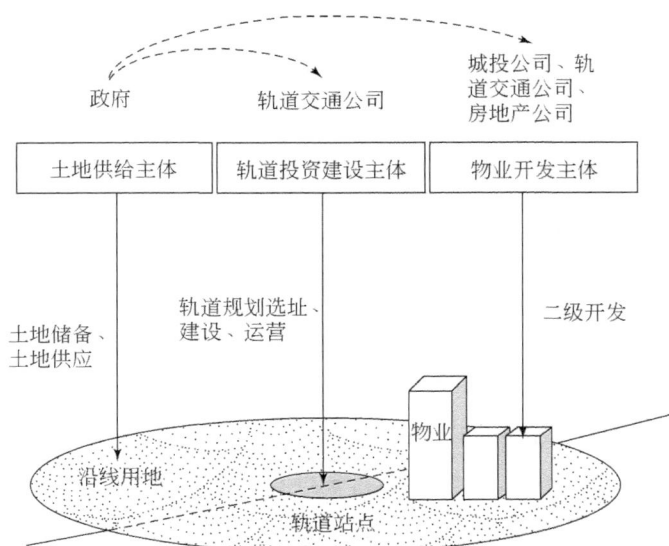

图 4.1　我国 TOD 综合开发相关主体与职能

土地资源开发对拉动城市经济发展和重塑空间布局有重要的影响。在农地管控的制度背景下，建设用地指标将成为类似城市发展边界的土地开发管控工具，也在TOD 综合开发中起到一定作用。在具体的土地征收、整理等工作上，政府通过委托的方式交由相关企业完成，有时会结合轨道交通建设项目交由轨道建设方一同完成土地开发的前期工作。

（二）轨道投资建设主体

作为大宗公共投资，轨道交通项目一般依据投资计划拆分为独立项目进行，跨行政边界的铁路线依据行政边界分段设立项目。交通基础设施投资项目在我国均采用资本金制度进行管理，项目资本金来源包括政府和轨道交通公司等。为了优化项目投融资、争取更广泛的资金来源，我国政府出台了多项投融资改革政策，鼓励社会资本加入投资。但受限于金融条件差异，现阶段真正进入轨道交通投融资项目的非国有企业主体并不多见。

此外，不同类型的轨道交通项目投资建设者有所不同。总体而言，轨道交通建设主体是轨道交通公司，代表本级政府建设轨道交通基础设施项目。轨道交通公司由政府牵头组建，如中国国家铁路集团有限公司（以下简称国铁集团）是中央直接管理投资的国有独资公司，深圳地铁集团是深圳市国资委直属国有企业。国铁集团代表中央政府主导投资建设我国铁路基础设施，在省部共建的机制下，地方政府也参与到铁路投资建设中。对于各类铁路设施，广东省的财政事权分配方案如表 4.1 所示。由表 4.1 可以看出地域覆盖度越大的铁路基础设施由越高层级的政府承担财政事权。近期，国家发展改革委联合国铁集团发文（国办函 27 号），提出铁路建设"分类分层"建设的指导思想，指出干线铁路由中央与地方共同出资，国铁集团发挥主体作用，负责项目建设和运营，积极引入社会资本参与；城际铁路、市域（郊）铁路、支线铁路及铁路专用线以有关地方政府和企业出资为主，项目业主可自主选择建设运营方式。将城际铁路和市域（郊）铁路的建设和运营权交给地方政府，未来，地方政府将在城际铁路建设中扮演更重要的角色。

表 4.1　广东省铁路运输省级与市县责任划分

事权层次	铁路建设
省级财政事权	省级决策的铁路公益运输
省级与市县共同财政事权	干线铁路
	城际铁路
市县财政事权	市域（郊）铁路、支线铁路、铁路专用线
	由市县决策的铁路公益性运输

资料来源：《广东省交通运输领域省级与市县财政事权和支出责任划分改革实施方案》

（三）物业开发主体

经历房地产市场化改革后，我国出现了大批成熟的房地产开发企业，如保利集团、华润置地等。在 TOD 综合开发项目中，也可以看到房地产企业活跃的身影，如万科集团（深圳地铁集团为最大股东）。大部分城市政府在完成土地一级开发后，选择通过市场力量进行二级开发。也有地方城投公司尝试自行开发场站周边物业。场站用地的物业开发，更多地看到轨道交通公司的深度参与，可能是轨道交通公司单独开展，轨道交通公司与房地产企业合作开展。TOD 物业开发对于房地产企业具有一定的吸引力。TOD 综合开发实施的特征是部分收益需要回归到轨道建设上。目前也有许多房地产开发项目，以 TOD 的名义出售物业，但实际上既不存在反哺轨道交通的合作模式，也缺乏和轨道交通设施的联动，这些开发项目并不是本书所研究的 TOD 综合开发项目。

二、谁来主导 TOD 综合开发？

TOD 综合开发的实施主体是谁，将对溢价回收的策略实施产生关键影响。香港地区采用"轨道+物业"模式，其成功支持轨道交通发展的关键，是建立以港铁公司为核心的土地开发模式。港铁公司负责香港地铁线网的规划选址和建设；香港特别行政区政府和港铁公司签订协议，授权港铁公司拥有地铁上空和一些毗邻用地的土地开发权，规避市场主体参与场站综合开发时土地增值收益难以回馈轨道交通的问题（Cervero and Murakami，2008）。

从"轨道+物业"这一合作模式中可以看出，以港铁公司作为 TOD 综合开发的主体，可以获得来自土地开发权出让的收益，以及参与物业开发分成的收益（图 4.2）。一方面，香港特别行政区政府以地铁建设前的地价将土地出让给港铁公司，待到地铁建设好后，港铁公司出让土地开发权给具有开发实力的开发商，除去支付给香港特别行政区政府的轨道建设前地价，增值部分基本可以覆盖轨道建设投资的成本（Cervero and Murakami，2008）。另一方面，港铁公司与房地产开发商合作，通过谈判获取部分未来房地产开发的利润或公司股份，实现可持续的收益来源。港铁公司是政府和市场之间的纽带，贯穿了 TOD 综合开发项目一级开发和二级开发。

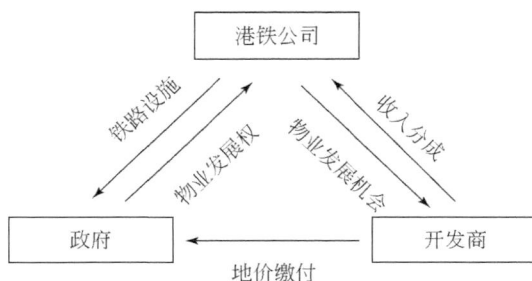

图 4.2　香港地铁"轨道+物业"开发模式（MTR，2020）

在内地城市，政府是土地储备工作的主体，且经营性用地的出让需要通过市场化的方式提供给物业开发主体，因此，TOD 综合开发红线外项目用地一级开发和二级开发的主体通常是不一致的。在轨道交通场站红线范围内，在 TOD 综合开发理念的推动下，大部分城市支持由轨道交通建设主体实施一级开发，也有城市尝试给予政策支持，让轨道交通公司来主导一、二级联动开发的方式，如深圳、广州等。还有城市的开发定位就是做 1.5 级开发，如上海。但总体而言，一级开发的主体一般为政府或轨道公司，二级开发的主体一般为市场主体或轨道公司。

以广州 TOD 综合开发项目组织安排为例，根据《关于市交通工作领导小组2013 年第五次工作会议的纪要》（穗交领会纪〔2013〕5 号）的安排，首先，广州城市轨道交通沿线用地，被分为"轨道综合体用地"和"轨道周边综合开发用地"两类，沿线物业开发由广州地铁集团统筹，沿线土地一级开发由市本级统筹，由广州市发展改革委指导，广州市土地开发中心负责收储、设立专户单列管理；根据《广州市轨道交通建设及偿债资金筹集和使用管理办法的通知》（穗发改城〔2014〕74 号），市财政部门负责按照轨道交通筹集年度计划，将单列专户管理的轨道交通沿线土地一级开发收益拨付广州地铁集团。在 2017 年最新的规定中，广州地铁集团负责轨道交通综合体规划的编制和建设，同时也落实建设资金和土地征收等工作，周边综合开发用地由市级政府统筹，创造条件让轨道交通建设方参与二级开发（图 4.3）。在这样的土地开发条件设置下，轨道交通建设方拥有了更为直接的开发权和收益，主要原因是轨道公司就是代表市政府进行项目投资建设的主体，轨道交通建设的资金缺口或运营补亏都由本级政府负责，两者的利益处于同一框架下。

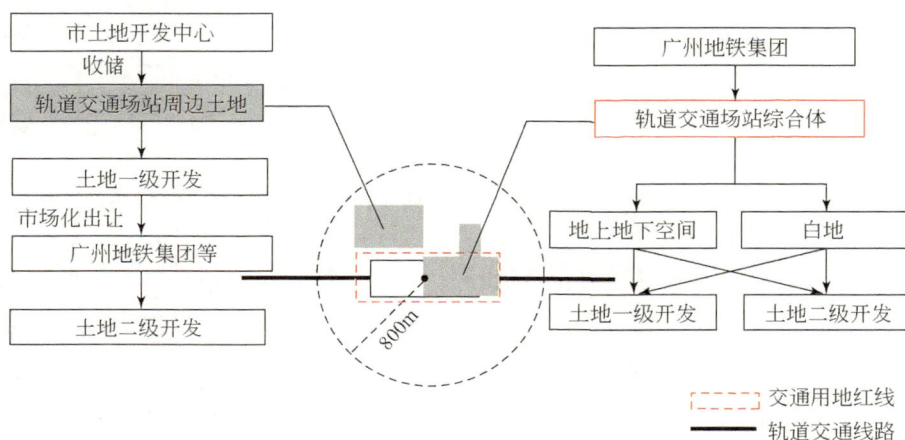

图 4.3 广州城市轨道交通 TOD 综合开发不同主体

在珠三角城际铁路的建设中，涉及省政府与市政府之间的合作与博弈。红线范围内场站用地的落实由广东省铁路建设投资集团有限公司（以下简称省铁投）负责，珠三角城际铁路公司负责项目建设，而轨道交通场站周边的用地省政府要与地方政府合作。因此，在 2012 年出台的粤府函 16 号文中提出了两种开发模式，一种是由省、市政府合作联合开发，土地一级开发后出让土地获取收益，或购入土地后自行开展物业开发获取收益；另一种是由市政府自行开发，获取的收益上缴约定的金额到专项账户用于反哺轨道交通建设（图 4.4）。上述的综合开发主体安排，市政府与省铁投的利益关系仅部分重合，市政府只需负担部分的运营补亏资金，省政府才是项目建设资金托底方，因此市政府的任务并非是要开展综合开发，而是要完成补亏任务，综合开发只是完成补亏任务的一种选择，这增加了土地综合开发项目的不确定性。

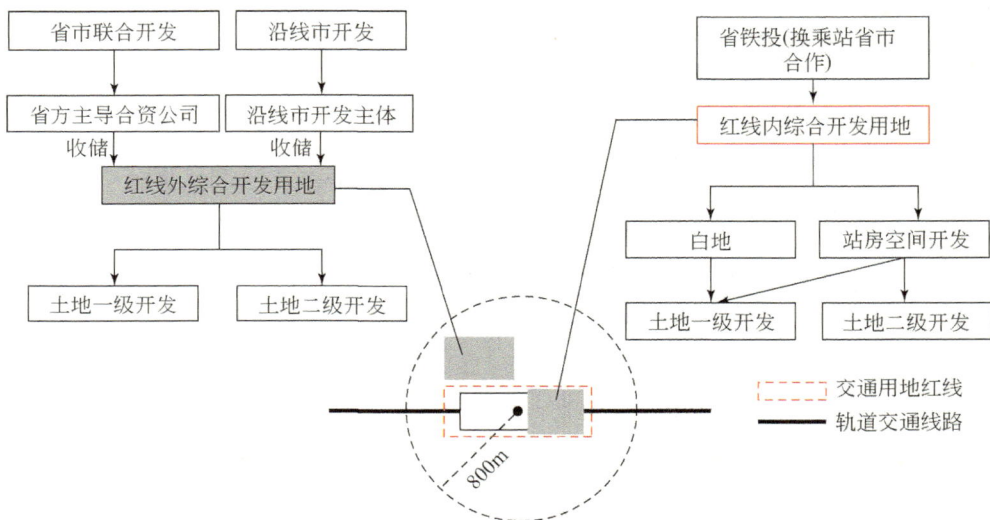

图 4.4　珠三角地区城际铁路 TOD 综合开发不同主体

香港地区的模式中，特别行政区政府没有给港铁公司任何补贴，土地收益与轨道投资都是在港铁公司内部完成的。虽然我国内地的 TOD 综合开发一级开发和二级开发主体并非都是轨道项目建设方，但是 TOD 综合开发项目的收益，最终还是能够被用于轨道交通项目的建设，资金在轨道建设方和土地开发方中形成了一定的循环。因此，开发主体利益一致显然是最重要的，根据港铁公司的经验，主体合一则能减少更多行政、资金空转成本，但是在我国内地城市复刻港铁公司的经验，也需要付出政策修改、制度设计的摩擦成本，因此需要综合衡量，以采取可行的综合开发框架。

第二节　TOD 综合开发收益分配与合作模式

TOD 综合开发中的土地开发收益，可以分为一级开发收益和二级开发收益两种（图4.5）。

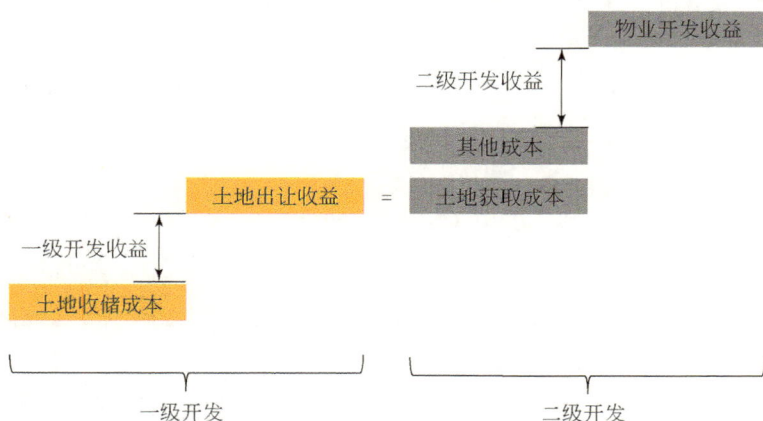

图 4.5　土地一级、二级开发收益

土地一级开发，是指由政府或其授权委托的企业，对一定区域范围内的城市国有土地（毛地）或集体土地（生地）进行统一的征拆补偿，并进行适当的市政配套设施建设，使该土地达到相应建设条件（熟地），再对熟地进行有偿出让或转让的过程（程雪阳，2014）。在土地开发过程中政府可以获得土地出让金和土地增值税收入等。分税制改革，使得土地出让金成为我国地级市政府的重要财政资金来源。土地二级开发，是土地使用者将达到规定可以转让的土地通过流通领域进行交易的过程，包括土地使用权的转让、租赁、抵押等。房地产二级市场是土地使用者出售或出租的新建物业的开发过程。

对土地增值收益归属有三种认识：涨价归公论、涨价归私论和公私兼顾论，我国在集体土地入市的方式上有许多不同的尝试，收益分配的政策也仍然在探索中（陈红霞，2017）。国家通过土地规划管制权限制土地开发权的使用方式和适用范围。研究者认为，对改变土地管制（如增加容积率或农业用地转为城市开发用地）获得的土地增值收益应当返还社会，但是提倡在承认土地发展权的基础上，通过增值税或土地发展权交易的方式，能更合理地保障个人利益和地区利益（程雪阳，2014）。

土地开发收入，是目前我国 TOD 综合开发收入的来源形式。如广州在轨道交通建设二期的时候就通过土地储备获取收益；深圳轨道建设三期学习香港的"轨道+物业"的发展模式，通过作价出资方式确定轨道交通建设方为土地使用者，轨道公司进行物业开发获取收益。在我国城乡土地分化的情况下，基于土地开发方式获取溢价，还涉及到集体土地转城市经营性用地收益分配的问题。在存量开发的背景下，TOD 综合开发涉及城市更新中如何更合理地分配收益的问题。以下，将从一级开发和二级开发（物业开发）两类收益的角度，深入了解 TOD 综合开发收益分配机制。

一、基于土地出让收入溢价分配机制

在土地出让的过程，可以一次性回收轨道交通基础设施带来的部分溢价，或是在出让条件中附带相关条款要求配建轨道交通相关设施，实现溢价回收。对于红线外用地，尤其是土地使用者不具备物业开发运营能力的情况下，地方政府选择在土地出让中捕获增值收益。这种溢价捕获方式下，如何让收益与轨道交通建设产生关联是分配机制设计的关键。本节主要讨论土地出让收入的分配，而不是土地供给条件的设置。以珠三角城际轨道为例，说明多层级政府合作的收益分配模式；以各个地级市城市轨道交通建设项目为例，说明市级不同储备用地的分配方案差异。

（一）城际轨道 TOD 综合开发收益分配

城际轨道交通涉及省级与市级政府之间的合作，例如，在珠三角城际铁路中，就是由省铁投代表广东省政府与沿线市政府合作，珠三角城际铁路 TOD 综合开发实践是省市合作模式的典型。如图 4.4，红线内的开发由省铁投主导，红线内土地综合开发净收益归省铁投，用作冲减该城市应当分摊的运营补亏额，因此红线内开发不涉及收益分配；而红线外土地开发主体有两种，分别为省方主导合资公司和沿线市开发主体，红线外一级开发土地出让金收入分配也分两种模式，分别是据实分配模式和固定收益分配模式。

（1）据实分配模式

据实分配模式是指，省市合作建立公司，共同开展土地整备获取一级开发收入，省市按照股权占比分配收入。该模式下，省铁投和沿线地方政府共享土地出让收益以及综合开发收益。根据相关财报和年报数据，2016 年，珠三角地区城际轨道交通 TOD 综合开发谋划佛山三水站（3330 亩①）、珠海北站（2192 亩）与惠州客运北站（894 亩），共计 6416 亩 TOD 综合开发用地。2015 年，佛山三水站与珠海北站签署一级开发协议，完成土地收储 5163 亩，取得用地批复 3288 亩。截至 2016 年底，佛山三水站已完成土地出让 332 亩，实现收入 6.4 亿元（约 200 万元/亩）。省铁投所得土地综合开发的净收益首先用于弥补城际轨道交通项目建设及运营资金缺口，支持珠三角城际轨道交通可持续发展。截至 2021 年 3 月末，省铁投代表珠三角城际铁路与广东省 8 市 23 区完成 34 个 TOD 综合开发项目的一级开发协议签署，开发总面积为 4.01 万亩。平均每个站点 TOD 综合开发项目的开发规模为 1200 亩（80hm²），2020 年及 2021 年一季度省铁投获得省级净收益 15.14 亿元。截至 2021 年 3 月末，省铁投累计收到省级净收益 220.26 亿元②。该收入大大支持了城际轨道交通建设运营。

（2）固定收益分配模式

固定收益分配模式，是指由地方政府主导红线外一级开发，地方政府负责开发整备工作获取土地出让金后，向省铁投交付固定的收益。可以注意到，在后续的珠三角城际轨道交通 TOD 站点开发中，大多地方政府选择了这一模式。该模式下，征拆费用投入和五通一平建设投入主要由地方政府承担，省铁投获得固定收益。

这一模式中，土地一级开发收入由地方政府掌控，除去固定上缴给省铁投的金额后，剩余部分地方政府自行分配，因此可以激励沿线区县的配合。同时，这一模式下省铁投可以免去土地整备的投资成本，因此，这一模式实际上应用更多。并且，有一些站点的开发模式从"据实分配"的模式转向了"固定收益分配"模式。如佛山三水站和清远银盏站两个站点 TOD 项目在 2015 年以前均已取得首宗经营性用地，但后来其用地开发模式均由"省市合作开发"转换为"市

---

① 1 亩 ≈ 666.7m²。

② 省级净收益是指 TOD 综合开发项目中省铁投所得的净收益，包括土地出让净收益和综合开发净收益。

主导开发"。2017 年，佛山城际轨道实业有限公司①与三水新城管委会签订补充协议，原通过招拍挂取得的 332 亩土地使用权中的 239 亩由三水新城管委会有偿收回，佛山公司保留 93 亩用于二级开发。2016 年，清远市政府将清远银盏站周边已出让的 157 亩经营性用地有偿收回，转变开发模式为地级市政府主导。最终在广清城际一期项目建设过程中，清远市政府与省铁投基于相关协议，每亩缴纳 50 万元专项补贴资金，共计缴纳约 10 亿元。

省铁投通过上述两种方式所得的收益，都将汇总到省政府专项运营保障金账户中，专款专用，用于城际轨道建设、运营补亏和偿还贷款等，起到反哺轨道交通建设的作用。20 号文提出，土地综合开发收益"不宜直接用于项目建设和运营，应按规定归集管理"，主要原因是省市合作模式下，分散资金管理难度大，不利于统筹整体线网建设，集中管理收益便于资金监管，并促使收益优先偿还地方政府债券而不是公司的经营性债务。值得注意的是，珠三角城际 TOD 综合开发的目的是获取资金，补贴轨道交通建设，而非一定要地方政府配合进行 TOD 综合开发，因此上述两种收益分配模式对于土地本身价值较高的城市吸引力不大。像广州、深圳的土地价值非常高，省市合作模式显然不符合地方政府的利益，而这些城市的财政收入水平较高，直接以现金补贴的方式就能满足省铁投运营补亏资金的要求。

（二）城市轨道 TOD 综合开发收益分配

城市轨道交通场站周边用地综合开发的土地整备，需要区、县等基层政府的配合。在 TOD 综合开发项目中，各个城市的市、区两级政府的收益分配方案有所不同。广州、重庆、东莞和成都等城市都制定了 TOD 综合开发收益分配方案，以下将对比珠三角城市与其他城市的 TOD 收益分配方案的异同。

（1）储备用地出让收益分配

广州较早开展 TOD 土地储备和土地开发工作方案规范化工作，2012 年，在相关文件中给出了土地开发收益分配的方案。2012 ~ 2016 年，广州市轨道线网建设资金筹集方案中提出，需要通过 TOD 综合开发补齐部分资金缺口，约合 500 亿元，这 500 亿元的土地开发收益任务被分解到全市各个区。资金筹集的具体操

---

① 2011 年成立，由广东省铁投置业发展有限公司（持股 51%）和佛山市铁路投资建设集团有限公司（持股 49%）合资成立，2019 年注销。

作办法是，以地块单位为核算单位，在区县政府设置专门资金账户，土地出让金净收益分配方式如下：在中心六区，80%用于抵扣中心六区土地开发收益任务，20%分给区财政，也就是80%溢价收入用于轨道交通建设；中心六区以外，土地净收益用于抵扣基层应完成的土地开发收益任务额①，超出部分退还给区县政府并优先用于支付市区共建轨道交通的共同出资任务，也就是净收益基本都用于轨道交通建设投资。如果上述土地出让收益没有达到500亿元的目标，则通过物业开发或另行安排用地解决。

与广州的分配方式相似，在重庆的 TOD 综合开发方案中，一级开发的收益溢价部分实行市区分成，其中市级分成统筹用于城市轨道交通建设资本金支出及运营补助。具体而言，2020年，重庆市财政局与重庆市规划与自然资源局联合出台《关于主城区都市轨道交通区域综合开发一级收益分配原则》，其中按三类不同土地类型分配土地一级开发收益（表4.2）。相比广州各区政府，重庆各区政府能够获取的权益明显较高。

表 4.2　重庆 TOD 综合开发土地一级开发收益分配

用地类型	净收益分配
设施用地	市、区 8∶2 分成
设施用地以外的，纳入站点半径 600m、车辆基地 2 倍规模的轨道综合开发用地	区级储备用地市、区 5∶5 分成
轨道 TOD 综合开发其他新增市级储备用地	计提相关规费后市、区 5∶5 分成

东莞市"以地筹资"的策略中，将土地开发收入分为土地出让收入、土地前期开发收入、土地二级开发收入和土地出让计提以及其他收入，各类收入中用于支持轨道交通建设的部分资金集中进入东莞市轨道交通建设发展专项资金账户，用于投资、还本付息、补亏和土地整备等支出。"市主导收储"和"镇主导收储"的储备用地的土地出让收益分配方式有所不同。"市主导收储"的土地公开出让后获得的净收益，由市、镇按 4∶6 比例分配。镇主导收储的，净收益由市、镇按 2∶8 比例分成。其中，市层面分得的土地出让收益，全部划入轨道建设发展专项资金账户。与重庆和广州相比，总体上东莞市层面能够获得的收益较

---

① 土地开发收益任务额＝（辖区内新建站点数/线网新建站点总数）×土地开发收益总任务。

少，主要原因是在东莞市-镇-村的结构下，项目开发多涉及用地转化，需要镇政府或村集体的支持才能推动 TOD 项目用地储备。相比市政府，镇政府或村集体在东莞 TOD 土地收储中扮演更重要的角色。此外，东莞市还在全市土地出让收入中提留部分资金到轨道专项资金账户。

与上述方式不同，成都反哺轨道交通建设运营的做法更为直接（图 4.6）。在 2021 年成都出台的最新政策中提出，成都市车辆段综合开发用地出让收入直接归属成都轨道公司；不具备单独开发条件的轨道场站周边用地，在分层设权的基础上，轨道交通公司最低能够以同类型用地按不考虑轨道交通因素的宗地评估价 70% 的价格获取，这大大减轻了轨道建设主体的经营性土地储备压力。TOD综合开发用地成都的做法与香港地区的做法类似，首先在轨道交通建设前对用地价值进行评估，然后将实际成交价与轨道交通建设前评估价的差价全部用于轨道交通建设、运营补贴或场站综合开发。这样的收益分配安排，一是直接明确了轨道交通公司可以直接获得收益，二是增值部分收益都将直接用于轨道交通投资运营。这一分配方案下，区级政府的获利空间较小，但区级政府也可以通过其他的方式获得收益，如在 TOD 综合开发用地的功能规划中，通过增加产业用地的比例来增加对未来区级政府的税收预期等。

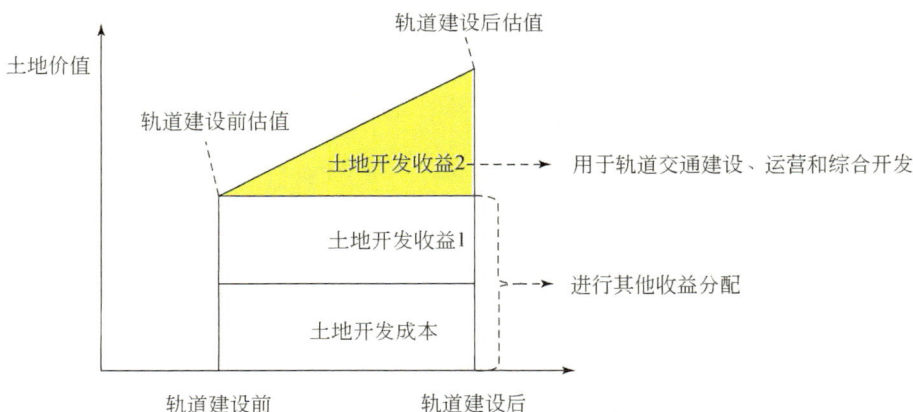

图 4.6　成都轨道交通场站周边综合开发土地出让收益分配

对比广州、成都、重庆和东莞 TOD 综合开发土地出让净收益分配方案，可以看到（图 4.7），广州和成都的土地出让收益中较大比例用于反哺轨道交通建设，但成都的分配方式更加直接，红线内的土地出让收益直接可以交给轨道建设项目单位。相比之下，东莞的方案中市级层面能够获取的资金比例是最小的，这主要是由于东莞市政府储备用地较少，镇政府在土地收储工作上有更大的话语权。

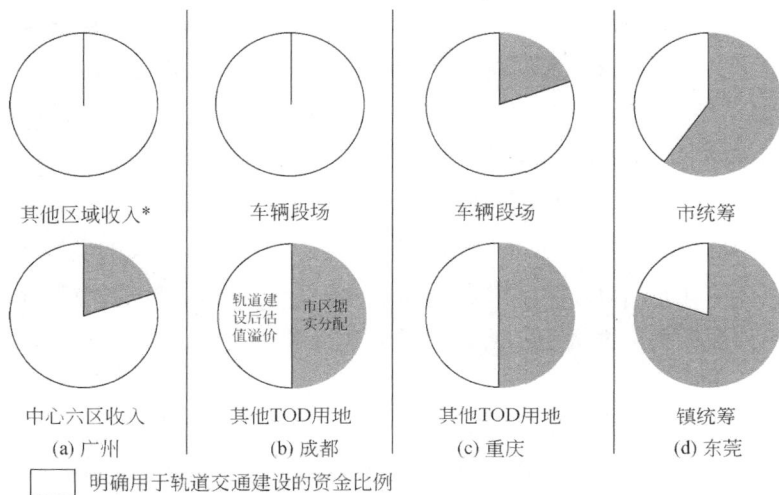

图 4.7　珠三角地区城市与其他城市 TOD 综合开发土地出让收益分配差异

＊土地储备收益方案估值未达到预计资金需求，因此算为收益，全部用于轨道交通建设

（2）集体用地开发收益分配

在快速城市化地区，TOD 综合开发通常还会涉及征收集体土地等问题。以往城镇化进程中的集体土地收储，地方政府通常以一次性征收价格，向农民及村集体买断。但集体土地征收后的再出让，往往会产生巨额土地增值收益，这些收益通常为地方政府、开发商等享有，农民或村集体无法参与土地增值收益分配（姚之浩和田莉，2018）。在巨大的利益面前，如果还是采用这样的分配方式，势必会严重影响项目推进的速度。近年来，集体土地征收机制不断创新，东莞在 TOD 片区土地开发收储过程中，通过完善村民参与溢价收益分配的保障机制，有效推动项目的落地。利用"三旧改造"和 TOD 综合开发的双重政策利好，东莞对轨道交通场站周边的用地进行大片的规划，并制定了对利益相关者具有吸引力的收益分配制度，通过建立合理的收益分配机制，促进场站周边用地再开发，反哺轨道交通建设运营，同时也将原来低效粗放使用的土地释放出来，起到优化城市用地利用的效果。

2021 年，东莞市出台《轨道交通 TOD 范围内城市更新项目开发实施办法》，给出了"TOD 城市更新项目"的定义，规定 TOD 范围（铁路 800m、城市轨道

500m）内含全部或部分"更新单元"[①] 用地的 TOD 综合开发项目依据该办法实施更新并分配收益。从改造主体的角度，TOD 范围内的东莞城市更新项目改造方式可分为三类：①政府主导；②土地权利人自行改造；③单一主体挂牌招商。根据 2018 年《东莞市轨道交通站场周边土地综合开发及站场综合体建设实施细则》的设想，对于场站周边已建成区域，原则上由政府主导进行"三旧"改造，东莞市东实集团[②]等市属国有企业通过市场取得土地，参与政府主导的旧改项目。按有关规定，东实集团可以获得不超过 60% 的土地出让收益，这部分收益扣除拿地成本后的利润，将纳入轨道交通专项使用金。但是在后续的实践中，"单一主体挂牌招商"的方式成为了主要的方式。并且，最终推动项目落地的是市–镇–村的收益分配方案，方案中既有现金补偿也有实物补偿，调动了村集体参与城市更新的积极性。

在 20 世纪的制造业发展大潮下，珠三角地区的许多村镇都建设了工业厂房。当时零散、低效利用的土地遗留到今天。2009 年广东出台的"三旧改造"政策，从合作制度层面建立了新的土地再开发收益分配机制，推动旧城镇、旧厂房、旧村庄城市化更新改造（梁小薇等，2018）。TOD 综合开发与城市更新项目在实施上具有互补性，发展 TOD 综合开发能够推动城市更新，城市更新获取的用地能够辅助 TOD 综合开发（杨家文等，2020；田宗星和李贵才，2018）。

以东莞莞惠城际寮步站 TOD 城市更新用地收储为例，可以看到收益分配方案对用地收储实施的关键作用。寮步站位于寮步镇镇中心附近，站点 TOD 地块由两宗商住地块组成，共占地 9.47hm^2。由于既有用地权属复杂，地块从 2016 年开始统筹推进，但到 2019 年仍未上市，相关规划无法落实。2019 年，东莞提出拓展优化城市发展空间的发展策略。东莞为全面盘活土地资源，进一步加大土地整备工作力度，提出大片区连片、公有低效用地、司法拍卖土地、镇属经营性闲置土地和城市更新项目土地五大收储整备创新路径。在东莞市一系列的土地收储和开发空间扩容的支持政策下，2019 年 4 月，寮步站 TOD 探索了"基础补偿+增值共享"的土地收储和利益共享机制，依据不同的规划用途和土地供应方式，制定差异化的利益共享标准，实现市–镇–村（或原权利人）三级利益共享。该

---

① "更新单元"划定是东莞城市更新规划体系的重要环节，是指在保证基础设施和公共服务设施相对完整的前提下，按照相关技术规范，综合考虑道路、河流等自然要素及产权边界等因素，划定具有一定面积、相对成片的改造区域，作为城市更新规划、建设、监管的基本单位。

② 东实集团，全称"东莞实业投资控股集团有限公司"，是东莞市属国有独资企业。

方案满足了村镇级利益相关者的收益分配诉求（表4.3），其中增值共享部分是

表4.3 东莞"基础补偿+增值共享"集体土地收储补偿和收益分配办法

类型	基础补偿	增值共享		
经营性用地	土地补偿费、安置补助费、青苗补偿费、地上建（构）筑物和附着物补偿费、搬迁费、临时安置费、停业停产损失补偿、留用地补偿费、社会保险金等费用	土地收储整备重点地区内（具体包括市统筹的轨道站点TOD综合开发区及所有轨道站点TID①地块）	市级主导	市、镇按4：6比例分成
			市镇联合	镇街分成比例为60%＋镇街出资比例×20%
			镇街主导	市、镇按2：8比例分成
		土地收储整备重点地区外	市级主导	市、镇按3：7比例分成
			市镇联合	镇街分成比例为70%＋镇街出资比例×30%
			镇街主导	全部返还镇街
		农村集体经济组织分成不低于镇街所得土地出让纯收益的20%且不高于50%		
		市级	相关规费和物业补偿	
		镇街	全部返还镇街	
产业用地		村集体	普通工业用地项目和不可分割销售的新型产业用地、科研用地项目	原则上全部分成给村集体
			可分割销售的新型产业用地、科研用地项目	原则上按照不低于镇街所得净收益50%分成
公服用地		无		
连片收储		统筹统分、逐宗补偿		

① TID，transport integrated development，即融合交通枢纽及轨道交通的地产综合发展项目，TID 地块是指轨道交通站点综合体开发地块。

资料来源：基于《东莞市轨道交通 TOD 范围内城市更新项目开发实施办法》整理

指土地出让收入计提相关规费和成本后的收入。这一举措大大调动了村镇参与城市更新的积极性。解决了利益分配问题后，寮步站 TOD 地块项目快速推动土地收储、规划设计工作，于 2019 年 11 月 1 日成功推向市场，从方案上报到土地出让仅用时7 个月。最终获得土地出让金约 41.7 亿元，两个地块分别由保利和金地两家企业竞得。这次的分配经验被整理后形成了相关的政策文件在东莞市推广。

除了通过政府主导旧改的方式，单一主体挂牌招商的方式也在 TOD 综合开发项目中得到运用。这一方式减少了政府土地整备的成本，通过收益共享的方式促进项目落地。东莞市轨道交通 1 号线 2016 年已经得到批复获准开建，但是由于用地收储难度较大，许多站点直到 2019 年才正式开工。大岭山北站是 1 号线中的一个站点，其选址周边的用地权属复杂，建设进程缓慢。2021 年，东莞市采用单一主体挂牌招商的方式，推动大岭山北站附近的 TOD 综合开发用地进行出让，地块由东莞市嘉万房地产有限公司以 8.8 亿元竞得。根据协议，以 TOD 范围内城市更新项目形式采取收益分配和补偿方案。更新单元面积为 16.85 万 m²，拆除重建面积为 15.78 万 m²（图 4.8）。规划有两宗商住用地、一宗居住用地，合计总用地面积约为 11 万 m²，总计建筑面积为 45.50 万 m²。更新单元涉及的用地和原有物业拆迁，需由用地取得主体与不动产租户协商，并进行相关赔偿。经过协商，项目以"旧厂房"改造的方式进行收益分配（表 4.4）。政府部分获得的收益除了有小学、市政道路和社区公园等公共服务设施，还有通过 TOD 开发协

图 4.8　东莞地铁 1 号线大岭山北站 TOD 城市更新

基于东莞市自然资源局相关资料整理

议获得的 11.63 万 m²住宅、0.81 万 m²商业，以及 995 个停车位，物业收入市、镇按 5∶5 分成。而村集体的收益以现金补偿为主。村集体获得的补偿包括住宅、商业物业，以及 1.8 亿元货币补偿。通过以上方案，政府将土地整备的工作打包给开发商，在复杂的开发情况下推动项目开展并获取收益。借助市场的力量，东莞市推动城市更新以及 TOD 综合开发土地出让，最终东莞市政府获得的收益为 20%～40%，与非城市更新类 TOD 综合开发的收益比例相似。

表 4.4 TOD 综合开发项目城市更新–旧厂房改造利益分配累进表

序号	城市更新项目容积率	分配比例	
		政府	开发企业
1	0～2 的部分	25%	75%
2	>2 的部分	30%	70%

二、基于物业开发的溢价分配机制

基于物业开发的方式捕获轨道交通基础设施带来的土地增值主要有三种方式：模式一是轨道建设方自行开展物业开发，所获收益用于轨道交通建设和运营补贴；模式二是轨道公司与房地产企业联合进行物业开发，轨道公司获得的收益分成用于轨道交通建设和运营补贴；模式三是由房地产企业开展物业开发，代建轨道交通基础设施并移交给轨道公司。上述方式在用地取得、规划衔接和开发周期等方面均有所区别，以下将对这三种方式展开讨论。

（一）自主开发，收益内化

由政府下属轨道交通公司主导物业开发，是大多政府最初实践 TOD 综合开发的选择。这种方式可以规避国有资产流失的风险，并且在突破现有用地开发条件和规划协调上更加便利。但是，由于轨道公司缺乏物业开发运营的经验，其开发效果难以保证。如在珠三角城际铁路沿线的开发中，沿线市政府大多选择通过组建地方轨道公司开展城际轨道场站周边综合开发。广清城际轨道清远站综合交通枢纽商业中心项目，位于清远市燕湖新城，由广清城际轨道有限公司①投资 2 亿元建设，用地属于轨道交通配套设施用地，通过协议出让取得。项目分为两栋建筑，容积率分别为 1.11 和 0.85，地上四层商业总建筑面积约为 4.8 万 m²，地下总面积约为 4.3 万 m²，共设 918 个停车位。该项目于 2018 年 5 月动工，2019 年 7 月封顶。2020 年 9 月清远站综合交通枢纽商业中心项目开展招商，同年 11 月广清城际开通，截至 2021 年底商场仍未正式营业。与之类似，大部分完全由地方轨道公司自主开发的物业总体而言体量较小，虽然在用地取得方面具有优势，但是开发的收益不明确，更多的轨道交通建设方选择与房企合作开展物业开发。

（二）合作开发，据实分配

TOD 综合开发用地是否已经被轨道公司取得，将决定轨道公司与房地产开发企业的合作模式。若轨道公司已经取得用地，则可以通过签订协议、委托代建或股权出让方式与房地产开发企业开展合作。

（1）协议合作模式

协议合作模式不涉及股权转移，用地属于轨道公司，轨道公司和物业开发方按照投资比例分享收益。这样的合作案例较为常见，较早的有深圳地铁的案例，深圳地铁集团于 2013 年与深圳市振业集团（以下简称振业集团）签订合作协议，合作开发横岗车辆段上地块，振业集团以 8.66 亿元的成交价获取住宅、商务公寓和配套物业 70% 的投资、开发、收益权，振业集团和深圳地铁集团按照投资比例以 7∶3 分享该部分物业收益。该合作协议中，土地仍然记在深圳地铁集团名下，深圳地铁集团负责项目立项、报建报批、开发建设、物业租售等手续，振业集团负责建设管理，合作不涉及股权投资。振业集团与深圳地铁集团共同委派人员组建项目建设管理公司对项目进行管理。2014 年，深圳地铁集团与万科集团合作开发建设的红树湾项目也是类似的模式②。但是随着房地产企业和轨道企业的合作相对固定，最终都转向项目合作或股权合作的模式。

（2）代建合作模式

代建合作模式是指在轨道公司取得用地后，委托房地产公司代建物业。房地

---

① 广清城际轨道有限公司是清远市国资委下属企业，负责清远段沿线土地开发经营。
② 相关数据资料均来自深圳地铁集团 2020 年度审计报告。

产代建可以分为商业代建和政府代建两种类型，商业代建是由非政府单位委托，而政府代建则是与政府部门合作，一般是建设体育场馆或保障住房一类的公共设施房地产物业（孙滋英，2012）。TOD 物业代建介于商业代建和政府代建之间，可能同时包含商业地产和保障性住房等。代建模式下，房地产建设方不享有增值部分的收益，只赚取委托方支付的费用，属于固定收益模式，轨道公司享有房地产开发的投资收益并承担所有风险。绿地集团和华润置地分别在商业代建和政府代建方面有成熟的开发经验（王秀玲和李文兴，2012）。这一方式在房地产市场整体增值预期较好的时候对房地产开发企业吸引力不大，因此在目前 TOD 物业开发的溢价预期较好的情况下应用较少。且轨道公司积累了一定的开发经验后，并不需要通过这一方式借用知名房企的名气来推销物业。

（3）股权合作模式

股权合作模式是指在轨道公司取得用地后，房地产企业通过收购股权的方式获得土地开发权和收益权。这种合作模式应用较为广泛，因为轨道公司在用地取得方面具有优势，而房地产企业在物业开发方面具有优势，该方式能够发挥各自的特长。例如，早在 2010 年，华润置地就与上海申通地铁集团合作，以 10 亿元获得上海吴中路停车场上盖 50% 的开发权，后期新世界中国地产与广州地铁集团合作，以 48.49 亿元取得该地块 65% 股权及相关债务，合作开发汉溪长隆地块。值得注意的是，2017 年广州地铁集团以底价 63.83 亿元取得地块，一年后出让股权就获得了 7 亿元的增值收入。这一模式发展到后来，还形成了轨道公司取得用地，建设好轨道交通相关基础设施，预留物业开发条件，转让用地全部或部分的股权获取收益的方式。这样的合作模式和香港地铁的"轨道+物业"模式中物业开发的收益方式非常接近，不过港铁公司掌握规划和具备自身开发能力，采用该方式布局分期开发更为灵活。

在深圳地铁集团与万科集团的物业开发合作中，最初设想就是通过万科集团以发行股票的方式购入深圳地铁集团持有的前海国际 100% 的股权，前海国际持有安托山车辆段和前海枢纽两个区位绝佳的 TOD 地块。但是这一方案最终没有实现，而是以深圳地铁集团收购其他公司的股票，成为万科集团最大股东结束［图 4.9（a）］。在物业开发的合作上最终采用了项目合作的方式，由深圳地铁集团与万科集团合作成立公司，共同持有土地的方式进行物业开发。合作成果的代表是位于深圳湾超级总部地标建筑深湾汇云中心，该项目位于 2、9、11 号线的地铁站上方，是典型的 TOD 站点综合体的项目，项目地块最初由深圳地铁集团持有，后转为深圳地铁万科投资发展公司持有，并进行物业经营，收益由深圳地铁集团与万科集团共享（图4.9b）。此后，深圳地铁集团与万科集团还在深圳以外的TOD物业开发市场进行合作，例如，2020年两家各出资50%成立深圳地铁万科实业发展有限责任公司，拟合作开发佛山南海新交通车辆段上盖项目。

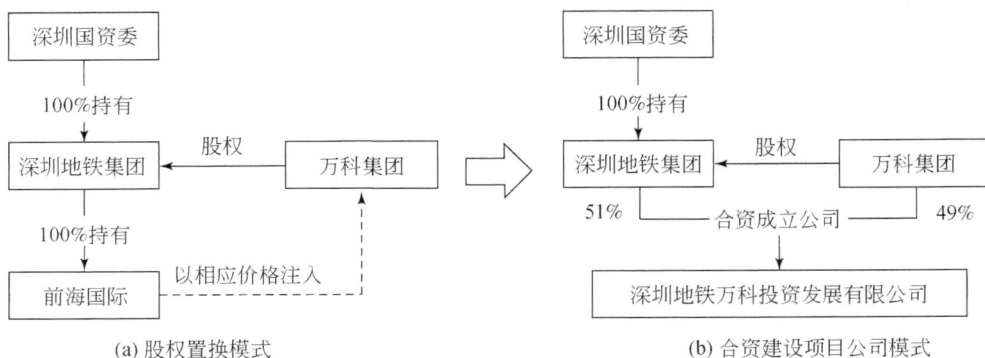

(a) 股权置换模式　　　　　　　　　　　　　　　　(b) 合资建设项目公司模式

图4.9　深圳地铁集团与万科集团合作模式

由此也可以看出，股权合作模式的问题在于股权转让的流程十分复杂，不确定因素影响较大，因此，随着轨道交通建设方与房地产企业的合作深入，合资成立公司成为长期合作伙伴的方式得到广泛应用。在项目合作或股权合作的情况下，轨道公司和房地产开发公司发挥各自的优势，合作获取土地使用权，再开展物业开发。

（4）项目合作模式

项目合作模式是指，轨道公司与房地产企业等成立合资公司，借助双方的优势一起获取用地建设和经营，成本共担、收益共享的TOD物业开发方式，这一方式目前得到广泛应用。例如，东莞虎门站扩建项目涉及的用地，由保利集团①子公司、轨道建设公司与房地产开发公司三家合作竞得。一些地方上具备实力的房地产企业（如具有地方国资背景的房地产企业）与地方轨道公司形成了长期的合作关系，开展TOD物业开发。在长期合作上，最典型的要数广州地铁集团与广州越秀集团②的合作。2016年，两家公司签署企业战略合作协议；2017年，越秀集团联合多家国有企业成立广州城市更新基金，首期基金围绕轨道交通展开；2018年，广州地铁集团通过认购越秀集团旗下越秀地产的部分股份，成为

---

① 保利集团是国务院国有资产监督管理委员会管理的大型中央企业。
② 广州越秀集团是广州市政府全资市属国有企业。

越秀地产的第二大股东。根据越秀地产年报披露，截至 2021 年中，越秀地产共参与 6 个 TOD 物业项目（星汇城、星樾山畔、品秀星瀚、品秀星樾、品秀星图、星航），总土地储备约占越秀地产在大湾区区域开发用地储备的 26.5% 和总开发用地储备的 14.5%。而从广州地铁集团的年报来看，截至 2020 年底，与越秀地产合作开发的物业已经产生 196.44 亿元的累计销售额（表 4.5）。越秀地产和广州地铁集团的合作，可以依托广州轨道交通城市更新基金，实现一、二级开发的联动，从土地储备环节就开始合作。

表 4.5　广州地铁集团与越秀地产合作项目开发情况

房地产项目	位置	用地面积	建筑面积	地价	累计销售额
		（万 m²）		（亿元）	
品秀星图	官湖车辆段上盖开发项目	32.33	133.14	131.55	70.82
品秀星樾	萝岗车辆段上盖开发项目	31.24	93.58	76.24	90.58
品秀星瀚	陈头岗停车场上盖开发项目	24.21	87.67	80.93	20.41
星樾山畔	水西停车场上盖开发项目	8.73	33.18	51.89	6.17
星汇城	镇龙停车场上盖开发项目	25.46	70.34	35.80	8.46
合计	—	121.97	417.91	376.41	196.44

资料来源：2020 年广州地铁集团年报

以上四种合作物业开发方式各有千秋，总结来看，股权合作模式是主流方式，而项目合作模式的影响力逐渐增大。在 TOD 综合开发导向轨道交通投融资的大背景下，与轨道公司合作开发 TOD 物业成为大势所趋，但是在激烈的市场竞争中，依然存在私营房地产企业单独主导开发的 TOD 项目。本书在对房地产从业者的访谈中了解到，私营企业想要参与 TOD 综合开发，需要尽早进场，抢占先机。

（三）代理开发，固定收益

在房地产企业主导的物业开发模式下，从物业开发中能为轨道交通建设投资创造的收益较少，但并不是完全没有收益。例如，在广州东部交通枢纽新塘南站之上建设的凯达尔广场，就是以私营房地产开发商凯达尔集团为主体开发的 TOD 站点综合体。这一项目的实现具有一定的特殊性。

该项目中，由于历史遗留问题，地方政府在站点周边用地收储上屡屡碰壁，政府无法牵头主导站点 TOD 综合开发。站点选址用地属于群星村集体用地，村集体早在 2004 年就主动将用地转为国有土地，并于 2005 年与凯达尔集团签署合作开发协议。2012 年新塘南站选址确定后，城际轨道公司尝试与群星村集体进行初步协商，群星村要求高达 2 亿的征地补偿款，谈判破裂。这一高额的征地补偿要求的背后，是新塘南站的建设将割裂群星村和凯达尔的原有用地，使得用地的开发潜力大打折扣。

但是，该项目的选址战略意义重大，是重要的交通枢纽场站，因此政府推动项目落地的决心与压力很大。随着广州东进战略的推进，新塘南站作为广州东部重要的交通枢纽，却由于用地开发协议无法达成，站点建设用地需求无法解决，引起了多方面的关注。最终是增城区政府给出了各自开发和合作开发两套方案，由于第二套方案的收益总体更高，并能解决各方的基本诉求，促成了合作。在这一合作方案中，轨道公司落实了轨道场站建设用地，获得了 5000m^2 的商业办公空间。此外，凯达尔广场建设额外增加的项目资金，也由凯达尔集团支付。

上述三种模式的对比如表 4.6 所示。此外，也有轨道公司先对场站周边用地进行收储并进行短期利用、培育客流，待开发条件成熟后进行物业开发权出让，这种模式也就是一般所说的一级半开发模式，如深圳、东莞等城市都在积极探索这一方式。其中，东莞的鳒鱼洲旧工业区活化项目是东莞首个在 TOD 综合开发中采用一级半开发模式的项目。2019 年 3 月，东实集团旗下子公司以底价 1.25 亿元取得 9.5 万 m^2 鳒鱼洲地块 15 年租赁权，预计投入 4.24 亿元开发建设。东实集团负责建设完成后的运营以及收益分配。一级半开发模式是一种一级开发和二级开发的过渡方案，目前应用不多，但是能够为利用短期难以熟化的用地实施 TOD 综合开发提供参考。

表 4.6　基于物业开发实现溢价回收的模式对比

项目	模式一	模式二		模式三
用地取得	轨道公司	轨道公司	合作取得用地	开发商
出让方式	划拨、协议出让	协议出让、招拍挂	招拍挂	招拍挂
开发强度	较低	中高		较高
开发周期	不确定	前期开发准备时间较长，后期较快		较快
优势	开发主体简单、与政府联系紧密	易于建立轨道交通溢价回收机制，能够建立长期收益		物业开发品质能够保障

项目	模式一	模式二	模式三
劣势	物业开发经验不足	股权、协议等操作复杂，具有不确定性，一些方式对开发商的吸引力有限，开发收益不确定	难以建立轨道交通溢价回收渠道

第三节　保障与协调 TOD 综合开发合作

美国和欧洲的一些城市，为了顺利实施轨道交通基础设施溢价捕获的策略，其交通部门进行了体制和组织改革，以适应溢价回收的发展目标（Salon et al.，2019）。同样地，珠三角地区的城市也采取了类似的应对措施，不过并非以重新组建机构的形式，更多的是依托现有的组织机构，在协调中保障 TOD 综合开发的实施。

一、搭建 TOD 综合开发制度支持机构

TOD 综合开发主要涉及土地和交通两大部门。在实施综合开发时，政府内部存在横向部门分割，如发展改革部门、交通部门、规划部门三个系统分别对应城市产业、交通和空间、规划设计，均与交通及土地一体化开发有着密切关联（张国华，2011），然而，这些部门的规划过程存在差异，导致交通与土地利用存在不同步的现象。协同交通与土地利用最典型的规划手段就是"多规合一"，以往的多规合一的目标是将各要素整合成"一张图"，从全局考虑综合规划（谢英挺和王伟，2015；黄叶君，2012），在国土空间规划的背景下，应进一步强调城市综合交通规划对于空间发展的支撑和引导作用（钱林波等，2021）。基于 TOD 的综合交通规划急需多方面的协调，而这一规划思路又使规划理论研究面临一系列新的挑战（陆化普，2020）。

（一）我国政府治理中的"条块"关系结构

"条块"是我国政府治理中一种形象的说法，它表示的是一种特殊的政府组织结构，反映了政府部门和各层级政府之间的关系。"条条"指的是从中央到地方各级政府业务内容的性质相同的职能部门；"块块"指的是由不同职能部门组

合而成的各个层级政府（马力宏，1998）。"条条"关系是事务上的联系，而"块块"关系是领导关系。在经济迅猛发展的今天，条块结构依然是我国政府治理的基本结构，条块结构本身造就了我国政府治理中"条块分割，多重领导"的局面（图 4.10）。长期以来，我国土地部门和交通部门存在条块分割的情况（张衔春等，2020）。轨道交通沿线用地的综合开发，涉及多个部门，有时还跨越行政边界涉及多个城市行政主体，项目推进既需要协调不同政府职能部门，也需要在不同层级政府部门之间斡旋。在处理如轨道交通和土地利用相协调这类关系复杂的事务时，为了避免部门之间由于缺乏统一领导而推卸责任，通常会以高等级的领导作为上级"分管领导"或者是"领导小组组长"来协调推进事项，这样的组织形式是我国政府组织协调 TOD 综合开发的主要形式。

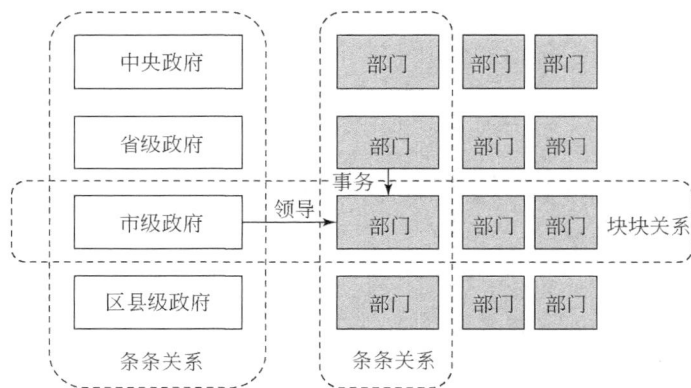

图 4.10　政府部门条块关系与多重领导示意图

　　轨道交通基础设施可以分为城市内部交通和对外交通两类，从政府治理的角度而言，这两类轨道交通基础设施涉及不同形式的政府主导土地综合开发的协调合作框架。在城市轨道交通沿线 TOD 综合开发中，要协调的是城市内各个部门以及下一级区县级政府之间的关系；在跨区域的轨道交通沿线 TOD 综合开发中，还要协调城市之间的建设运营等事项，开展城市间合作，或是以等级更高的政府部门领导协调组织下级政府部门，如珠三角城际铁路沿线土地综合开发由省市两级政府合作。

（二）构建 TOD 综合开发决策协调组织

　　珠三角地区城市开展 TOD 综合开发，一般通过建立协调小组或领导小组的方式来打破现有的条块分割的行政结构，起到统筹轨道交通、土地利用、财政、建设等部门的作用，保障 TOD 综合开发实施。建立协调小组的方式，是重新组合原有的"条块"关系，以应对轨道交通沿线土地综合开发这一事务。

例如，深圳于 2005 年组建了"轨道交通建设指挥部及办公室"（即深圳市轨道办）统筹全市轨道交通（包括地铁、国铁、城际铁路）规划设计、投融资、建设、运营、监管等方面工作。由时任市长担任总指挥，时任市委副秘书长任办公室主任，发改委、规划局、国土局、建设局、交通局、财政局和地铁公司领导担任主任，成员单位包含各部门、区政府和地铁项目公司（图 4.11）。2021 年出台的《深圳市轨道交通项目建设管理规定》，对各个部门分工再次进行了明确，市轨道办负责协调统筹，各辖区政府负责组织实施轨道交通土地整备工作，实际操作中，深圳地铁集团作为综合开发的实施主体。

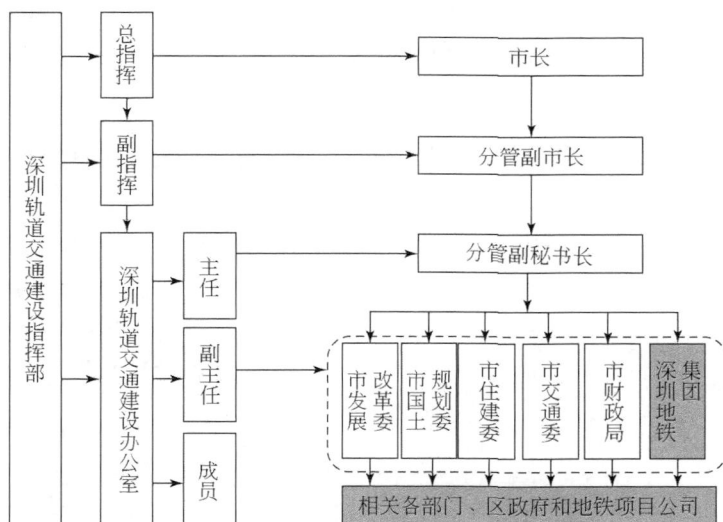

图 4.11　深圳土地综合开发项目协调组织安排

2017 年广州出台的土地综合开发实施细则中提到，广州在广州铁路枢纽建设指挥部下设土地综合开发工作协调小组，负责轨道交通场站综合体建设及周边土地综合开发工作的政策研究、方案制订和综合协调。协调小组由市长担任组长，分管副市长担任副组长，成员单位包括市发展改革委、国土规划委、住建委、交通委、国资委、城市更新局、土地开发中心，各区政府、市属轨道交通投资建设主体等单位，办公室设在市发展改革委（图 4.12）。

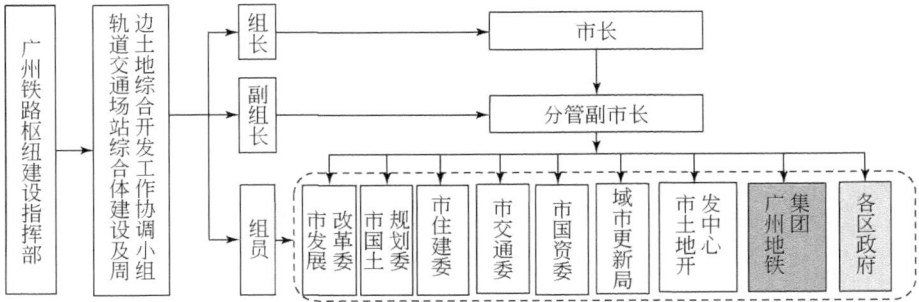

图4.12 广州土地综合开发项目协调组织安排

东莞也同样设立了轨道交通领导小组，并于2019年机构改革单独设立轨道交通局，使得轨道交通建设和TOD综合开发事务更加常态化（图4.13）。从珠三角地区的案例来看，各个城市的领导小组组织结构非常相似，这一组织架构为扫清TOD综合开发中的制度障碍起到了重要作用。

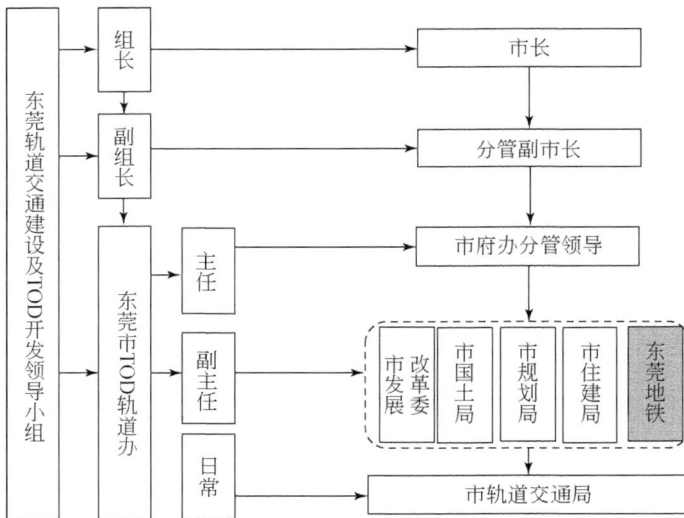

图4.13 东莞土地综合开发项目协调组织安排

二、规范 TOD 综合开发实施流程

规范 TOD 综合开发的流程，主要目的是协调土地开发与轨道建设的时序，

将规划和审批工作做在工程实施前面。TOD 综合开发工作涉及两条工作的时间线，分别是轨道交通规划实施的时间线和土地综合开发规划实施的时间线。以城市轨道交通规划为例，其可以分为三个阶段，分别为轨道交通线网规划阶段、轨道交通分期建设规划阶段，以及轨道交通工程建设可行性研究阶段。2014 年和 2018 年，住建部和国务院相继出台文件，对轨道交通线网规划与城市规划的衔接制定了相关要求，提出在制定轨道交通线网规划时，应当以城市总体规划、土地利用规划和城市综合交通规划为依据。在线网规划的基础上，根据城市发展需要和资金筹集能力，制定城市轨道交通分期建设规划，建设规划期限一般为 5 ~ 6 年，编制城市轨道交通建设规划时，应同步组织开展规划环境影响评价。政府在轨道交通规划中需要负责报批和审核的工作，省级发展改革委及相关部门对建设规划进行初审后，再向国家发展改革委报送建设规划，报批到审核通过时间一般为 1 ~ 2 年。报批和审核工作需要层层严格把关，防范项目资金不足导致地方出现债务危机或工程烂尾的问题，检查建设规模是否符合实际条件。原则上，若开展新一轮的建设规划报批工作，需在本轮建设规划实施最后一年或轨道规划项目总投资完成 70% 以上的时候申请。可行性研究通过后能确定线路走向和站点选址，轨道交通沿线用地的筹备同步或提前展开，需要做好线路沿线土地预留和控制，防止其他建设用地侵占城市轨道交通建设空间。

与城市轨道交通规划类似，铁路方面同样提出了规范铁路建设规划和审批的工作（国办函 27 号）。从规划流程上看，国家级铁路发展规划包括铁路中长期规划和铁路五年发展规划，发展规划要与国土空间规划、区域发展规划衔接。对于既有高铁能力利用率不足 80% 的线路，原则上不得新建平行线路。依据国家级铁路发展规划，编制城际、市域（郊）等区域性铁路发展规划，地方铁路企业需与国家铁路企业充分沟通，共同实现"四网融合"的轨道网络系统，禁止以新建城际铁路、市域（郊）铁路名义违规变相建设地铁、轻轨。

在我国，大多数城市轨道交通线网规划编制主体为规划部门，但部分城市编制主体为地铁公司（戴子文等，2018），干线铁路的规划主体是国家铁路集团。基于不同的规划编制实施结构，国家和地方铁路交通与土地利用协同程度有很大的差异。目前来看，城市轨道交通的编制主体与城市总体规划的编制主体目标相对一致，在交通和土地利用规划上的衔接更有基础。但干线铁路和一些国家铁路局主导的城际铁路建设规划，则缺乏与地方城市规划的合作基础，交通和土地利用的衔接较为薄弱。因此，TOD 综合开发实施的流程在地市层面也更为完善。在珠三角地区的城际铁路建设主体转变为广州、深圳两个核心城市后，在广州、深圳最新一期的城市轨道交通规划中，也纳入了城际轨道交通，并且提前开展了城际铁路站点周边综合开发规划的编制设计工作。总结来看，主体的统一能够有效地促进 TOD 综合开发。

以广州市的 TOD 综合开发实施安排为例，根据其 2017 年出台的综合开发实施细则，可以看到轨道交通建设规划期间，需要与场站周边用地的整备和收储工作相协调；确定轨道交通站点选址后，轨道交通工程建设需要与综合体开发利用工作相协调（图 4.14）。这两类 TOD 综合开发的规划审批均由市国土资源部门和市政府（规划委员会）共同决议。在土地供应环节，留有场站周边用地和综合体联动开发的窗口，基于轨道交通规划建设审批的流程，大概率在既有场站的周边才能施行这种联动开发。土地收储主要由区政府负责，场站周边用地的规划编

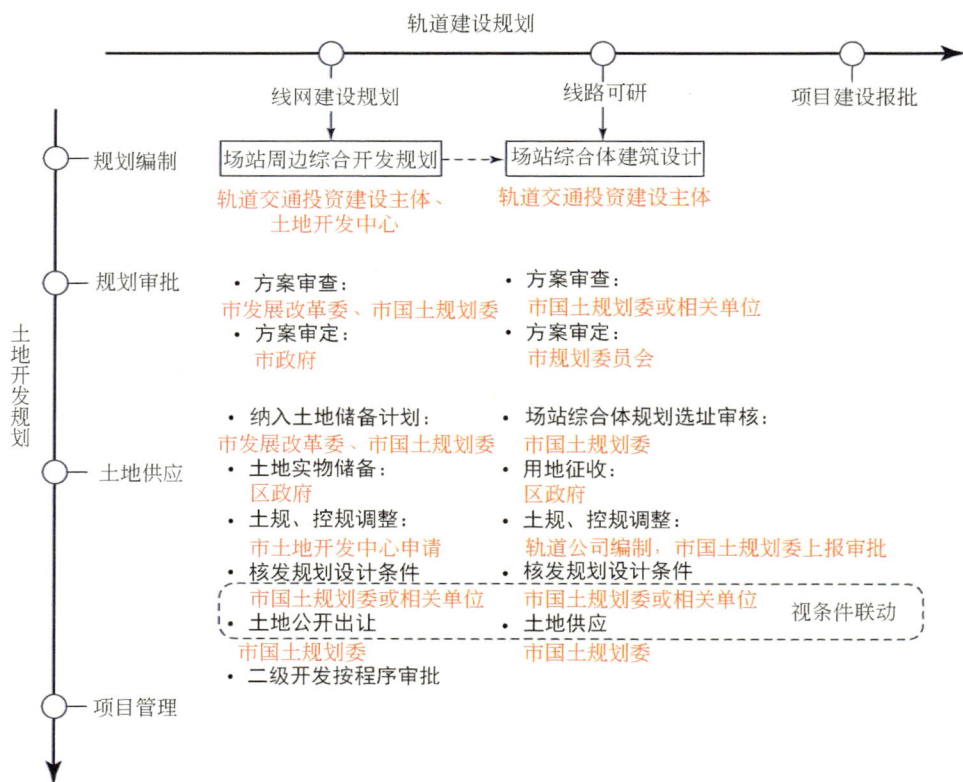

图 4.14 广州市轨道交通 TOD 综合开发流程

制和调整由市土地开发中心负责，综合体方面的规划调整申请则交由轨道交通建设方。在广州 TOD 综合开发实施安排中，依据开发用地类型的差异，区分了 TOD 综合开发规划报批的主体，在市级政府的统筹下，均能较好地协调交通规划和用地规划。

通过表 4.7 可以看出，总体而言，政府与轨道交通建设单位是其中的主要负责人，大多城市政府愿意将红线内用地交由轨道公司统筹开发、规划和实施。但在红线外，更多的是以政府收储和出让为主，轨道建设主体的参与程度与其市场竞争能力相关。并且可以看到，在广州和深圳，轨道建设主体具备一定的物业开发能力和经验，政府更愿意将用地提供给轨道公司；而在东莞、佛山，政府则是将土地整备和出让收益更多放在政府管理之下。

表 4.7　不同城市 TOD 综合开发工作安排

项目	深圳	广州	东莞	佛山
决策协调机构	轨道交通建设指挥部——设于交通运输委员会	综合开发协调小组——办公室设在发展改革委	TOD 开发领导小组——办公室设于轨道交通局	市政府和轨道交通局
TOD 综合开发实施主体	深圳地铁集团为主	场站综合体——广州地铁集团；周边综合开发用地——市土地开发中心	场站综合体——市统筹（轨道交通投资建设主体建设）；其他项目视合作方式统筹	场站综合体——市统筹（轨道交通投资建设主体建设）；其余站点：沿线各区
TOD 规划编制主体	场站综合体：深圳地铁集团	场站综合体——广州地铁集团；周边综合开发用地——市土地开发中心	根据项目归属分别由市、镇和轨道交通建设单位合作编制	市统筹综合开发总体策略研究、综合开发规划；轨道公司或区政府负责综合体概念方案
土地征收主体	区政府	区政府	园区、镇（街）	区政府
土地储备机构	市土地储备中心	市土地开发中心	市土地储备中心	市土地储备中心
轨道建设主体	深圳地铁集团	广州地铁集团	东莞轨道交通	佛山地铁（广佛地铁）

第四节　TOD 综合开发合作与分配机制总结

TOD 综合开发涉及土地供给主体、轨道投资建设主体和物业开发主体三者之间的合作与收益分配。从筹措轨道交通基础设施建设资金的政策目标出发，我国主要实施基于土地开发的溢价回收方式。具体来说，又包含了通过一级开发获取土地出让金和物业开发（二级开发）获取收益两种收益途径，反哺轨道交通基础设施建设。在珠三角地区，两种收益途径都有丰富的实践案例。珠三角 TOD 综合开发的实践经验具有如下三个主要特征。

特征一：TOD 综合开发由地级市政府主导。

香港、东京等地的 TOD 综合开发具有一个共同点，就是以轨道交通建设方为规划、建设、运营以及物业开发同一主体（Suzuki et al.，2015），越来越多的实践和研究提出，轨道交通建设方应当作为 TOD 综合开发的主体，起到对接政府以及联系社会资本的桥梁作用（毛建华等，2019）。但是在内地城市 TOD 综合开发触及土地财政，难以让轨道公司主导开展实施。

珠三角城市的 TOD 综合开发实质上由市级政府主导。在对省市的轨道公司访谈中，轨道建设部门也多次强调，市级政府是 TOD 综合开发的主导者，在综合开发的过程中，最需要争取地级市政府的支持。省铁投和珠三角城际轨道公司指出，掌握国有土地出让环节的是地方市、区政府，省级以上的政府想要推动 TOD 综合开发心有余而力不足，即使盘活原来通过划拨方式取得的轨道交通场站用地，也需要与周边地块建立联系，方能使得整体效益最大化。在干线或区域铁路投资中，线路穿越多个城市，铁路公司要获取地方政府的土地开发权则更加困难，如果缺少来自省级或中央政府的支持，铁路公司很难驱使地方政府配合提供用地。轨道公司对红线以外的用地掌控能力有限，必须和政府合作才能获取用地，不过在场站用地红线内，市级政府愿意给轨道交通建设方更多自主权。

造成内地城市与香港等地 TOD 综合开发主导者差异的原因可以归纳为三点，一是在我国的土地公有制度框架下，地方政府负有保护国有资产的重任，地方官员在处置土地资源时更为谨慎，力求避免国有资产流失的风险，规避行政风险，因此不会轻易地将土地交给轨道公司主导开发；其二，在分税制改革后，土地出让金成为地方政府重要的财政收入来源，市级以下政府对于土地出让收益的分配非常敏感；其三，政府也是轨道交通基础设施重要的投资者，从珠三角城市案例中可以看到其共同点之一是，轨道公司获取土地出让金的分配实际上是由政府代为参与的，获取收益后重新定向拨付给轨道公司，政府也是轨道交通项目的投资主体。

虽然珠三角城市实施 TOD 综合开发时，实施主体既包含市政府又包含轨道公司，看上去不如香港的模式纯粹，但市政府与下属轨道公司的目标是一致的，在溢价回收的共同目标下，地方政府和轨道交通建设方逐步开展合作，一部分的政府职能也逐步放到轨道交通建设方手中。例如，广州 TOD 综合开发中，市政府委托轨道公司开展场站综合体概念方案设计、一级开发等。

城际铁路等区域性的铁路建设，也将趋于由地级市政府主导。从珠三角城际建设过程中，可以观察到沿线城市社会经济发展的水平不同，对于合作开展 TOD 综合开发的兴趣也有差别。土地价值越高的城市通常财政能力也更强，因此这些城市与省铁投合作开展综合开发的意愿较低，如广州、深圳都更倾向于自主建设轨道交通，获取在规划和站点选址上更大的主导权。不仅发达城市如此，清远这样的欠发达地区也更愿意自主开发，不愿土地资源假以他人之手；城际铁路投融资主体存在向市政府转变的趋势。

特征二：TOD 综合开发收入主要来源为一级开发收入。

现阶段的 TOD 综合开发以土地一级开发获取收入更为普遍，这间接巩固了地级市政府在 TOD 综合开发中的主导地位。土地出让金收益，是实施溢价回收政策的重要资金来源，尤其在轨道交通建设资金短缺的城市，为了满足近期的资金需求，更加需要通过土地出让快速回收资金。土地出让金的收益主要在市级以下政府之间分配，通过珠三角城市和其他城市的对比，可以看到一个共同点，就是土地储备能力越强，城市化程度越高的城市，在土地出让金收益分配上越具有主导权，如广州与成都 TOD 项目土地整备工作的开展相对超前。同时，在市政府分得利益较多的情况下，区政府并非一无所获，而是可以通过其他方面获取利益，使得市区之间的利益关系更为平衡。在成都的案例中，区政府倾向于在用地中增加工业、商业等能够增加税收的用地功能。而在市政府用地储备少，用地收储难度大的城市，则只能通过让渡收益以促进项目落实，这种情况下，能够为轨道交通建设筹集的资金相对较少。如东莞的土地权属复杂，以存量开发为主，市政府虽然拥有土地资源再分配的权力，但是，能够通过土地出让获取多少的收益，还需要与下一级政府、原土地所有者协商与博弈才能敲定。因此，并不存在所谓合理的 TOD 收益分配比例，只有能够促成合作的均衡比例。

特征三：TOD 物业开发趋于与国有房企合作。

从案例来看，珠三角地区的轨道公司目前已形成一定规模的物业开发成果，并尝试了各种与房地产企业合作的方式。在这一过程中，各个城市轨道公司的物业开发合作对象逐渐固定。在溢价回收的收益机制上，一些轨道公司与房企的合作尝试不局限于二级开发的合作而是贯通一级开发和二级开发，设计整体的投资-建设-收益链条。这种合作对开发主体的稳定性有所要求，因此国有企业更加具备优势。国有企业——尤其是地方国有企业——与地方轨道公司成功合作具有示范效应，轨道公司与国企的 TOD 逐渐形成开发联盟，无形中提高了 TOD 房地产开发市场中私营企业的参与门槛。

溢价捕获与公共利益挂钩的价值观念，贯穿在珠三角 TOD 综合开发的合作与分配机制安排中。也是因此，政府对于 TOD 综合开发的态度非常积极。政府从行政组织上建立了保障 TOD 综合开发的组织机构，在审批流程等方面营造支持 TOD 综合开发的政策和制度环境。在珠三角地区，这一态度体现于两个措施。一是政府通过建立跨交通、土地利用和财政等部门的决策机构，统筹 TOD 综合开发在土地供给、城市规划和实施建设各方面的事务。二是政府通过规范 TOD 综合开发的流程（具体做法是出台系统性、框架性的指导政策或实施方案），完善现有制度环境下实施 TOD 综合开发所需要的政策支持，从整体上把控 TOD 综合开发的周期和规划时序。我国其他城市也主要通过这两个抓手来组织和保障 TOD 综合开发。而在国外城市的实践经验中，支持 TOD 综合开发的机构不仅有公共部门，还有公私合营机构以及非营利组织等多种类型的 TOD 综合开发支持机构（Moon et al.，2021）。如在美国的做法中，基于房产税的制度，通过设置商业提升影响区（business improvement district，BID），开展针对性的管辖并回收溢价（Hale，2008）。而我国目前尚未全面推行房地产税，建立这种专门的管理机构不具备制度基础。我国城市的做法与国外基于包容性区划（inclusionary zoning）的做法具有相似的规划制度背景。区划法在新加坡、美国等地都有所应用，通过原本政府管理的区划或法定规划机构来保障 TOD 综合开发（Vejchodsk' et al.，2022）。相比于有私人部门或第三方参与的溢价捕获方式，公共部门主导具有节约行政成本、公共利益摆在首位等优点，但是也存在投资风险没有分担、开发能力不如市场主体的缺点，但是从国内外的经验来看，由于溢价回收中的公益性属性，公共部门的参与和保障都是必不可少的；不同国家，只是基于税收、土地规划等制度的不同而采用了不同形式的保障机构。

第五章 | 创造 TOD 综合开发价值

本章将从规划设计的角度，总结 TOD 规划与设计如何服务于溢价捕获这一命题。首先，本章将基于现有研究和实践构建 TOD 规划提升土地和物业价值的框架，其次，根据这一价值提升框架，总结珠三角地区规划体系与规划管理制度中支持实施 TOD 综合开发的做法，以及这些做法是如何从规划设计走向公共政策的。

第一节 TOD 规划体系与设计要素

一、TOD 综合开发的规划体系背景

TOD 规划，是视地方政府需要而制定的一种规划，其本身不具有强制性或法定效力，需要依附于已有的规划体系来实施。2019 年以前，我国城市规划体系由总体规划—分区规划—详细规划三个层级组成，详细规划分为控制性详细规划（控规）和修建性详细规划（修详规）两种，控规指导修详规的进行（石楠，2008）。在原来的 TOD 规划体系中，通常将 TOD 分为城市级、廊道级和站区级来对应原有的规划体系，如深圳市尝试将 TOD 规划与三个层次的城市规划和交通规划相结合，将 TOD 规划融合到现有规划体系中（张晓春等，2011）。控规具有行政规范效力，是 TOD 规划依托的最关键工具之一。控规的技术逻辑源于对美国区划管制体系的学习借鉴，包含了对用地边界、用地性质、用地开发强度、用地形态等具体内容（韩文静等，2020）。但 TOD 作为一种特殊的开发需求，以往的规划形式和内容并不能全面保障 TOD 规划的实施，如在地下空间、用地储备和开发时序等方面，都是现有控规不能全面覆盖的，还需要制定专项规划在顶层设计上保障实施。

2019 年，国务院发布《关于建立国土空间规划体系并监督实施的若干意

见》，提出国土空间"五级三类"的空间规划体系[①]，并对专项规划提出具体要求："相关专项规划要遵循国土空间总体规划，不得违背总体规划强制性内容，其主要内容要纳入详细规划。"这对 TOD 规划而言是一个很好的机遇，可以通过和交通、土地部门的协同，融入新的规划体系。在国土空间管控中明确 TOD 用地的范围和储备用地、指标划分，并且将 TOD 规划的执行和理念以专项规划的形式传导到详细规划中，在详规与审批中落实 TOD 的开发技术指标和空间管理手段等内容。TOD 规划先行，能够影响轨道交通线网的规划和报批，保证同步开发。本书通过广州、东莞和成都等城市对 TOD 规划实施的政策，总结出国土空间规划背景下 TOD 规划体系的框架（图 5.1）。

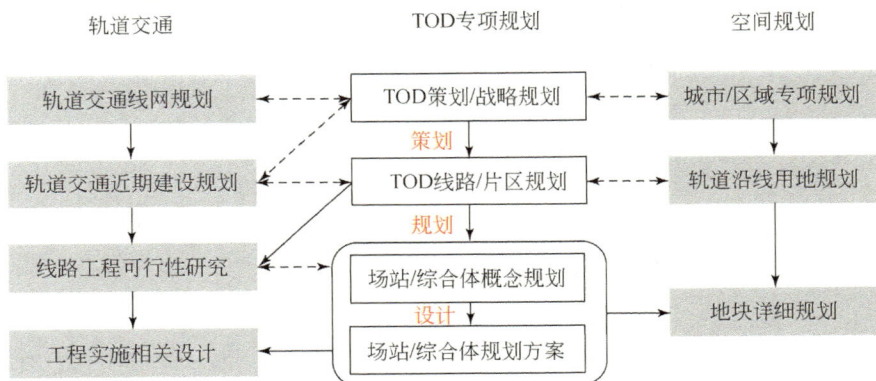

图 5.1　国土空间规划背景下 TOD 规划体系框架

表 5.1 汇总了近期我国典型的城市市政府层面统筹的 TOD 综合开发规划编制工作。在策划方面，主要工作包括对站点和地块进行梳理摸查，获取沿线站点用地储备的信息，对项目分级分类，安排土地开发周期以及制定功能业态等。这些成果为下一步的综合开发土地收储、地块规划和站点选址调整等提供了重要依据。各种规划制度背景下的实践均表明，线路和城市总体层面的策略制定是不可缺少的。成都提出了"无策划不规划、无规划不设计、无设计不实施"的 TOD综合开发原则。同时，策划–规划–设计–实施这一过程需要和轨道交通线网的建

---

①　"五级"对应我国的行政管理体系，国家级、省级、市级、县级、乡镇级；"三类"对应规划的类型，分为总体规划、详细规划、相关的专项规划。

设时序相匹配，这就更需要提前布局、规划 TOD 综合开发，避免延误工期或是综合开发无地可用的问题。

表 5.1　典型城市近期 TOD 综合开发战略规划内容汇总

城市	TOD 策划/战略规划	规划内容
深圳	《轨道交通四期沿线土地综合开发方案和政策研究》（2018年）	轨道交通四期
佛山	《轨道交通建设管理咨询服务》（2021年）	近期 26 个站点
广州	《轨道交通 TOD 综合开发项目建设规划与开发机制研究》（2021年）	近期 221 个站点
东莞	《轨道交通站场 TOD 综合开发规划》（2019年）	选取 16 个站点
重庆	《主城都市区城市轨道交通 TOD 综合开发专项规划》（2020年）	98 个场站
成都	《轨道交通场站综合开发专项规划》（2020年）	90 个车辆段、695 个站点
杭州	《轨道交通 TOD 综合利用专项规划》（2021年）	近期+远期高铁和地铁站点

二、TOD 规划设计主要内容

TOD 设计因其特殊性难以避免地会与我国的现行的规划管理、编制和设计规范产生冲突，这是令很多设计者和实施者感到困惑和为难的地方。通过制定 TOD 设计标准，能够为开展 TOD 片区城市设计提供参考。TOD 规划设计标准一般会从 TOD 的设计原则（3Ds，5Ds 等）出发，如刘泉（2019）将 TOD 规划设计分为开发强度、功能混合、慢行交通、街区尺度、停车管理、公共空间 6 个方面。简化来看，在分类分级的基础上，TOD 规划项目关注的内容大多集中在交通组织、用地功能和空间设计上（刘泉，2019；陈莎等，2008）。但 TOD 规划设计标准并不能一一应对 TOD 综合开发建设过程中出现的设计规范冲突，在实际项目开展中，实施者通常结合具体问题，在 TOD 综合开发实施政策的支持下，突破现有标准，落实 TOD 规划设计。突破方式有如下两种。

一是在实践中摸索，针对具体的局部问题，对相应的规范进行补充，促成 TOD 设计的落实。如深圳通过颁布地下空间开发利用管理办法，统筹规范轨道交通及其附属空间和连接空间的规划设计和出让条件；杭州颁布上盖物业预留工程前期审批指导办法，解决轨道交通上盖物业"同步建设、分期开发"所遇到的新的管理问题（杭州市人民政府办公厅，2018）。二是出台相应的规范，系统补充现行规划管理制度方面的不足。目前，地方政府、国家部委等机构已出台了不少 TOD 导则（表5.2）。2015 年住房和城乡建设部出台了沿线用地开发的导则后，广东省、成都市和东莞市等出台了针对 TOD 综合开发规划编制的导则，包含弹性和刚性的规划内容，但广东省和东莞市的导则更侧重规划编制实施而非规划设计。2020 年，《城市轨道 TOD 综合开发项目通用技术规范》出台，这是一部完全从土地开发项目出发制定出的标准，对功能布局、公共服务配套和街道设计等方面给出了指引。此外，车辆段开发实施的复杂程度较高，但能够保障轨道交通建设主体易于取得用地。上海、郑州、西安和北京专门针对车辆段上盖物业开发制定相应的设计导则。针对交通枢纽的 TOD 设计，2021 年，中国国土经济学会等单位专门组织编制了针对客运枢纽的 TOD 规划设计导则和项目评价标准。这些新的导则或规范，吸收了近年来的国内外实践经验，有助于我们开展 TOD 设计以及认识和分析 TOD 综合开发案例。

表5.2　沿线用地与车辆段综合开发规划设计导则汇总

对象	颁布单位	年份	名称
场站周边用地/车辆段（场）	住房和城乡建设部	2015	《城市轨道沿线地区规划设计导则》
	广东省	2012	《珠三角城际轨道站场 TOD 综合开发规划编制技术指引（试行）》
	成都市	2018	《成都市轨道交通场站一体化城市设计导则》
	东莞市	2020	《东莞市轨道交通站场 TOD 与 TID 规划研究技术指引（试行）》
	中国城市公共交通协会和中国房地产业协会	2020	《城市轨道 TOD 综合开发项目通用技术规范》
车辆段（场）/客运枢纽	上海市	2018	《城市轨道交通上盖建筑设计标准》
	郑州市	2018	《轨道交通段（场）及沿线站点毗邻区域土地综合开发建设导则》
	西安市	2019	《西安轨道交通与城市融合设计导则》
	北京市	2020	《北京城市轨道交通车辆基地综合利用规划设计指南》（征求意见稿）
	中国国土经济学会	2021	《客运枢纽区域开发规划导则》

现有的 TOD 设计规范或导则在结构上有所差异，在主题上各有侧重。但总体而言，TOD 规划设计的要点可以概括为分级分类、集约开发、功能混合和交通衔接四点。

（一）分级分类

TOD 分级分类对于制定 TOD 综合开发的规模和时序有着重要的作用。因此在 TOD 综合开发中，第一步常常是确定等级、划定圈层以明确 TOD 综合开发项目的定位。现有的导则或规划文件中，大多结合站点所处的交通和土地属性对站点 TOD 综合开发项目分级分类，不再按照以往枢纽布局规划中仅考虑交通站点在线网中的位置来划分站点的等级。纵观现有规范，大致将影响范围框定在300m、500m 和 800m 三个临界值上，在规划上注重区分站点的核心区与影响区的差异，相比城市轨道，铁路枢纽的影响范围更大一些（表 5.3）。大型的对外客运枢纽分为三个圈层，中小型客运枢纽分为两个圈层，针对不同的客运枢纽类型，其理论影响范围参考值不同（表 5.4）。据此推算，平均每个站点的用地开发规模在 30 ~ 100hm²。如果考虑溢出效应、共享单车等技术因素，轨道交通站

表5.3　TOD 分级分类与影响范围

来源	TOD 规划范围	分级分类
《城市轨道沿线地区规划设计导则》	核心区：300 ~ 500m；影响区：500 ~ 800m	两级：Ⅰ级为中心城区人口超过 500 万人的线网，Ⅱ级为人口少于中心城区人口少于 500 万人的线网；六类：枢纽站、中心站、组团站、特殊控制站、端头站和一般站
《东莞市轨道交通站场 TOD 与 TID 规划研究技术指引（试行）》	城际站点 800m，城市站点 500m	四类：枢纽型、城市型、社区型和特殊型；城市型站点分为三级：市域级、片区级和镇区级
《广州市轨道交通场站综合体建设及周边土地综合开发实施细则（试行）》	统筹 800m 范围内	四类：A 类–车辆基地综合开发；B 类–具备较好开发条件站点；C 类–具备局部开发条件站点；D 类–不具备开发条件站点
《城市轨道 TOD 综合开发项目通用技术规范》	500m 以内（核心区 300m，影响范围 800m）	三类：枢纽型、中心型、社区型①

① 枢纽型 TOD 项目：距项目用地范围线 500m 距离内不仅有轨道线，还同时有机场航站楼或高铁站、城际站房的项目。中心型 TOD 项目：距项目用地范围线 500m 距离内有 2 条及以上轨道线服务该项目，项目拟作为城市中心或片区中心功能组成部分的综合开发类项目。社区型 TOD 项目：距项目用地范围线 500m 距离内有 1 条轨道线服务该项目，且该项目包含 60% 以上住宅功能的。

表 5.4　客运枢纽区域开发圈层理论界线取值表

客运枢纽类型	核心区 R1 （km）	扩展区 R2 （km）	影响区 R3 （km）
铁路客运枢纽	0.5 ~ 1.0	1.0 ~ 1.5	1.5 ~ 2.0
城市轨道客运枢纽	0.3 ~ 0.5	—	0.5 ~ 0.8

资料来源：中国国土经济学会，2021

点设施的实际影响范围应该会更大一些（Yang et al.，2020a），但周边开发范围并非越大越好，国家和地方政府均对站点的开发规模进行政策引导，一般规模为100hm^{2}以下。鼓励通过挖掘存量、立体复合开发等方式开展 TOD 综合开发，回应节约集约用地的政策出发点。

（二）集约开发

　　TOD 设计导则中，一般采用容积率指标来体现 TOD 片区紧凑开发的特征，如《城市轨道 TOD 综合开发项目通用技术规范》提出，服务人口大于 100 万人的城市中心型 TOD 项目，容积率宜大于 3.5；服务人口大于 20 万人的片区中心型 TOD 项目，容积率宜大于 2.5；社区型 TOD 项目，容积率宜大于 1.5。而在城市具体实施中并不会僵化地采用某种容积率上下限，通常基于原容积率指标，依据一定的规则测算 TOD 片区开发强度。如深圳专门制定密度分区规划，在密度分区规划的指引下制定站点周边的容积率修正系数，并对轨道站点周边的地块实施容积率激励制度，TOD 影响范围内的用地开发强度总体增幅在 30% 以上（表 5.5）。同时，制定开发强度也需要考虑交通容量，如香港地区站点的物业开发强度需要严格遵守交通承载力限制要求（黄良会，2014）。深圳也在新一轮城市密度分区调整优化研究中，将交通系统作为评估密度分区和地块容积率测算的定量分析指标，通过反复迭代和评估测试，最终确定基于未来交通规划方案基础上的深圳市新一轮密度分区方案，以及不同用地类型的地块基准容积率（周军等，2020）。反观目前出台的各部导则，除了客运枢纽综合开发导则，大部分都没有提及如何应对高密度开发带来的交通压力，或与交通影响评价相关的内容。

　　除了在开发强度上体现集约开发，还可以通过利用地下空间起到节约用地的效果。广州、深圳在地下空间开发上都具备许多经验。2019 年，深圳编制《深圳市地下空间资源利用规划（2020—2035 年)》，依据深圳城市规划格局、轨道交通枢纽分级、建设用地开发潜力和功能布局，划定 45 个地下空间重点开发地

表 5.5　地铁站点周边用地容积率修正系数①

项目	距离站点（m）	车站类型	
		多线车站	单线车站
修正系数	0～200	+0.7	+0.5
	200～500	+0.5	+0.3

区，依据"功能复合、互联互通、品质活力"的规划原则进行开发。2021 年，深圳出台文件，推行三维地籍管理技术，"附着于地下交通设施等公益性项目且受客观条件制约，经交通运输……单位认定不具备独立开发条件的经营性地下空间"，可以通过协议出让的方式由轨道交通建设单位获取。通过用地制度、规划制度和管理技术的组合升级，深圳能够有序推进地下空间开发，支持深圳地铁获取地下空间开发收益。

此外，为了进一步鼓励公交出行，一些 TOD 导则在空间配置上会倾向于压缩小汽车的停车空间，引导交通需求，这样做也是为了提高站点周边土地资源利用效率。《客运枢纽区域开发规划导则》提出，鼓励位于城市中心区的客运枢纽核心区小汽车停车设施，在所在城市的配建标准基础上适当折减。东莞在《东莞市轨道交通 TOD 地区土地与空间复合利用管理规定（试行）》中提出，各类站点综合体地块（居住部分除外）停车位配建规模可在现有标准基础上降低 40%；TOD 范围内地块（居住用地及混合用地中的居住部分除外）的停车位配建可在现有标准基础上降低 20%，地面停车率应≤5%。

（三）功能混合

在 TOD 区域内倡导混合功能，一方面是为了营造社区活力、吸引人流、增加开发潜力，另一方面是能够整合城市公共服务功能，增强城市公共服务的可达性和服务效率，放大 TOD 综合开发的社会效益。中国的大部分城市建成区高度

---

① 　地块容积宜按下式计算：$FA \leqslant FA_{基础} + FA_{转移} + FA_{奖励}$；$FA_{基础} = FAR_{基准} \times (1-A_1) \times (1+A_2) \times (1+A_3) \times S$。式中，$FA$ 为地块容积；$FA_{基础}$ 为地块基础容积；$FA_{转移}$ 为地块转移容积；$FA_{奖励}$ 为地块奖励容积；$FAR_{基准}$ 为密度分区地块基准容积率；A_1 为地块规模修正系数；A_2 为周边道路修正系数；A_3 为地铁站点修正系数；S 为地块面积。地块奖励容积是为保障公共利益目的实现而奖励的容积部分，地块奖励容积最高不超过地块基础容积的 30%（《深圳市城市规划标准与准则》局部修订，2018）。

混合使用，TOD 片区提倡的"高混合度"应该更关注功能配比的优化以及社会公平，减少高密度开发带来的负面影响（Moon et al., 2021）。

在单一用途地块内，适当兼容各类用地，是我国规划中常见的做法（张明和刘菁，2007），如最常见的就是居住用地兼容一定比例的商业用地。混合用地则是指在规划实施阶段具有一定管理弹性的用地，包含相互间没有不利影响的两类或两类以上功能用途。东莞鼓励轨道交通、公共交通设施、公共服务设施用地与商业、商务办公、文化娱乐、二类居住、道路、绿地等用地与空间复合利用，立体利用轨道和交通设施上盖和地下空间来建设综合体。结合实际的需求和用地条件，不同等级或类别的 TOD 项目应采用差异化的功能布局。

在轨道场站周边配置公共服务设施上，各类公共服务实际上都可以与 TOD 项目充分结合，表 5.6 给出了一个依据 TOD 项目类型分类的整合公共服务的引导方案。由于 TOD 片区的房地产价值提升，租金随之上涨，导致生活在原片区的低收入人群将被高收入人群取代。有的研究指出，为了规避"士绅化"带来的影响，应该在 TOD 片区中引入更多的公共产品，使更多人能够受益于 TOD（Moon et al., 2021）。除了在实体空间功能上设计高度混合的功能，国外也有以金融优惠或补贴的方式来保障功能混合，促进社会公平，减少人口空间分异带来社会负面影响。如加利福尼亚州的 TOD Housing Program 项目，为公交站点 0.5mi 范围内且社会保障住房占比 15% 以上的住宅项目提供低息贷款、抵押贷款担保、基础设施建设资金；马萨诸塞为公交站点周边 0.25mi 内，且包含 25% 以上社会保障房的住宅项目，提供 250 万美元建设资金用于支持行人和自行车设施、停车设施建设（张晓东，2012）。

表 5.6　TOD 项目城市公共服务设施设置引导

项目中心距离	站点中心距离	
	500m	800m
300m	社区型项目：配置社区服务中心、保障性住房枢纽型项目按需配置	—
500m	—	社区型项目：中小学或幼儿园、公共医疗设施 中心型项目：公共医疗设施、公共文化设施、公共体育设施

资料来源：中国城市公共交通协会，2020 年

（四）交通衔接

要提升 TOD "站城一体化"的空间品质，首先是要做好非机动车、步行环境与其他交通模式的良好衔接。站城一体化空间包括车站的空间、站前广场以及与之相联系的地块的连接部分。

首先，大多出台的 TOD 规划设计导则都强调"公交优先"的理念，如在《客运枢纽区域开发规划导则》中，倡导在交通集散规划中优先考虑城市公共交通，鼓励在枢纽区域内不仅设置公交上下客位，还要设置夜间停车和日常调度的配套场地。在广州等地的 TOD 地块出让条件中，会增加 P+R 停车场①、K+R 泊位②等交通设施的建设条件，这也是引导小汽车出行方式转变到轨道交通出行方式的有效规划设计手段。不同的轨道类型之间换乘，除了需要突破空间设施的障碍，还需要在运营主体和管理上衔接得当，并对安检互认等做法予以明确，进一步提升和保障公交出行的优势。

其次，在对站点周边用地实施 TOD 综合开发时，步行、自行车等慢行交通的环境应受到重视。"小街区、密路网"的设计理念现今已经产生了广泛的影响，随之而来也出现了与原有规划设计规范的冲突，例如，在《城市道路交叉口设计规程》（CJJ152—2010）中规定，地块或建筑物出入口在各级道路上要求离开平面交叉口停车线主干道不小于 100m，次干道不小于 80m，支路不小于 30～50m，就对小街区密路网的地块开口设计造成了设计障碍。一些城市通过多种设计方式解决人车路线交叉问题，丰富场所的同时达到交通模式衔接的目的。东莞的相关设计导则提出"多首层"的设计指引，通过无障碍设施和电梯等建筑交通元素，自然贯通地面一层和地上或地下平面，在轨道交通站点出站的平面营造临街商业，促进交通功能和城市生活服务功能的有机结合。并且提出 TOD 范围的步行道，包括地面步行道、地下公共步行通道、空中公共步行连廊等形式，其路网密度应不小于机动车路网密度的 2 倍，把密路网的设计从平面拓展到立体空间。

再次，在《城市轨道 TOD 综合开发项目通用技术规范》中，更是进一步提出了"完整街道"的设计理念，提出要从小汽车为主的路权配置转变为多主体

---

① Park and Ride，即换乘停车场，用于自驾与轨道交通出行方式衔接的停车场。

② Kiss and Ride，即临时停车场，用于衔接出租车和网约车等出行方式与轨道交通的停车场。

公平导向的路权配置。针对 TOD 项目而言，鼓励项目采用完整街道模式，项目红线范围内临街的非建筑空间与相邻城市道路红线内的人行道、绿地、管线及市政设施、照明设施及各类导向标志等实现一体化的设计对接和统筹建设，并遵循了沿街空间为所有出行方式、所有年龄和身体状况的使用者公平提供服务的原则（图 5.2）。

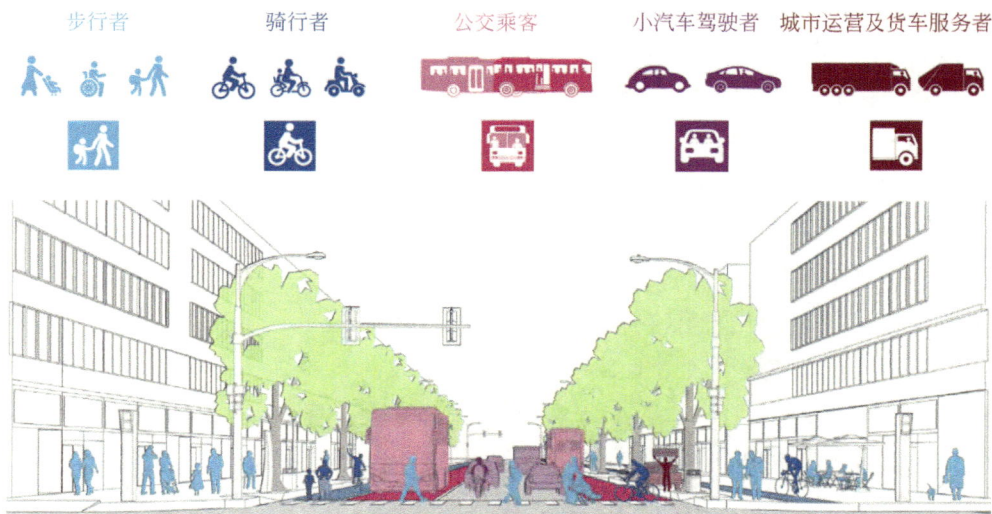

图 5.2　街道不同使用者示意图

资料来源：《街道设计指南》（2021 征求意见稿）

　　最后，通道设施既是公共空间，也是一种空间资源。在用地规划条件中，通常要求对连廊等设施进行明确，并保证公众开放时间以保障其公益性。东莞要求在土地监管协议中明确空中公共步行连廊的建设要求以及产权。道路、公园、广场等公共用地上方的空中公共步行连廊建成后产权无偿移交给政府，地块内部空中公共步行连廊应满足 24 小时（或轨道交通站点运营时间段）免费对公众开放的要求。轨道交通出入接口是重要人流导向设施，东莞对轨道交通站点的出入口设施对接使用有偿原则，向对接单位收取轨道交通对接接口项目的有关费用。

　　从以上规划体系背景以及相关导则制定中可以发现，TOD 规划设计已经有了不少可参考的设计指南。但是这些导则普遍以城市设计和规划为导向，强调城市空间的形态，这些原则与 TOD 综合开发溢价回收的对应关系通常是不明确的，与我国制定的 TOD 综合开发用于补充轨道交通建设资金的目标之间缺乏衔接。

一些设计实践沿用 3Ds、5Ds 原则，但是没有与我国城市的实际发展接轨。

第二节　TOD 综合开发创造价值的原理与途径

一、TOD 价值创造原理与框架

利用 TOD 综合开发反哺轨道交通建设，其前提是有足够的"溢价"能够被回收和分配。TOD 综合开发过程中创造的溢价越多，能够获取的总体价值越大，对参与 TOD 综合开发的各个主体尤其是社会资本更有吸引力，而资本的投入反过来又能为 TOD 片区注入活力。节点-场所模型在 TOD 的分类和评价研究工作中受到广泛应用，这一模型中提到了 TOD 的两个重要价值来源——作为公共空间的场所价值和作为交通空间的枢纽价值。TOD 规划创造的价值是多样的，这与 TOD 规划设计的基本原则和目标密切相关（Ibraeva et al., 2020）。有研究者基于节点-场所理论，构建了价值创造的框架，将 TOD 片区的价值分为节点价值、场所价值和市场价值，提出从这三方面带动 TOD 片区整体价值提升（Salat and Ollivier, 2017）。一般来说，土地增值来源，除了土地的固有价值，主要有三部分：第一，人口增长和整体经济发展使得土地价值提升；第二，公共基础设施投资使得土地价值提升；第三，土地所有者的投资使得土地价值提升（Hong and Brubaker, 2010）。TOD 策略结合规划设计，能够对这三方面都产生影响：第一，改变空间功能、开发强度，吸引开发商投资，同时也可以增加就业和税收；第二，增加连接度，吸引人口和经济活动集聚；第三，改善基础设施和提升环境品质，激发正外部性。

（一）TOD 通过展现开发潜力吸引投资

TOD 规划对投资者的吸引力，对提升土地价值至关重要（Chang and Phang, 2017）。良好的城市规划设计或是便捷的交通基础设施，都能起到吸引人口和促进经济活动的作用，进一步引起资本对土地的兴趣。在日本，站点周边用地的私有化程度较高，通过制度和法规的保障能够吸引投资者对站点周边用地进行合作开发（Suzuki et al., 2015）。在中国的香港地区，港铁公司作为重要的投资主体，统筹地块的开发建设和物业招商，这样的制度设计以及屡屡成功的开发经验对于增加开发商的投资信心很重要（Aveline-Dubach et al., 2019; Chang and Phang, 2017）。从过往北京的数据来看，在同等条件下，TOD 地块比其他地块更有吸引力，开发商愿意为车站附近 1km 的地块多支付 11.1% 的价格；车站周边的用地容积率每增加 1%，开发商愿意额外支付 1.16% 的费用（Yang et al., 2016b）。这些数据能很好地说明 TOD 的市场潜力。目前而言，各地政府正在尝试使用既有的规划工具主动激发 TOD 的市场潜力，但是由于 TOD 本身的复杂性和综合性，需要在规划管理和政策保障上作出创新，才能使得这一理念植入我国的规划体系，并真正发挥作用（Song et al., 2021）。

（二）TOD 通过提升连接度扩大影响

TOD 项目中与轨道交通设施建立良好的连接，能够显著提升片区的可达性，从而推升片区的房地产价值（Bartholomew and Ewing, 2011）。有研究指出，TOD 项目与交通站点的邻近程度，对价值提升有关键影响（Kay et al., 2014）。纵使交通基础设施可能会带来诸如噪声污染、空间拥挤等负面影响，但学界和业界总体上认同 TOD 的瑕不掩瑜，实施 TOD 的正面影响更应该得到肯定（Cervero and Murakami, 2009; 孟祥海等, 2020）。城际铁路、市域（通勤）铁路和城市轨道交通等各类轨道交通站点，均能显著提升周边土地价值（Cervero and Murakami, 2008; Chang and Diao, 2021; Chen and Haynes, 2015; Dai et al., 2016; Xu et al., 2016）。

不仅是站点本身，轨道交通网络的区域可达性，或是多层次的轨道交通网络协同，也被认为是提升 TOD 片区价值的重要因素（Zhou et al., 2019; Zhu Z et al., 2019）。因此，换乘站等特殊的站点或包含多种交通模式的枢纽站点，对于土地价值或其他方面的影响更显著（Levinson, 2012a; Lyu et al., 2019; Dong, 2021）。新建站点和改建站点由于其所处区位的差异，对土地价值的影响也有显著的不同（Diao et al., 2017）。在估算轨道站点的影响时，大多实证研究采用特征价格模型（hedonic model）来捕捉轨道交通设施的影响。也有研究采用双重差分模型，试图在影响房地产价值的复杂因素中，将交通要素剥离出来（Chang and Diao, 2021）。需要留心的是，不仅仅是 TOD 规划中的交通要素，TOD 所配备的高密度、混合开发模式和环境友好的设计等对于土地价值的贡献也很大（Cervero and Duncan, 2002; Yang et al., 2018）。

（三）TOD 通过场所设计带来价值

理论上，可达性和生产力的提升，是公共交通投资的主要外部经济效益，并在公共交通设施附近的土地价值中资本化（Suzuki et al.，2015），同时，公交导向开发所带来的协同集聚效益，对相邻土地的价值也有所影响（Yin et al.，2015）。实证研究中，TOD 片区中配套的公共服务设施能带来正外部性，也体现在邻近的房地产溢价中（Bartholomew and Ewing，2011）。大量研究结果表明，仅仅依靠交通基础设施本身，缺乏其他的协同条件时，并不能充分提升周边土地价值，或者促进经济增长（Giuliano and Hanson，2017）。但是，由于成本收益分析中的重复计算和交通投资所带来的净效益难以估量，交通投资的经济带动作用容易被高估，交通和土地利用规划协同所带来的 TOD 效应容易被选择性忽视。如果要充分激发交通基础设施的潜能，应当配合合适的规划手段，双管齐下才能达到预期的综合开发实施效果。对美国城市的研究结果显示，在 TOD 社区就业或居住，能够显著减少交通出行成本，其中，大约三分之二的节省可以归因于交通友好的社区环境，三分之一归因于轨道交通，这充分说明了轨道交通系统与支持性土地利用规划和社区设计相结合的重要性（Dong，2021）。在北上广深等主要城市，TOD 的属性一般占住房租赁价格的 10%~20%，高质量的 TOD 规划——而不是站点本身——对周边地块的租金产生重要的影响（Su et al.，2021b）。

综合而言，现有研究在理论上证实了 TOD 规划对于土地价值的提升具有重要影响，甚至比轨道交通基础设施本身的影响更大。基于 Salat 和 Ollivier（2017）所构建的框架，可以将目前 TOD 规划提升价值的方式归纳为三个维度（图5.3），在本章节末，我们将以珠三角为例，基于这个框架回顾哪些做法是适用于我国当下的高密度城市发展的，珠三角的实践中又出现了哪些本土化的创新实践。

二、开发潜力提升：规划激励

用地红线是指各类建设工程项目用地使用权属范围的边界线[①]。交通场站用地红线范围内，包含轨道交通项目本体工程用地，以及周边不能单独规划建设的

---

① 定义来源于《民用建筑设计统一标准》（GB 50352—2019）。

开发潜力

TOD吸引投资：
增加就业和税收

TOD增加兴趣点：
吸引人口和经济活动集聚 → 场所设计

TOD增加与基础设施连接：
进一步扩大正外部性

连接度

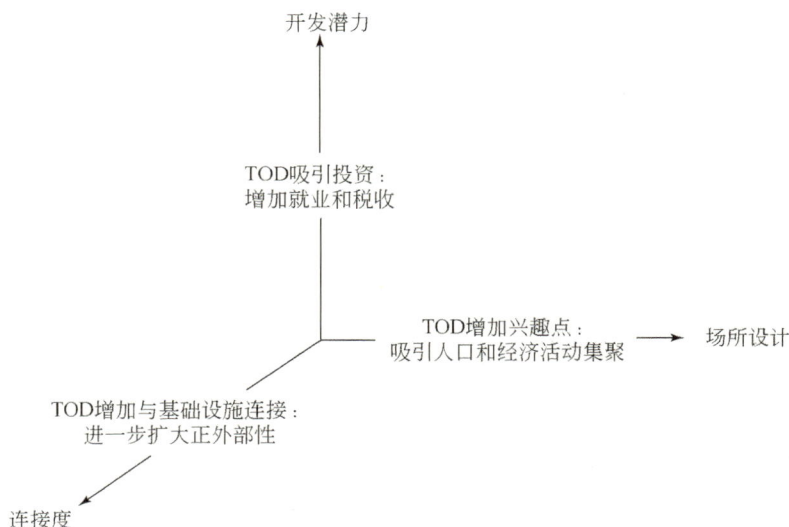

图 5.3　TOD 价值创造途径框架

基于 Salat 和 Ollivier（2017）修改

零星用地。交通场站用地红线范围内、外的使用权获取方式和主体确认方式有所不同。从城市实践来看，依据项目位于红线内或红线外对项目进行分类是常见操作。东莞在实施 TOD 综合开发时，将项目分为 TID（transport integrated development）和 TOD 两类；广州、佛山则分为场站综合体和周边土地综合开发两类。以上分类方式，本质都是在区分项目是处于红线范围内还是红线范围之外，TID 对应的就是场站综合体的概念（李颂熹，2013）。以下讨论中也将 TOD 综合开发分为两类，分别为场站综合体 TOD 综合开发和周边用地 TOD 综合开发（图 5.4）。

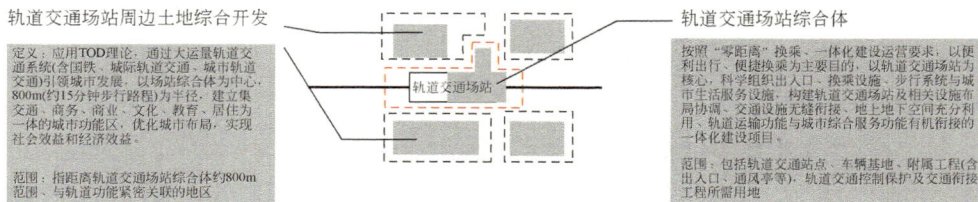

轨道交通场站周边土地综合开发

定义：应用TOD理论，通过大运量轨道交通系统（含国铁、城际轨道交通、城市轨道交通）引领城市发展。以场站综合体为中心，800m（约15分钟步行路程）为半径，建立集交通、商务、商业、文化、教育、居住为一体的城市功能区，优化城市布局，实现社会效益和经济效益。

范围：指距离轨道交通站综合体约800m范围、与轨道功能紧密关联的地区

轨道交通场站综合体

轨道交通场站

按照"零距离"换乘、一体化建设运营要求，以便利出行、便捷换乘为主要目的、以轨道交通场站为核心，科学组织出入口、换乘设施、步行系统与城市生活服务设施，构建轨道交通场站及相关设施布局协调、交通设施无缝衔接、地上地下空间充分利用、轨道运输功能与城市综合服务功能有机衔接的一体化建设项目。

范围：包括轨道交通站点、车辆基地、附属工程（含出入口、通风亭等）、轨道交通控制保护及交通衔接工程所需用地

图 5.4　TOD 综合开发规划项目分类

红线内除了交通基础设施用地外，还会有一些空地，这些空地也被称为"白地"，白地的多少对场站综合体的开发效果、经济测算有显著影响。红线内外的 TOD 综合开发项目规划编制的内容也有所不同，红线内场站综合体或上盖物业设计更详细，需要达到建筑设计深度。以下，从规划编制以及创造 TOD 开发价值的角度，对珠三角地区红线范围内外 TOD 综合开发规划设计的做法展开讨论。

（一）红线外：用地容积率和功能调整

规划条件调整有两种情况，一是在地块已经批租的条件下调整开发强度，二是在地块尚未批租的情况下进行规划指标修改，后者的调整由于土地并未出让，较为常见，一般伴随总体规划调整或周边规划条件改变。

在私有土地制度下，日本通过《宅铁法》鼓励沿线用地的土地持有者进行联合开发，通过土地重整的方式增加轨道交通站点周边的开发密度，提高土地利用效率，使得总体收益上升（Suzuki et al., 2015）。目前，珠三角地区结合轨道交通建设的土地重整案例较少，其中最典型的就是深圳湾科技生态园项目。这一做法在我国的规划审批制度下容易遭到质疑，审批程序方面的机制协调成本较高。并且在土地公有制的制度下，如果土地重整的利益没有反馈于公共服务，极有可能遭到公众的反对。

深圳湾科技生态园项目位于深圳南山区高新区，原为威新软件园 25.4hm² 闲置土地的一部分，该地块位于地铁 2 号线科苑站附近，区位条件优越。但是在早期法定图则中，地块整体设定的容积率较低，仅为 1.6。为处理闲置用地历史遗留问题，市政府与威新软件园业主星狮地产签订协议，最终通过对容积率指标进行调整，政府收回 20.3 万 m² 土地用于科技园区开发建设。2010 年，深圳市规划委员会授权深圳市规土委负责该地块的法定图则调整工作。最终置换方案如下：原用地的业主将 20.3hm² 用地无偿交换给深圳市政府，作为交换，余下用地容积率从 1.6 增加到 4.7，原业主以每平方米 600 元的价格补交 5.1hm² 的地价给政府（约 3000 万元），且该地块靠近科苑地铁站的 0.66hm² 用地从工业用地调整为商业用地（图 5.5）。政府收回的用地容积率从 1.6 提高到 6.1，大大提升了城市建设用地的使用效率，增加了用地价值。但如此高密度的开发也引发了民众的质疑，当时深圳市政府也就该问题进行了一系列的回应。从公众利益的角度出发，深圳湾科技生态城规划调整的收益分配中，对如何缓解高密度开发带来的负面影响缺少说明。但这为之后政府开展已批未建土地规划调整工作提了醒，在调整方案中，应当将公共利益纳入考虑，获取公众参与支持，促使项目顺利落地。

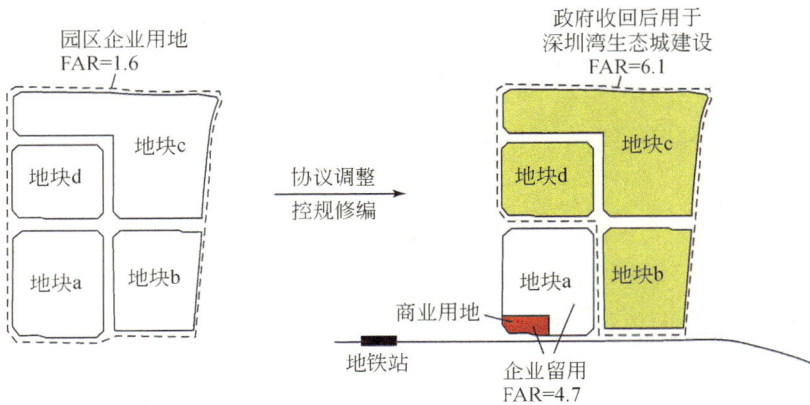

图5.5 深圳湾科技生态园规划项目容积率调整方案（杨家文等，2020）

2012年，住房和城乡建设部出台《建设用地容积率管理办法》，明确"已经批出控制性详细规划所制定的容积率指标不得随意调整""不得以政府会议纪要等形式代替规定程序调整容积率"。按照该管理办法，已经划拨或出让的地块如需修改容积率，就要经过"申请－专家论证－公众公示－意见出示－规划审批"的整体流程。也就是说，彼时深圳湾科技生态城规划调整所采用的协议方式已不符合现有规划管理制度的规定。新的管理制度进一步规范了提容这一做法。2019年，深圳市正式出台《关于规范已出让未建用地土地用途变更和容积率调整处置办法》，对于已经出让但没有建设的土地功能和容积率改变做出改变时，规定要优先保障城市基础设施、公共服务设施实施。其中规定，由其他用地类型变更为居住用地，或增加居住用地的容积率的，超出原合同约定建筑面积的部分应建设为可销售的人才住房，所建人才住房由市住房主管部门直接纳入安居工程计划，并统筹供应和配售工作。该政策的出台大大提升了用地容积率和功能变更的规范性，体现了公共利益为核心的政策导向。

（二）红线内：突破设计条件复合开发

红线内的TOD综合开发包括两种类型：站点（枢纽）地上地下综合开发、车辆段（场）上盖综合开发，这两种方式都回应了节约用地的TOD综合开发目标，能够部分缓解城市土地资源匮乏与日益增长的建设发展需求之间的矛盾。

（1）交通枢纽综合开发

2020 年，自然资源部发布《轨道交通地上地下空间综合开发利用节地模式推荐目录》，推荐了 6 个城市场站综合体开发节约用地的做法，其中深圳的前海综合交通枢纽项目位列其中。前海综合交通枢纽位于深圳南山区前海深港现代服务业合作区桂湾片区一单元地块范围内。枢纽地块包含 5 条并列的轨道线，其中地铁线路均已建成并投入运营，城际线路正在建设中。前海枢纽核心区用地分为地上、地下两部分，其中地上用地约为 21.6hm²，总建筑规模约为 216 万 m²（其中枢纽地下空间建筑面积 88 万 m²，上盖物业建筑面积约 128 万 m²），容积率约为 5.9。项目分规划近期和远期两部分实施，近期（东区）建设包括地铁 1、5、11 号线与穗莞深城际轨道保护线之间的轨道线（站）及其上盖物业的开发；远期（西区）建设主要包括地下的穗莞深城际及港深西部快轨线路与站台，上盖商业开发和塔楼等［图 5.6（a）］。项目交通换乘等功能主要布局于地下。枢纽通过地下直接连通市政道路的周边建筑，设有深港过境口岸及公交、出租、社会车辆、旅游巴士等交通接驳场站，实现站城无缝对接［图 5.6（c）］。上盖开发部分定位为超级枢纽城市综合体，包括 9 栋超高层塔楼、地铁 11 号线上盖独栋商业、远期枢纽上盖商业等［图 5.6（b）］。项目整体开发规模较大，规格较高，主要从三个方面来保障枢纽的综合利用。

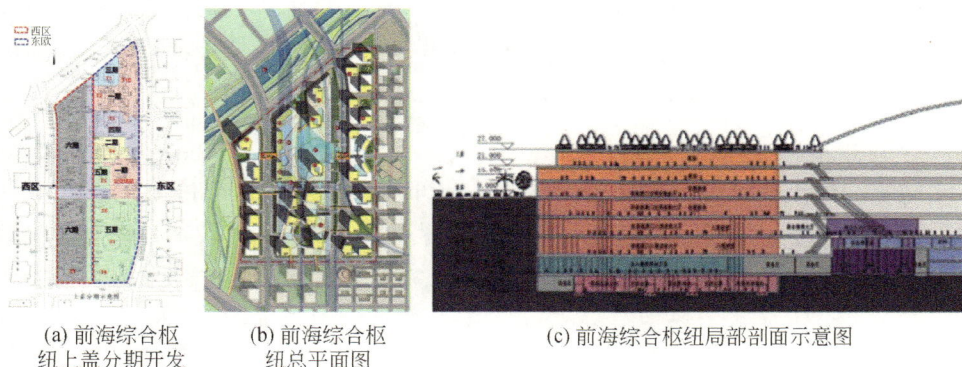

(a) 前海综合枢纽上盖分期开发　　(b) 前海综合枢纽总平面图　　(c) 前海综合枢纽局部剖面示意图

图 5.6　前海综合交通枢纽规划设计方案

第一，特色开发单元规划支持。深圳前海合作区是国家批准的相对独立的一个发展区域，通过前海管理局作为法定管理机构，对前海的开发建设、运营管理、招商引资、制度创新等实施管理。《前海深港现代服务业合作区综合规划》

与法定图则①具有相同地位，前海合作区内以开发单元为基本单位，开发单元内包含多个用地，统筹城市设计、交通、市政、景观绿化、施工、绿色建筑设计等内容。也就是说，在规划审批层面，原来需要分别由交通和住建部门评议的事项，在此可以统一规划，对接实施，这为综合交通枢纽的复合开发奠定了良好的基础。

第二，分层设权多方式出让。前海枢纽创新性采用数据建模，确定三维立体空间的使用权范围，厘清地下空间的边界关系。这个地下空间的开发经验后来形成了相关文件，该文件提出"三维宗地②"和"立体空间一级开发③"的概念，在前海合作区内建立了空间开发权体系，将使用权、地役权、共有权和相邻空间利用关系约定等运用在三维空间中，理顺土地出让、批后监管、空间利用等土地立体化管理的权利义务关系，为"分层设权"这一做法提供了明确的管理工具。

第三，通过整体供应方式保障开发的一致性。前海综合交通枢纽用地以作价出资方式整体供应给深圳地铁前海国际发展有限公司，实现枢纽与上盖的一体化设计与实施，这充分挖掘了土地的开发价值，同时保障项目建设品质；有利于提高交通枢纽项目的建设效率，保障轨道交通设施的建设质量和进度；有利于充分利用轨道上盖空间，筹集轨道建设资金。

综上可知，前海综合交通枢纽以前海综合规划作为上位规划，依据城市设计方案落实，其中有利于 TOD 综合开发的关键，是规划编制和规划条件制定能够保持一致性，能够充分协调不同的城市建设内容，为地上地下多种功能协调提供交流的平台，为分层设权等做法相关的制度审批工作打下基础。

（2）车辆段复合利用

轨道交通车辆段可以视作一个大型的停车场，只不过这里停放的并非小汽车，而是轨道交通车辆。车辆段具有停放、检修等功能，占地较大，通过对轨道交通车辆段进行复合开发利用，能够起到显著节约用地效果，是用地资源稀缺的

---

① 深圳在分区规划与详细规划编制之间增加了法定图则编制阶段。法定图则是对各片区土地利用性质、开发强度、配套设施等作进一步明确规划。法定图则经市规划委员会审批后具有法律效力，任何单位和个人不得擅自更改。

② 三维宗地指权属界限封闭且能够独立使用的宗地，是在地上、地表或者地下分别设立建设用地使用权的空间。

③ 立体空间一级开发指在立体复合开发用地空间的开发过程中，为了满足施工安全性、经济性、开发效率以及提升城市空间质量的需要，按照立体复合开发用地空间的整体设计和统一建设的要求，使立体空间具备动工开发条件的建设行为。

密集型开发城市 TOD 综合开发的关注重点。

横岗双层车辆段上盖开发的案例是节约土地资源的典型代表。横岗车辆段位于深圳市龙岗区横岗街道，是地铁 3 号线的车辆段，紧邻地铁六约站，车站距离车辆段仅 70m。横岗车辆段用地占地总面积约 28hm²，该车辆段于 2010 年建成，开发时间较早，开发过程中遇到的问题相对典型。当时深圳地铁集团与深圳市政府协商，车辆段红线范围内的白地可以提供给深圳地铁集团用于物业开发获取收益。因此，深圳地铁集团提出了双层车辆段的设计，把车辆停放和车辆检修分别置于一层和二层（图 5.7）。由此，最终在红线范围内，空出可供物业开发的白地总面积约 10hm²，车辆段占地仅为 18hm²（可供上盖物业开发的平台面积为 11 万 m²），相当于节省出约 21hm² 的可开发用地（图 5.8）。按照《中国城市轨道交通建设标准》，车辆段用地指标为 1000m²/车，而横岗双层车辆段及综合基地仅使用了 387m²/车。在最新的《深圳市城市规划标准与准则》中，依据深圳车辆段复合利用的经验，以及深圳用地资源紧张的实际情况，制定出小于国家标准的用地指标区间，并且鼓励采用双层车辆段建设方式。

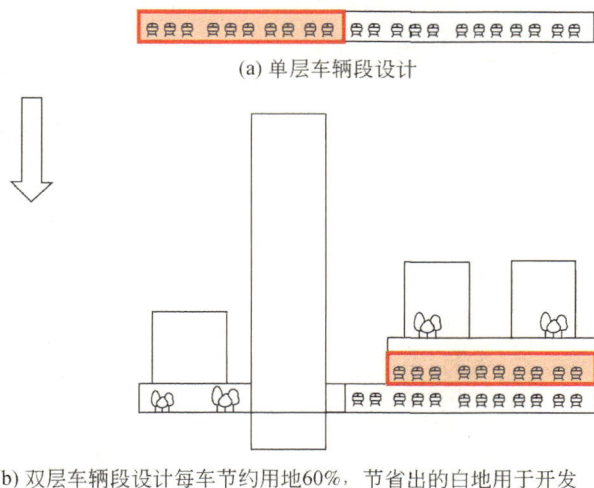

(a) 单层车辆段设计

(b) 双层车辆段设计每车节约用地60%，节省出的白地用于开发

图 5.7 横岗车辆段上盖开发示意图

最终横岗车辆段物业开发总面积达到 34 万 m²，其中包括深圳市 25 万 m² 的保障性住房，提供房源 3000 余套。案例在用地兼容、消防、绿化等建设条件方面的突破对后来的城市规划标准的修订产生了影响。

图 5.8　横岗车辆段用地示意图

第一，通过盖板区分上下空间，制定相关防火要求。根据《建筑设计防火规范》的相关要求，上盖民用建筑的火灾危险性与车辆基地（工业建筑）有较大差别，一般需独立建造。在横岗车辆段中，沿用了香港地区的标准，保证盖板能够符合 4 小时耐火极限要求。上盖物业和车辆基地分别设置出入口。最终使得方案通过消防验收。2022 年初，深圳市住建局发布《深圳地铁车辆段上盖建筑结构设计标准（征求意见稿）》，基于以往深圳积累的车辆段上盖开发经验，提出"车辆基地盖板及承重构件的耐火极限不低于 3 小时，盖板梁、板底部钢筋及梁侧面钢筋的混凝土保护层厚度不宜小于 45mm"的具体要求，使得这一做法有据可依。

第二，通过桁架结构设计建筑转换层，支撑上盖建筑同时提升绿化率。相较于白地上的物业开发方式，车辆段上盖物业空间开发的品质通常因缺乏绿色空间而差强人意。在横岗车辆段中，开发者提出架空层转换的方案，采用架空绿化来满足绿化率的要求并提升了空间品质，满足物业项目中绿化率的设计要求。绿化率按照覆土深度折算。

第三，区分用地属性特征，满足公共服务设施建设要求。按照横岗车辆段总体居住功能的开发量，依据深圳市城市规划设计标准需要配建一所学校。而学校需要有独立用地，不能在上盖部分建设。为了充分利用空间，横岗车辆段的开发中，将校舍建于独立用地，将学校的操场部分以体育公园的形式上报，学校操场在非上课时间对公众开放。操场的部分建于盖板之上，巧妙地利用场地高差，解决了学校的平面流线不通畅的问题。

在横岗双层车辆段的开发中，车辆段基础部分投资达到 11 亿元，与当时直接取得白地的成本相当，当时估算物业需要以 1.8 万元/m² 的价格出售方能收回成本。但是从今天的地价来看，开发获得的收益非常可观。从访谈中得知，目前横岗上盖物业二期可售住宅的收益不仅能覆盖车辆段建设投资成本，还为轨道运营补亏作出贡献。当然，这一项目在财务上的成功，也得益于深圳整体经济的飞速发展，使得全市土地大幅增值。

在寸土寸金的珠三角地区城市中，交通与土地利用一体化能够有效提升土地的利用效率，这一理念也成为了各地发展共识。无论是枢纽、车辆段还是车站周边用地，都有对应的潜力挖掘方式。但是也应该注意到，挖掘潜力不等于无节制地开发，提升了开发容量后伴生的社会公平问题、城市交通问题的解决方案应当被纳入前期的 TOD 规划方案中，在项目谋划阶段就应引起重视。而要做到这一点，需要政府部门和管理部门对 TOD 综合开发的流程有所把控，在前期设计阶段就有意识地提出相应的需求。

三、连接度提升：规划整合

（一）红线外：通过公共连廊联系地块

提升街区的连接度，可以通过地块整体出让和规划进行，一般选择通过二层连廊或地下空间连接交通枢纽。内地城市主要在用地出让规划建设条件中对地块间的联系予以明确，保证构筑物之间的联通。香港地区则通过条例或交通影响评价予以管控，并鼓励公私合作联合修建公共步行空间。

虎门站 TOD 核心区综合开发项目面积约 37.33hm²，其中经营性用地约 19.88hm²（总计容面积 105 万 m²，总地下空间约 38 万 m²），用地包含广深港高铁、穗莞深城际和东莞地铁 R2 线站点。该项目整体设计、整体施工、整体运营建设，以车站枢纽为中心将多种交通功能整合于一体，形成地上、地下多层次的步行交通体系（图 5.9）。交通换乘中心位于虎门高铁站南翼，预计 2023 年建成，届时广深港高铁、穗莞深城际轨道、东莞地铁 R2 线与常规公交等出行方式将实现便捷换乘。核心区经营性用地部分分为 11 块用地（7 块地上，4 块地下）

统一出让（表 5.7）。在用地规划条件中，要求用地竞得者建设二层公共活动空间及二层步行连廊，为乘客提供进出站的集散空间，以及到达地面的垂直交通，以连接本街区各地块及四周街道，尤其是联系火车站进出口和换乘中心。集散空间和其他公共步行区域合计不少于 4 万 m² （图 5.9）。

表 5.7　东莞虎门镇白沙社区 TOD 地块信息

用地面积（万 m²）		土地用途	容积率上限	建筑限高（m）
	B4-01	1.83		5.5	200
	B5-01	1.49	C2 商业金融业用地	7.5	150
	B5-04	1.79		7.0	150
	B7-01	1.58		7.5	200
	B7-05	3.00		5.5	200
19.89	B8-01	3.97	R2 二类居住用地+C2 商业金融业用地	5.0	240
	B9-01	4.63		5.0	240
	地下空间 1	0.06	交通服务场站用地（地下空间）	—	0
	地下空间 2	1.04		—	0
	地下空间 3	0.25		—	0
	地下空间 4	0.25		—	0

资料来源：东莞市公共资源交易中心（2020）

　　同样是为了建设物业之间的廊道，香港采用交通影响评价和城市规划条例为工具，促使开发商与政府合作提供二层连廊公共空间。通过与地铁枢纽站点相连，能够扩大地块可达性，周边物业也因此获得了客流和人气（吴亮等，2020）。香港特别行政区政府和私人开发商合作建设空中步道，依据两项主要的制度设计，一是新建建筑需要通过交通影响评价，若能够提供公共空间或步行设施可以获得容积率奖励或配建停车场指标优惠；二是政府在制定环境提升规划时，对于侵占建筑红线的部分，会对原地块使用者予以财务或建设设计条件补偿（黄良会，2014）。在这样的制度支持下，以香港中环站为中心，形成了约 3.6km 的二层步道体系，串联了十几个商场和公共设施。

　　（二）红线内：通过换乘核组织流线

　　场站综合体中，交通枢纽用地常面临多种轨道模式之间、轨道与其他交通方

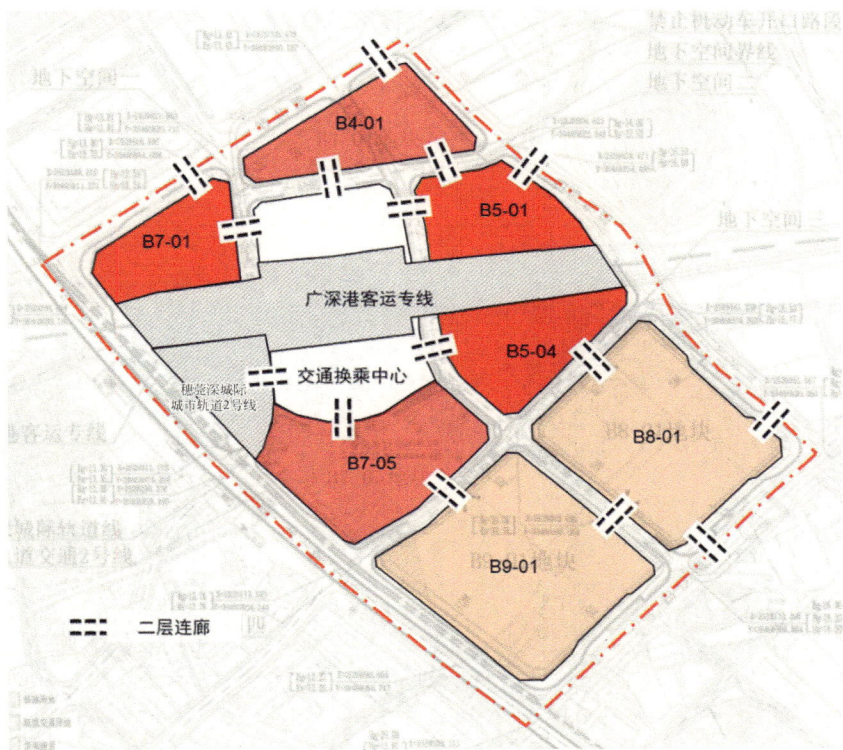

图 5.9　虎门站 TOD 核心区地块二层连廊规划要求示意图

式换乘的问题。处理好换乘交通流线和空间功能布局，方能促进城市功能与交通功能融合。广州新塘南站凯达尔国际枢纽综合体是广州东部枢纽的重要组成部分，该综合体涉及穗莞深城际新塘南站、广州地铁 13 号线新塘站，远期将接入新白广城际、广汕高铁等线路。因此设计的一大难点就是处理好地铁、城际和高铁的人行换乘流线，以及如何将人流引导向商业物业空间。在该综合体的设计中，设计者选择使用竖向交通核组织方式，汇集各类交通流线，使得客流和物业功能紧密联系（图 5.10）。这个交通核贯穿地下二层到地上七层，竖向换乘和横向步行流线通过广场、空中平台等公共空间融合起来，增加建筑内部空间场所体验导向性，便于换乘的同时提升了内部空间品质。利用交通核组织流线的手法同样见于重庆沙坪坝枢纽综合体的开发，沙坪坝枢纽采用双交通核的方式组织高铁、地铁、出租车等流线（日建设计，2019）。

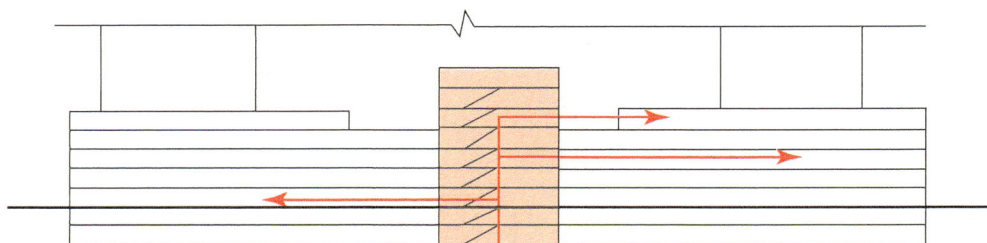

(a) 新塘南站凯达尔国际枢纽交通组织剖面示意图

(b) 新塘南站凯达尔国际枢纽交通组织剖透

图 5.10　新塘南站凯达尔国际枢纽换乘竖向组织

资料来源：日建设计（2019）

　　除了竖向换乘，还可以通过大平层组织人流横向换乘。在空间条件允许的情况下，应优先选择横向换乘，因为对乘客而言，同一平面的换乘方式更为安全和便捷。西丽枢纽位于深圳南山区，是深圳"三主四辅"铁路枢纽中的三大主枢纽之一，涉及赣深客专、深茂铁路、深汕铁路 3 条高铁，深惠城际、深珠城际 2条城际铁路，深圳地铁 13 号线（在建）以及规划中的多条城市轨道。为使换乘流线更简单，导向性更好，在西丽枢纽中采用平层换乘、集中进出、最短步行、直觉导向的换乘空间设计原则，将地下 2 层作为主要的同台换乘平面以及机动车上下客区域（图 5.11），减少了人流穿插，紧凑布置缩短了换乘步行距离，利用扩大的中庭使得上下层视线不受遮挡，缓解了地下空间方向辨识的困难。西丽枢纽地下 1 层直接联系周边城市空间和物业，引导客流的同时也让旅客更快抵达目的地，将商业空间和候车空间整合利用。

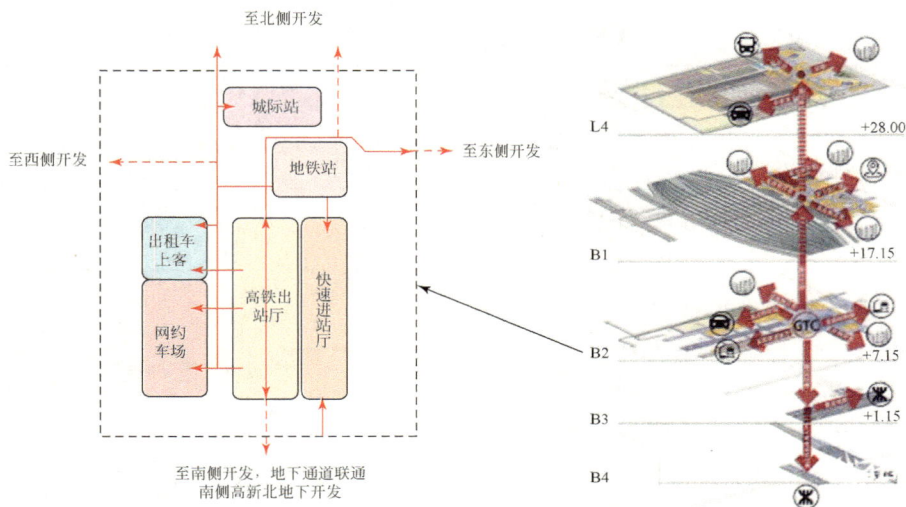

图 5.11　西丽枢纽换乘平面组织

四、场所设计提升：尺度管控

TOD 的设计原则中，强调行人和非机动车优先。良好的场地、景观和慢行友好环境设计能够提升 TOD 场所价值，而场所设计的关键点在于公共空间。设计理念的落实需要规划管控辅助。本节将主要从规划管控的角度出发，讨论如何设置规划条件以提升场所品质，提升片区开发的价值潜力。

（1）小街区规划与地块导则

在珠海北站 TOD 片区的规划中，基于小街区、密路网的设计原则，采用多种方式营造适宜步行、具有活力的社区。为了提高用地的效率和城市活力，珠海北站 TOD 片区地块大小被控制在 1hm² 左右，并在每个地块设置临街商业，指定临街商业的开放度，营造步行友好、充满活力的街道街面（表 5.8）。此外，该规划还从建筑退线、建筑高度等方面对城市设计进行指导。如要求主要步行出入口必须安排在能与主要公共空间或者街道直接相通的地方，并鼓励设置多个行人出入口。同时，规划还针对不同开发强度的地块给出了布局形式指引，引导外部的沿街界面设计和内部围合式人行空间连通，塑造连续、开放的街区环境

（图 5.12）。

表 5.8　珠海北站 TOD 开发导则

项目	居住	居住	主街居住	居住	商业办公	商业办公	高新产业
临街商业	有	有	有	有	有	有	无
平均地上容积率	2.0	3.0	3.0	4.0	3.0	6.0	2.0
临街商业容积率范围	0.1~0.2	0.15~0.3	0.15~0.3#	0.2~0.4	0.3~0.6	0.6~1.2	——
建筑限高（层数）	20	25	25	30	15	40	6
塔楼最大楼板面积	——	10 层以上部分楼板面积不超过 600m²			50m 以上部分楼板面积不超过 1500m²		——
建筑密度	35%	35%	40%	35%	60%	60%	60%
绿化率	35%	35%	30%	35%	20%	20%	20%
临街面覆盖率	65%	65%	65%	65%	65%	65%	遵照现有标准
建筑退线	临街商业：0~3m 办公：0~3m 居住：3~5m						遵照现有标准

注：#临街商业必须朝主街开放。

资料来源：Calthorpe Associates，2019

（2）裙房设置和塔楼布局

为避免建筑形式的单一重复，珠海北站 TOD 规划通过城市设计导则，对各个地块的建筑布局进行了引导，统一将高层建筑布置在地块南侧，通过底层裙房围合，营造出适合人行的街区尺度界面（图 5.13）。东莞市政府直接提出裙楼建筑密度和塔楼建筑密度两个指标，对街道界面设计进行控制（图 5.14）。进一步地，东莞出台相关政策，提出 TOD 核心区范围内，建筑密度绝对值可进一步提高 10%~20%，TOD 控制区范围建筑密度绝对值可进一步提高 0~10%，当塔楼以退台的形式建设，且退台屋顶空间作为城市公共空间使用时，退台部分建筑面积可不计入塔楼建筑密度，在鼓励 TOD 片区高密度开发的同时，保障街道、公共空间舒适宜人。与之类似，《深圳市建筑设计规则》中提出，深圳建设用地规划许可中，可以对建筑覆盖率进行分级控制，分为一级建筑覆盖率和二级建筑覆盖率。一级建筑覆盖率等于建筑基底面积占建筑用地面积百分比，二级建筑覆盖

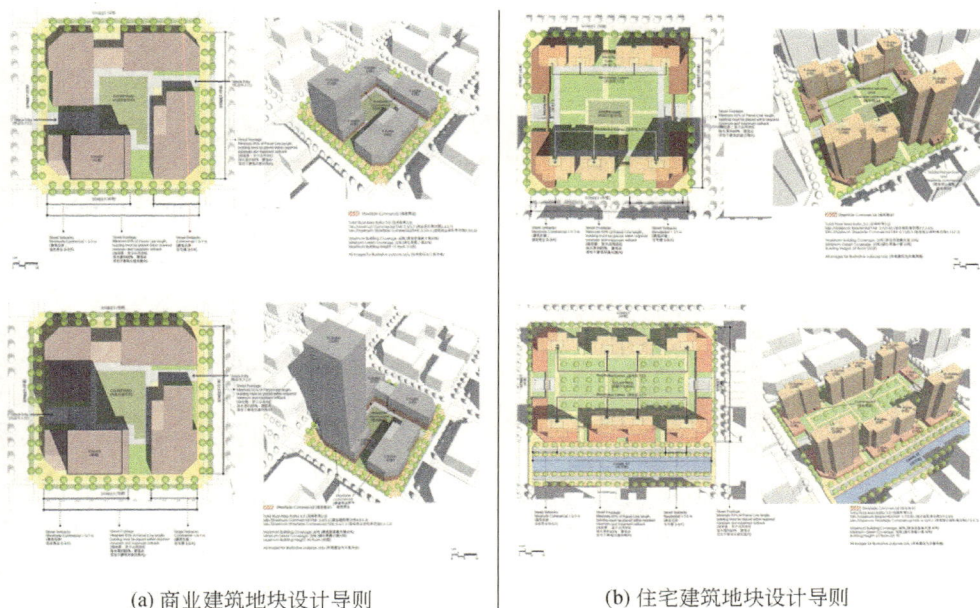

(a) 商业建筑地块设计导则   (b) 住宅建筑地块设计导则

图 5.12 珠海北站 TOD 地块多样化建筑设计导则示例

资料来源：Calthorpe Associates，2019

率等于塔楼建筑基底面积占建筑用地面积的百分比。所谓塔楼建筑基底面积，被规定为高层或超高层建筑中，高度超过 24m 以上部分自然层建筑水平投影面积。

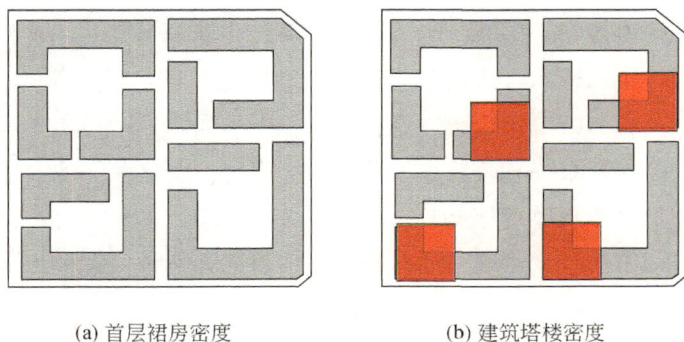

(a) 首层裙房密度   (b) 建筑塔楼密度

图 5.13 建筑裙房密度和塔楼密度示意图

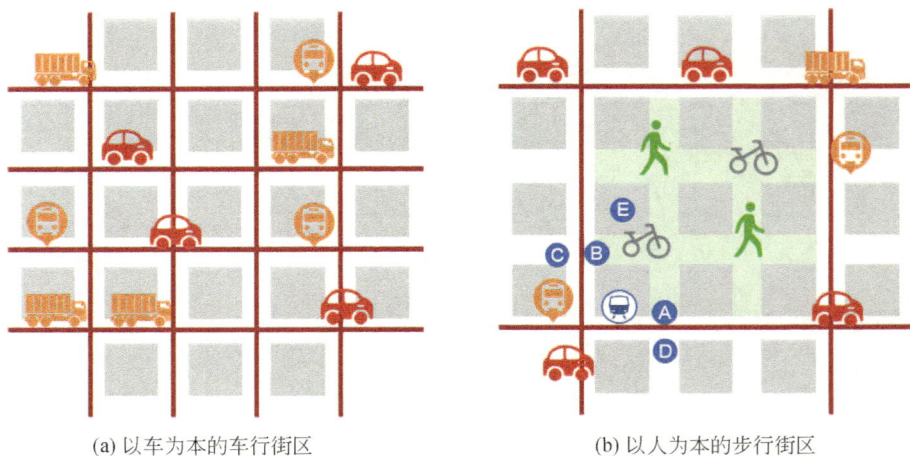

(a) 以车为本的车行街区　　　　　　　　　(b) 以人为本的步行街区

图 5.14　TOD 街区人车分流设计示意图

（3）设置围合式的步行区域

为了创造人车分流的步行体验，TOD 街区通过组合街区、减少步行街区内的建筑退线和街道宽度，在提高地面使用效率的同时鼓励步行，并且将非机动出行的客流导向首层商业空间（图 5.14）。这一设计手法在华强北商业步行街中得到了典型体现。华强北商业街连接华强路、华强北、华新三个地铁站，串联 1 号线、2 号线、3 号线、7 号线四条地铁线路。建设深圳地铁 7 号线时，华强北商业街同步改造，改造后的地铁商业街全部位于地下，全长 830m，设置 42 个出入口，地下面积约 5 万 m²（图 5.15）。由于华强北电子商务发达，货运物流需求旺盛，处理好人、车和货的流线是改造的重点。在最终方案中，第一，将公交线路外移，华强北路整体改造为步行区域；第二，将华强北路道路交叉部分设置道路下穿，利用立体交通系统有效解决人车矛盾；第三，设置地下社会停车场，停车场与振中路和振兴路隧道直接相连，可容纳车辆 1500 余辆，能够有效弥补该区域的停车缺口；第四，利用现有地形高差，加建物流平台，将平板车、人行道和车行交通分层解决。由此，在地面围合出大型的步行区域，提升片区的整体空间品质。

(a) 现状华强北剖面示意图 (b) 规划华强北剖面示意图

(c) 规划华强北改造后效果(地下出入口共计42个)

图 5.15　华强北商业街改造设计

资料来源：华强北地区改造设计文本

第三节　提升 TOD 综合价值本土化方式总结

在 TOD 规划设计导则制定方面，我国已形成了一定的成果。但是这些导则大部分只作为引导开发的原则使用，没有强制性，其中的一些指导建议，与实际实施所用的相关规范文件之间缺乏对接。在保障 TOD 综合开发规划上，珠三角城市通过规划实践的尝试，对相关的审批、设计标准进行了调整，巩固 TOD 综合开发规划设计的实践成果。这一做法与新加坡或荷兰的做法有所不同，后者的城市总体规划法定效力较高，直接通过改变空间规划来贯彻执行 TOD 规划。但国内外的经验均表明，实验性的规划设计具有很强的制度创新意义，有助于突破现有的规划制度障碍（Song et al.，2021）。在荷兰，为了刺激经济复苏，地方政府被允许开展规划实验以进行规划创新，并通过风险和复苏法案（*Crisis and Recovery Act*）移植其中好的做法到空间规划中，使得相关的做法合法化。在我国规划体系中，由于规划体系较为庞大，针对每个规划进行改变会效率较低。并且，我国城市各类规划之间的精细化程度差异较大。总体规划主要控制用地规模，详细规划控制的是开发强度等指标，城市设计的法定效力较弱。因此，将规划实验带来的改变体现在政策和标准调整上，在我国的规划制度背景下，更有利于 TOD 规划准则的复制和延续。如深圳、东莞等地通过修编城市规划设计标准，落实 TOD 规划设计理念，最终对项目产生影响。

目前，TOD 导则仍在不断地完善和发展中，并存在一些问题，其中之一是没有点透 TOD 规划设计这一手段与 TOD 价值创造这一目标之间的联系，使得规划实施难以获得相应的政策支持。TOD 规划设计的主要内容包括站点分级分类、集约开发、功能混合和交通衔接四大方面，导则中一般沿用 TOD 设计原则作为框架，但是，这些设计理念与 TOD 综合开发溢价回收的目标之间缺少对应关系，许多设计手法与已有的建筑规划设计规范之间存在矛盾之处。例如，在访谈中有规划师提到，在对轨道交通场站复合利用中，用地兼容、防火等方面存在的矛盾会使规划报批流程障碍重重，大多导则只是指出需要复合利用，但对如何解决相关规划审批制度障碍没有说明。结合现有的实践，深圳等城市出台了针对性的规范或条例，以应对轨道交通场站复合利用时遇到的设计问题。这些规范或规则的实际操作性较高，且基于复合利用能增加溢价回收效益的前提下出台。相比之下，那些与创造土地增值相关性较弱的设计导则，至今仍然缺乏相应的政策支持，最终流于形式。如果要提升导则的可行性，还需进一步建立 TOD 设计与价值创造目标间的联系。

本章将 TOD 设计手法与价值创造的框架对应起来，能够厘清为什么我们要开展 TOD 规划设计，以及如何通过 TOD 规划设计实现价值提升。根据 TOD 综合开发创造价值的框架，TOD 理念下的规划设计能够从开发潜力、连接度和场所设计三方面提升 TOD 片区的综合价值。消费者对 TOD 项目的投资兴趣在很大程度上源于良好的社区营造。因此，政府提升地块开发强度的同时，仍然需要保证公共空间的品质，兼顾开发强度与公共空间品质是 TOD 社区的开发价值提升的关键。

从研究范围内的规划实践来看，珠三角已经形成了一系列可供参考的 TOD 用地价值提升手法（表 5.9）。由于红线内外用地取得方式、用地主体不同，对于红线内外用地的设计提升做法也要有所区分。红线内用地是各个城市用于 TOD 综合开发的重要储备用地，在红线范围内提升 TOD 用地价值，需要解决空间权的合法性、明确轨道交通用地功能兼容合法合规。在红线范围以外提升 TOD 片区价值，需要额外的鼓励政策或规划约束，包括规划地块的指标突破、审批运作和联动机制等。

表5.9　提升 TOD 综合开发价值的规划途径

价值提升	红线外	红线内
	·公共连廊公共设施不计容/配建停车场减免/站点周边容积率加成	
开发潜力	·调整用地容积率或功能（通过协议、补缴地价等方式）	·统一规划、同步建设、分期开发 地上地下空间开发
		·三维宗地、地下空间确权 地上地下空间开发
		·通过双层车辆段等集约用地 节约用地供综合开发
		·区分空间功能单独报批 区分盖上盖下、白地等空间规划跳进，灵活利用建筑结构
连接度	·统一规划统一出让 设置公共廊道 ·通过条例或交通影响评价 设置公共廊道	·设置竖向交通 核集中-分散模式引导人流流向物业 ·设置横向换乘 缩短换乘距离，节约换乘时间
场所设计	·制定控制性详细规划导则，规定临街商业 ·建筑密度分级，管控街道建筑界面 ·规划围合步行空间，人车分流并提高步行区活力	

这些经验和国际上的经验存在相似性也有差异。例如，日本基于《都市再生特别措施法》，通过"都市再生特别地区"规划制度，使得 TOD 的规划能够不受现有常规容积率、密度和建筑用途的限制（日建设计，2019）。与日本的做法相似，珠三角地区城市的 TOD 规划以高密度、集约用地为导向，尽可能地节省空间，并让交通空间和城市空间相互融合。红线外站点周边用地综合开发，有处于城市主城区的开发项目，还有建于"新市镇""新城""新区"的开发项目，但这些 TOD 综合开发多以新建轨道交通项目为主。与之相反，国外有许多 TOD 项目着眼于既有铁路用地再开发。随着城市空间扩展，原有铁路设施成为割裂城市发展的存在，在寸土寸金的城市中心区，低效利用的土地成为重点的再利用对

象，如哈德逊广场既有铁路上空再开发项目，结合纽约再区划激励政策，在容积率奖励的基础上，加上开发权转让，最终增加了 167 万 m² 的开发规模（Department of City Planning Manhattan Office，2002）。而且，从实证研究结果来看，靠近城市中心的站点在带动周边用地价值提升效果上更胜一筹（Diao et al.，2017）。但是这类用地的整备难度大、建设成本高，哈德逊广场等项目的驱动因素是政府、铁路、开发商以及公众的多重因素，并不仅仅是筹集铁路前期的建设资金。制度环境、站点建设、周边用地开发情况的区别，导向了不同 TOD 综合开发规划设计过程，但是从结果上来看，都是提高了土地利用的效率，增加了空间的价值。珠三角地区也有改造既有场站的案例，主要集中在土地资源稀缺、开发潜力较高的城市中心区，且一般是需要扩容的枢纽站点，如虎门站、西丽枢纽等，但是从整体项目比例来看，现阶段大部分 TOD 项目都是基于新建站点或车辆段开展的，相应地，项目启动的资金也大多依赖土地出让金或政府财政等短期内就能到位的资金。既有铁路开发的成本较高，短期内不能满足回收资金的需求。在案例中可以看到，现有的一些土地综合开发项目中，其落实后并不完全符合 TOD 的设计要求。这些项目更强调作为近期筹措资金的方式，在设计上有所忽视。如在粤府函〔2012〕16 号文中，提出了土地综合开发备选用地的说法，但是对备选用地的定义较为模糊，也就是说，没有要求 TOD 用地必须与站点有所联系，可以在 800m 的范围内外统筹。在访谈和调研中发现，由于缺乏前期的规划基础，一些站点周边存在储备用地缺乏的情况，许多城市站点周边 500m 范围内的用地早已出让或开发。但是为了满足综合开发运营补亏的任务，有的城市采取"异地"TOD 的方式进行 TOD 综合开发。这样做显然无法达到 TOD 规划设计所要求的一系列目标，而是形成了一种土地和交通之间"交叉补贴"的不可持续运转模式。这些做法显然违背了 TOD 紧凑开发理念，仅仅是出于获取一定的收益的目的，而且，在 TOD 设计手段缺位的情况下，收益的额度一定也是大打折扣、不够理想的。

最后，也是容易被忽视的一点，规划的稳定性对于落实项目、提升价值非常重要。从以上案例以及国内外的经验中，可以看到一个共同点——稳定、可靠的规划才能更好地落实 TOD 项目。目前，轨道交通 TOD 项目从交通规划到物业开发需要 10 年左右，规划的一致性对项目实施影响很大。而保持这种一致性，较好的办法就是通过长期法定规划来稳定发展预期，保证轨道交通线网规划的可靠性；同时在空间规划体系中通过详细规划和专项规划，提前谋划 TOD 用地。

| 第六章 | 保障 TOD 综合开发价值获取

在综合开发项目中，获取土地使用权是项目实施的前提和基础，也是获取 TOD 综合开发经济价值的必经之路。在我国的制度背景下，TOD 综合开发的过程中不仅要获取经济价值也要兼顾社会价值。本章将从土地开发和管理制度角度切入，总结保障 TOD 综合开发获取经济价值或保障社会价值的机制。

第一节 获取 TOD 综合开发经济价值

2020 年底，我国已有 40 座城市开通城市轨道交通，其中 23 座城市的轨道交通公司涉及物业开发业务，29 城（地区）涉及物业租赁及管理业务，全国排名前 30 位的房企中，有 28 家企业涉猎 TOD 开发。可以说，TOD 物业开发已经成为房地产行业的流行趋势。从收入的类型上看，轨道交通企业的收入可以分为运营收入和非运营收入，运营收入主要指票务收入，主要受到票价制定政策的影响，非运营收入包括物业开发、资源经营、物业管理等。2020 年，我国城市轨道交通非运营收入第一次超过了运营收入，其中，非运营收入中物业开发收入占比达 78%。

从地方城市来看，深圳地铁集团 2020 年在财报中披露其物业开发利润达到 107.64 亿元。不计政府补贴，广州地铁集团和深圳地铁集团的总体毛利润名列前茅。将两个城市地铁集团的数据与港铁公司对比，可以发现港铁公司的物业经营和物业开发收入占比一直相对稳定。然而，自 2016 年以来深圳地铁的物业开发收入出现了爆发式的增长。与之不同的是，广州地铁集团的物业开发收入则一直稳定在相对较低的水平（图 6.1）。但广深两个城市均在不计入政府补贴的情况下保持盈利（表 6.1）。从政府补贴①的数据来看，广州地铁集团的补贴

---

① 政府补贴数据均来自历年地铁公司财务审计报告"政府补助"或"营业外收入"明细。根据财政部 2017 年印发的《企业会计准则第 16 号——政府补助》，2017 年 1 月 1 日之后与企业日常活动相关的政府补助，应当按照经济业务实质计入其他收益或冲减相关成本费用，与企业日常活动无关的政府补助，应当计入营业外收入。2017 年以前，政府补助主要体现在营业外收入中。

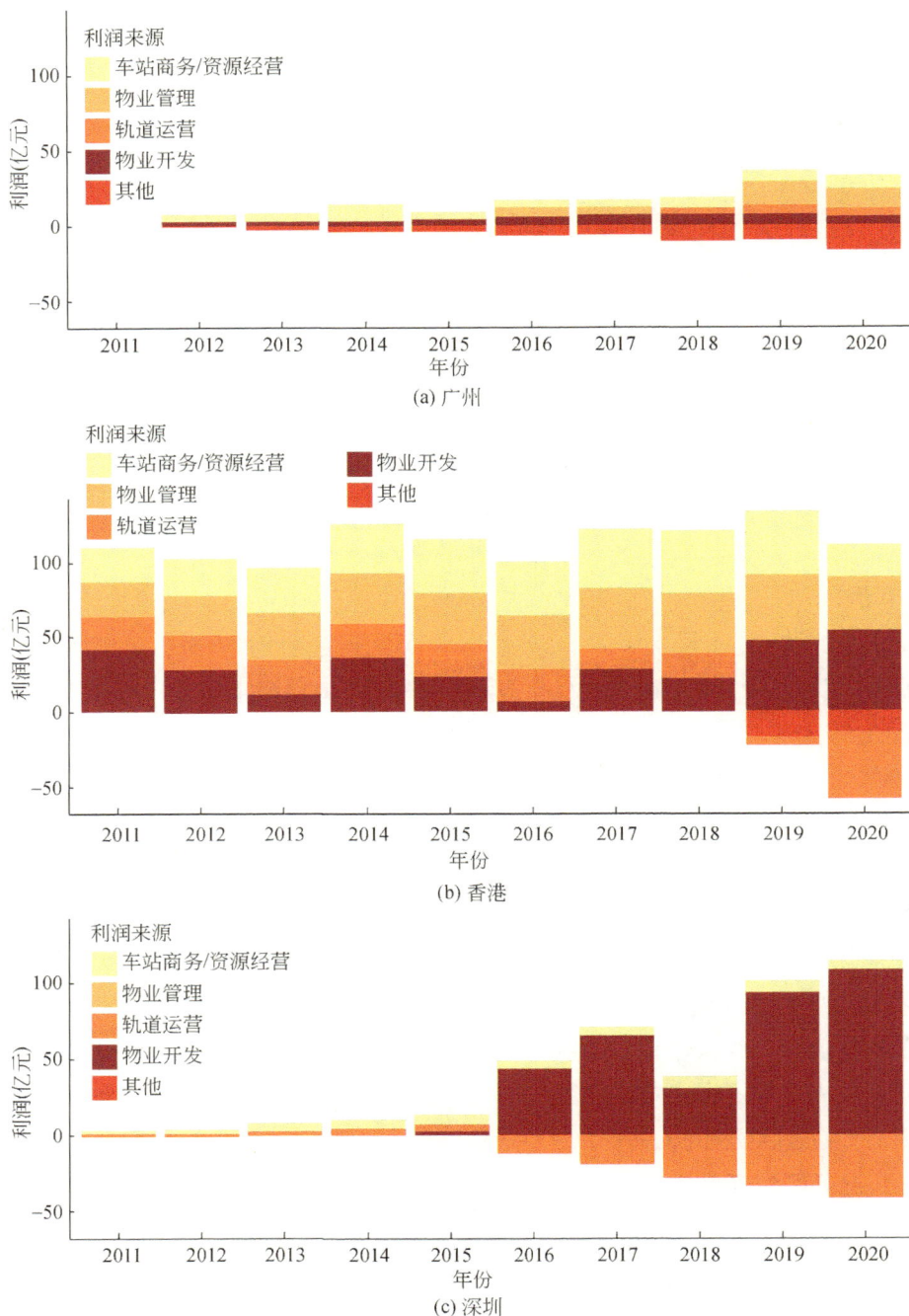

图 6.1　2011～2020 年广州、香港和深圳的地铁利润构成对比

表6.1 2011~2020 年广州、深圳、香港地铁毛利润对比

（单位：亿元）

城市/特别行政区	年份									
	2020	2019	2018	2017	2016	2015	2014	2013	2012	2011
广州	16.0	26.7	7.8	12.1	9.7	3.8	10.4	6.6	8.0	—
深圳	73.6	68.0	10.1	51.5	37.1	13.0	9.0	7.9	4.0	3.7
香港	52.7	112	120	121	100	115	126	96.8	103	111

资料来源：广州、深圳和香港的轨道公司年报整理，港铁公司收益按平均汇率折算为人民币

从2016年起逐年下降，对应广州城市轨道三期；深圳地铁集团自2013年后就几乎不依赖来自政府的财政补贴，这与深圳城市轨道三期土地作价出资的轨道沿线TOD综合开发时期吻合（图6.2）。类似的是，港铁公司建设轨道，特别行政区政府也不直接提供财政补贴（黄良会，2014）——土地使用权相当于另一种形式的补助，代替了直接的财政补贴。

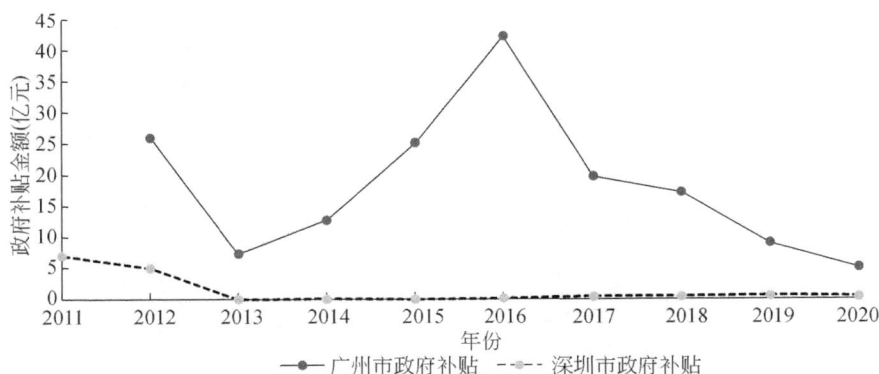

图6.2 广州市、深圳市政府对轨道补贴情况

获取土地资源是获得物业开发收益的前提条件。2019年司法部出台《城市公共交通管理条例（征求意见稿）》，其中第十条指出，"公共交通设施用地依法实施土地综合开发的，不得损害公共交通功能，其收益应当用于城市公共交通基础设施建设和运营"。虽然这一管理条例目前还没有形成最终稿，但这标志着我国第一次从国家层面和立法层面肯定了 TOD 综合开发，并指出 TOD 综合开发的收益的用途——应当被用于公共交通基础设施建设和运营。本节将围绕土地整备

与土地供应两方面的内容，厘清如何通过 TOD 综合开发获取经济价值，并保证所得价值与轨道交通基础设施投资相关。

一、TOD 综合开发土地整备

本书所说的"TOD 综合开发土地整备"，是指通过征收、收回或收购土地等方式为轨道沿线物业开发提供土地储备和资源的过程。土地整备这一说法最早在深圳的政策和实践中提出，指的是在政府主导下整合零散用地，进行土地清理和土地前期开发的行为。《深圳市人民政府关于推进土地整备工作的若干意见》第五条指出，"土地整备立足于实现公共利益和城市整体利益的需要，综合运用收回土地使用权、房屋征收、土地收购、征转地历史遗留问题处理、填海（填江）造地等多种方式，对零散用地进行整合，并进行土地清理及土地前期开发，统一纳入全市土地储备"。之后，其他城市也在实践中采用了这一说法（梁小薇等，2018）。TOD 综合开发土地整备的方式和对象是多样化的，既包含征收未开发的土地，也包含对已批未建、已批已建用地的"二次利用"。在快速城市化地区，土地整备是解决城市再开发需求、保障产业结构转变和实现公共基础服务设施等重要项目落地的重要工具（许亚萍和吴丹，2020）。

土地储备工作对综合开发有三个主要作用。第一，通过预留用地保证 TOD 项目有地可用。第二，摸查清楚 TOD 综合开发的可利用土地规模。通过建立项目库，支持分批按需供应，控制 TOD 综合开发规模。同时配合轨道交通线网建设的时间，通过制定年度土地储备计划、土地利用规划以及调整控制性详细规划，实现合理的土地供应。第三，预估 TOD 综合开发价值，支撑未来轨道交通项目建设，辅助相应项目报批（图 6.3）。

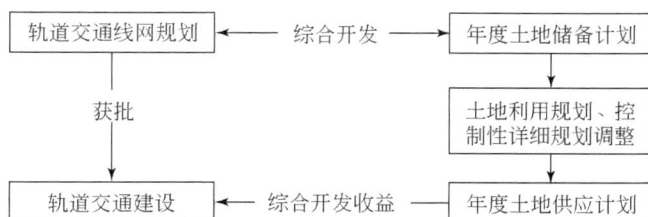

图 6.3　TOD 综合开发中土地储备与供应作用

TOD 综合开发的土地来源可以从多个角度出发进行分类。从轨道交通场站的建设范围来分，可以分为红线内和红线外两类用地，这是政府在制定政策时的常用分法。从用地开发的类型来分，可以分为存量开发和增量开发。这两种类型既有可能在红线内，也有可能在红线外，但都应该被重视，因为这有助于建立多样的 TOD 综合开发土地收储来源（杨家文等，2020）。在红线内，应善用政策，挖掘既有铁路的开发资源，率先布局新建轨道交通站点红线内的土地综合开发；在红线外，增量开发要面临和解决用地指标限制等问题，存量开发则要和城市更新有机联动。在我国现行土地出让制度下，这几类方式的收储和开发难易程度也有所差异，我们可以直观地从一个概念坐标系认识这种差异（图 6.4）。

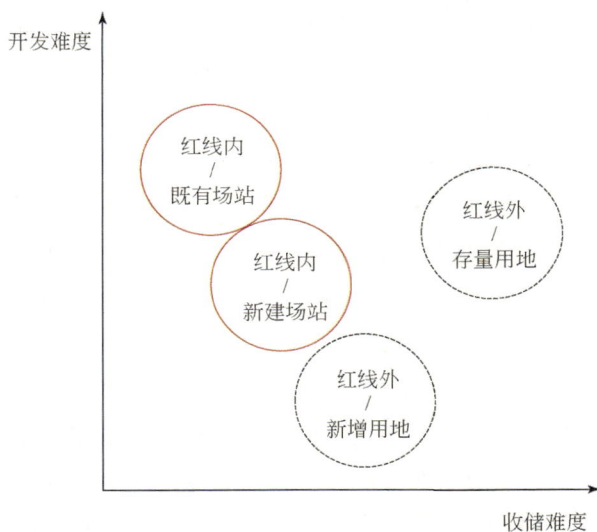

图 6.4　现行 TOD 综合开发储备用地类型差异示意图

红线范围内用地本身就属于轨道交通设施场站用地，其综合开发实质上属于土地复合利用。因此，相应的用地指标和用地规模可以通过轨道交通项目建设规划得以解决，并且在国家和地方层面均有政策支持。然而，红线外的用地，尤其是存量用地，具有更高的征收、土地熟化成本，从其土地收储到土地成功出让所需时间的不确定性较大。并且，TOD 综合开发涉及的用地规模较大，每个城市的新增建设用地指标是有限的，还需要解决新增用地指标的问题。最关键的是，难以保证收益和轨道交通建设（主体）挂钩。因此，从我国各地的轨道交通土地综合开发项目中可以发现这样的现象：车辆段（场）的开发往往最先进行，然后才是场站周边的综合开发；增量开发的项目更早完成并投入使用，而存量开发的项目周期相对更长。

（一）TOD 综合开发项目土地整备实施案例

（1）珠三角城际沿线 TOD 用地储备

城际轨道 TOD 综合开发土地储备的主体是市级政府。在 TOD 综合开发中，围绕新建站点的开发用地规划规模较大，对基层政府的新增建设用地指标占用份额较多。用地指标的矛盾，在珠三角城际 TOD 综合开发实施的初期阶段就已出现，并成为 TOD 综合开发难以推进的原因之一。如果要进行沿线土地开发，基层政府不仅需要付出一级开发成本，还有每年申请新增建设用地指标的成本。为了解决这一问题，广东省政府定向投放额外的新增建设用地指标（张衔春等，2020）。2012 年，省政府提出站点周边土地开发的新增建设用地指标由省国土资源厅解决，不占用地方土地指标，而不参与省市合作土地开发的地方获得的指标总量相对减少。这一举措大大激励了地方政府参与 TOD 综合开发的积极性。后来，广东省将这一做法写入粤府办〔2018〕36 号文中，明确"铁路项目配套安排的土地综合开发所需新增建设用地指标，由省国土资源厅向自然资源部申请计划单列或使用省预留指标"。

2014 年，广东省向国土资源部争取到 6 万亩用地指标用于城际站点联合开发，其中佛山市取得 1.6 万亩的新增建设用地指标。为了有效分解利用这些新增建设用地指标，佛山市政府组织编制了广佛肇城际线路位于佛山市境内的站点周边用地控制性详细规划，但未正式印发。随后 2015 年 12 月，佛山市规划局公布《珠三角城际轨道站场周边 TOD 规划研究及控制性详细规划》，对广佛环线和广佛肇城际站点周边 TOD 综合开发进行规划布局，正式批复佛山市境内的张槎站、陈村站、北滘站、狮山站、狮山工业园站、云东海站 6 个城际铁路场站周边的控制性详细规划（表 6.2）。其中广佛肇城际线路三个站点总用地规模达 1.6 万亩，6 个站点的总用地规模达 3 万亩，平均每个站点的用地规模达 380hm²（表 6.2）。反推每个站点统筹的用地范围超过站点周边 1km，均超过珠三角规划设计导则 800m 的建议范围。截至目前，其中的大部分规划都重新编制或局部修编（图 6.5）。上述规划成果，能够用于调整土地利用规划，为后期的土地整备、制定 TOD 综合开发方案等工作提供依据。在额外的新增建设用地指标激励下，地方政府有动力规划尽可能多的土地用于 TOD 综合开发。现行的综合开发用地指标激励机制，尚缺乏精细化管理，有可能使得 TOD 片区的范围过大，难以保证用地与轨道交通站点的紧密联系。未来，可以考虑对不同定位的站点匹配不同的指标份额，避免 TOD 片区规模过大等问题，或限定奖励的用地指标仅能用于站点一定范围内。进一步观察这批规划的功能布局可以发现，大部分的建设用地以居住功能为主，有 3 个站点影响区外围划定了产业用地，靠近站点的大部分区域被划分为商业用地或混合用地等高估值用地，规划基本符合经典的 TOD 规划设计用地布局，从内到外开发功能的强度逐渐降低（图6.6）。

表6.2　佛山-珠三角城际站点 TOD 规划（2015 版）指标汇总

线路	站点	用地规模（hm²）	建设用地（hm²）	人口（万人）	人口密度（万人/km²）
广佛肇城际	云东海站	205.54	182.12	3.60	1.76
	狮山站 *	577.09	449.98	15.60	2.67
	狮山工业园站	533.38	496.10	5.50	1.03
广佛环线	陈村站 *	390.99	379.84	10.40	2.66
	张槎站	409.80	366.04	7.60	1.85
	北滘站 *	665.97 *	396.52	9.20	1.38
合计		2782.77	2270.60	51.90	1.89

注：* 狮山站规划于 2019 年修编，规划范围缩小至 184.13hm²，人口规模随之大幅减少；陈村站于 2018 年修编，增加养老和医疗设施规模；北滘站规划于 2020 年修编，规划范围增大至 726.41hm²，保留了范围内大部分村居，较原控居住人口减少约 2.1 万人

在这一轮规划中，站点周边控制性详细规划备案审查制度也为综合开发提供了支持。按照规定，轨道交通站点周边土地综合开发规划由省住建厅统筹编制，报经省政府审定后发布执行，各市要在半年内依法调整相关用地的控制性详细规划等，调整后的规划应报省住建厅备案审查（张衔春等，2020）。省住建厅由此上收了部分城市规划管理部门对规划的审批权。通过管理编制控制性详细规划，省政府相当于在城际轨道交通建设前，就锁定了该区域的土地未来将用于 TOD 综合开发，促使沿线用地成为建设城际轨道交通的潜在资金来源。

（2）市级层面统筹 TOD 土地整备

从城市轨道的角度考虑，市、区两级政府是 TOD 综合开发土地收储工作的共同主体。制定收储计划，首先要对轨道沿线用地进行整体摸查。在项目具体操

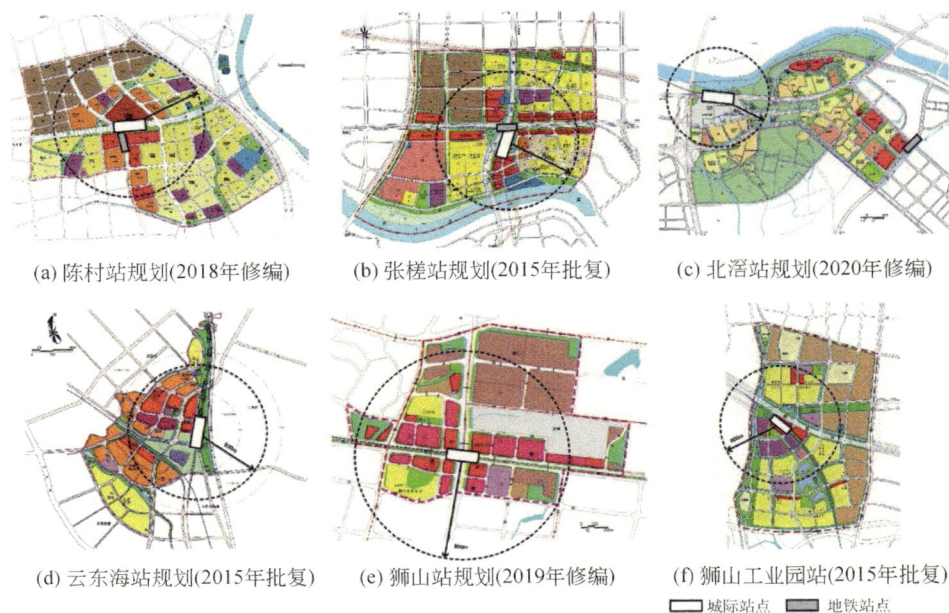

(a) 陈村站规划(2018年修编)　　(b) 张槎站规划(2015年批复)　　(c) 北滘站规划(2020年修编)

(d) 云东海站规划(2015年批复)　　(e) 狮山站规划(2019年修编)　　(f) 狮山工业园站(2015年批复)

☐ 城际站点　　▨ 地铁站点

图 6.5　佛山-珠三角城际站点 TOD 规划

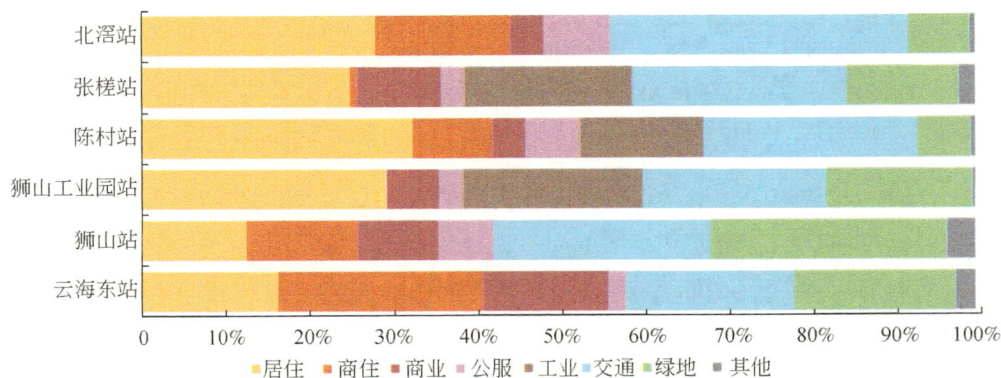

图 6.6　佛山市 TOD 片区规划（2015 版）功能分布特征

作中，由于大多数地块的选址与轨道交通设施建设土地整备工作是相关的，大多政府部门会将土地收储、整备的工作交给轨道交通建设方，获取净地后，返还土地一级开发的成本给轨道交通建设方。

广州在"十二五""十三五""十四五"时期，结合轨道交通建设规划的周期制定相应的土地储备计划（表 6.3）。"十二五"时期，广州市出台综合开发工作方案和土地储备工作方案，谋划了新线 20 个站点、8 个车辆段等 39 个地块共 304hm² 的用地，"十三五"时期又追加了超过 1000hm² 的储备用地。在"十三五"期间，广州市谋划储备用地 14 块，国有用地 10 块，集体用地 9 块，共 33 个车辆段或站点周边用地（表 6.4）。得益于分层设权的制度支持，广州市规划和自然资源局制定出台《轨道交通场站综合体用地收储补偿实施方案（试行）》，根据轨道交通场站综合体用地的土地来源，同时结合城市更新政策，按照轨道交通主体是否已自行完成用地征收结案、是否已纳入"三旧"改造，以及站场、车辆段、停车场等上盖板是否已由轨道交通主体投资建设进行分类，按不同类别确定不同的收储补偿标准及流程。

表 6.3　各时期广州市轨道交通沿线 TOD 综合开发用地储备规划

时间	地块数量	储备用地 （hm²）	谋划金额 （亿元）	开发范围
"十二五"时期	39	304	500	红线内
"十三五"时期	33	1148	1500	红线内+站点周边一体开发
"十四五"时期	近期 221 站点全覆盖	待估算	待估算	红线内+站点周边一体开发

注：根据《2012—2016 年广州市轨道交通沿线土地储备规划（首批）的通知》整理

表 6.4　广州"十三五"时期 33 个场站综合体用地选取结果

用地类型	数量	用地状态	数量	站点位置
储备用地	14	已完成储备或出让	4	陈头岗车辆段（已出让）、员村站、庙头站、庆盛站（已出让）
		储备中	10	琶洲西区站、番禺广场站、横沥站、白鹅潭、蕉门（预留）、槎头站、西洲站、黄金围（预留）、嘉禾望岗站、江府路站
国有用地	10	可纳入城市更新范围但未纳入	7	新市墟站、西朗站、双岗站、黄埔客运港站、赤沙站、赤岗站、番禺客运站
		已纳入城市更新范围	3	祈福新村站、金光大道站、丰乐南路站

用地类型	数量	用地状态	数量	站点位置
集体用地	9	农用地为主	5	万顷沙车辆段、广钢新城车辆段、槎头车辆段、广州新城西车辆段、朝阳站
		农用地和村建设用地各占一半	2	凰岗停车场、上堂车辆段
		下阶段申请调整	2	大干围站（拟整村改造）、石牌南站（不计划改造）

在储备原则上，毛建华等（2019）认为，储备用地的开发条件是 TOD 综合开发整备用地选择的首要标准。截至 2017 年，广州市共收储可开发的站点综合土地资源 42 处，以车辆段为主，共有车辆段 22 个，一般站点 18 个。两期储备用地的估值超过 2000 亿元（何冬华，2018）。在解决了车辆段基地上空开发权的基础上，车辆段用地的储备难度较低，开发潜力较大，几乎所有车辆段用地都直接纳入 TOD 综合开发储备土地中。但是车辆段的选址逻辑与物业开发的选址逻辑不同，车辆段检修、停车的空间还要保证以安全为主，而不是以城市空间布局为导向，这就造成目前大部分的 TOD 项目都处于城市中心区外围。

从广州的经验来看，沿线土地从土地征收、总规和土地规划等上位规划调整、规划设计条件论证和控规调整等一系列的过程，需要 5～10 年的时间（毛建华等，2019）。这就造成在轨道建设二期期间的土地储备，实际上提供的是轨道建设三期的建设资金（图 6.7）。2012 年，在广州市轨道建设二期期间共谋划了 8 个车辆段的地块，2017 年广州第一块车辆段上盖物业开发项目用地出让，直到 2021 年底，才基本将轨道二期期间谋划的车辆段用地全部出让，获得土地出让金约 500 亿元（图 6.7）。这种周期上的错位更加强调了提前规划、稳定规划的重要性。

（3）集体建设用地土地整备

在城市已建成区域，尤其是珠三角地区的建成区，开展轨道 TOD 综合开发难免涉及集体建设用地再利用。在存量开发上，地方政府对 TOD 综合开发项目的政策支持作用有限。虽然对 TOD 项目未来增值收益的预期较好，但是在增值收益不能共享的情况下，村集体等原有用地使用权人配合项目积极性不高。并且，在我国严控集体土地转为经营性土地的大方向下，进一步加大集体土地的收

图 6.7　广州地铁土地储备开发周期

储难度。2020 年 1 月 1 日新修订的《中华人民共和国土地管理法》实施后，经营性项目土地征收需要编制土地征收成片开发①方案。根据《土地征收成片开发标准（试行）》，在成片开发方案中，片区内基础设施、公共服务设施以及其他公益性用地比例一般不低于40%。也就是说，在现行的法规条件下，如要以经营性活动为目的开展土地征收，需要以成片开发为前提，而成片开发获批需要保证公益性用地的占比。目前，公益性用地如何定义尚存争议，但在实践中，公益性用地一般包含绿地与开敞空间用地、交通运输用地、特殊用地、公用设施用地、公共管理与公共服务用地等。

　　TOD 综合开发项目兼具公益性和经营性的特点，成为成片开发用地供应方案中打头阵的项目。例如，佛山北滘站，东莞虎门站，都成为了成片开发规划方案的重点抓手。东莞、佛山的村镇经济、制造业较为发达，导致原来的村镇用地开发零散、低效。为了提升用地开发质量，引领产业转型，东莞和佛山都通过编制成片开发规划方案统筹用地供给。例如，在《东莞市虎门镇土地征收成片开发方案（2021 年）》公示文件中提出，要对虎门镇白沙片区（含虎门高铁站 TOD 核心区）等 3 个片区中共 16.77hm² 的用地进行征收，成片开发方案划定后，在开发范围内的公益性用地面积达到了 42.58hm²，占总用地面积的 48.43%；新增开发建设绿地与广场用地 7.13hm²，统筹兼顾城市开发和生态保护。在佛山市顺德

---

① "成片开发"是指在国土空间规划确定的城镇开发边界内的集中建设区，由县级以上地方人民政府组织的对一定范围的土地进行的综合性开发建设活动。

区土地征收成片开发方案中，合计安排广佛环线北滘站 TOD 片区实施项目 13 个，土地征收面积 51.03hm²，总用地面积 323.34hm²，公益性用地面积 156.73hm²，公益性用地占比为 48.47%。这一做法既盘活了片区整体用地资源，又保障了 TOD 综合开发实施所需的土地。

（二）支持 TOD 综合开发土地整备政策要点

（1）新增建设用地指标单列

建设用地指标是我国为保护耕地，对建设用地采取的控制手段。在我国，分配建设用地指标，首先通过国务院印发的《全国国土规划纲要（2016—2030 年)》提出耕地保有量约束性指标和城镇建设用地的预期性指标，其次再自上而下层层下发，分解到市、区、县基层政府保障我国总体的土地开发格局（夏菁 等，2021）。到地级市层面，省级以上项目一般不占用本级建设用地指标，但是轨道交通场站周边开发规模并不小，如果不能解决用地指标，则会打击实施 TOD 综合开发的积极性。在国办发 37 号文中，土地综合开发中所需新增建设用地指标"经省级人民政府严格审核后，暂由国土资源部予以计划单列"。这一制度可推动 TOD 综合开发在新城、新区规划中推广实施，尤其是铁路轨道交通站点周边的开发。地方层面也对这一利好政策积极响应，粤府办 36 号文就补充了这一说明。但在 2012 年珠三角城际轨道 TOD 综合开发探索中，省铁投已经尝试通过解决土地指标方式来调动地方参与土地综合开发项目的积极性，并最终取得成功（张衔春等，2020）。这一政策主要对干线铁路、城际铁路的开发造成影响，对城市轨道交通影响有限。因为城市轨道交通一般包含于城市建设用地范围内，涉及新增建设用地指标不多，规模也没有"高铁新城"等类型的周边用地开发规模大。

（2）规划冻结综合开发用地

TOD 综合开发成功实施的要点之一，是预留好轨道交通综合开发的用地，这样即使当下未达到轨道建设或土地整备的条件，但只要规划稳定，就可以在将来获取地块的时间价值。针对这一问题，各地政府均采用规划先行的方式，固定轨道沿线用地储备，如粤府办 36 号文就提出，在铁路站场土地综合开发规划批复前，暂停受理和核发该范围内地块的建设用地规划许可或出具地块规划设计条件，并暂停出让及划拨土地。这样的做法能够有效保证 TOD 综合开发有地可用，支持 TOD 综合开发土地整备。

（3）土地征收成片开发

房地产开发、工业园区、产业发展等经营性用地，必须纳入土地成片开发范围，才能够征收利用。TOD 综合开发兼具公益性和经营性，能够有力支撑成片开发规划编制和方案报批，反过来，成片开发也为 TOD 保障了用地储备。

二、TOD 综合开发土地供应

正如前面章节所提到的，TOD 综合开发在中国的一大挑战，是要保障在土地招拍挂制度下轨道建设方获得土地并展开后续的开发，来获取收益，反哺轨道交通建设运营。目前，多个城市在这个关键问题上开展了一系列的探索实践，且大部分已转化为政策经验得以推广。

（一）TOD 综合开发土地供应方式

（1）定义不可分割空间——协议出让

协议出让，是指国家以协议方式将国有土地使用权在一定年限内出让给土地使用者，由土地使用者向国家支付土地使用权出让金的行为。协议出让的好处是可以直截了当地将使用权和开发权一并转让给指定受让人，在 TOD 综合开发的语境下，也就是轨道交通建设主体。

但协议出让方式存在局限性。原则上，协议出让获得的土地可以进行土地用途转换，但是为了避免国有资产流失，上海市规定在轨道交通项目场站周边综合开发中，协议出让取得的用地需要自主开发，土地使用权不得转让。同时，协议出让的受让方为国有企业联合体，进一步防范了资产转移风险。实际上，港铁公司的用地取得模式就是协议出让，特别行政区政府以总承包的形式，将车站、车辆段上方及邻近范围内物业开发权授权给港铁公司，港铁公司缴纳轨道建设前的地价，招募开发商共同合作。待物业开发建设完毕后，香港特别行政区政府作为港铁公司的最大股东获取收益和补缴地价。这样的模式与内地城市所说的协议出让方式相似，但是内地在实施该方式时面临的开发限制显然更多，不能随意转让土地使用权，与社会资本合作开发也受限。

广州、佛山在最近的 TOD 综合开发政策中明确提出协议出让的适用范围。从这些最新规定中可以看到，广州将协议出让局限在"具备局部开发条件"的场站，将项目归类为"运营企业投资类"，也就是由广州地铁集团主导开发建设的项目。佛山依据国办发37号文的精神，对原来的划拨用地或地上、地下空间分层设权采用协议出让的方式。

如何划分协议出让的空间、定义空间的属性是采用这一方式的关键。广州规划和自然资源局于2019年确认《广州市交通枢纽项目确权登记试点工作方案》，选取地铁7号线石壁站、官湖车辆段综合体作为试点对象，研究解决地下建构筑物所有权边界、国有建设用地使用权分层设立权属界限问题，开展多测合一、多证联办、推进三维确权登记新模式等技术创新。现地铁7号线石壁站已获得广州市首本附有地下建构筑物所有权界限三维立体图示的《不动产权证书》，官湖车辆段出让部分也已确权登记。深圳前海车辆段的案例中，通过对竖向空间分层设权、以协议出让方式供给交通附属设施用地，定义了部分不可分割的空间，协议出让方式与招拍挂方式结合使用（杨建华，2016）。

在我国现有土地制度下，与铁路场站设施紧密联系的空间尤其是地下空间，是最适合采用协议出让方式的部分。2021年，深圳出台《地下空间开发利用管理办法》，对2008年的暂行管理办法进行完善，其中明确"附着于地下交通设施等公益性项目且受客观条件制约，经相关主管单位认定不具备独立开发条件的经营性地下空间"可以采用协议出让方式。实际上，早在深圳轨道一期工程中深圳地铁集团就已经布局大规模的地下空间开发，如结合人防工程开发福华路地下商业街等（毛建华等，2019）。

（2）免除资金空转——土地作价出资

土地作价出资，是指土地估价后价值由政府以资产入股的方式将土地使用权直接注入给轨道交通集团，土地交由轨道建设主体进行市场化运作（杨建华，2016）。同时，该土地使用权相应的股权则由政府委托给国有企业（如城投公司）持有或由国资委持有。土地使用权作价出资，起源于我国20世纪90年代的国有企业改革，是国有建设用地的有偿使用方式之一，对受让主体有严格的要求。深圳是首个将这一方式用于TOD综合开发的城市（表6.5）。

土地作价出资在项目运作上更为直接。与招拍挂方式相比，它保证了主体的唯一性，与协议出让的方式相比，省去了缴纳地价的环节。在实际操作中，作价出资的地块以协议出让方式进行公示，基于深圳地铁集团的财报和土地协议出让公告，整理得出在深圳地铁三期期间，深圳市国资委共注入386.3亿元资金到深圳地铁集团，自1998年成立以来，深圳地铁集团的注册资本增加到459.43亿元（图6.8）。根据深圳地铁集团年报数据披露，作价出资所得地块均已在建或已完工，其中已完工建筑面积 93.94 万 m²，在建建筑面积 403.17 万 m²，未来将产生价值千亿的物业资产。

表 6.5 深圳地铁三期作价出资方式获取地块信息汇总

编号	项目名称	占地（hm²）	毛容积率	土地作价估值（亿元）
1	塘朗车辆段地块 F	2.49	4.56	18.72
2	安托山停车场上盖物业开发	4.21	—	1.56
3	安托山停车场上盖物业开发	1.28	7.5	20.90
4	安托山停车场上盖物业开发	16.25	3.60	69.44
5	车公庙交通枢纽上盖物业	0.66	17.30	20.94
6	红树湾地铁站	5.41	7.75	67.15
7	横岗车辆段	3.53	0.19	0.37
8	横岗车辆段	7.59	4.15	11.46
9	前海枢纽项目	20.01	6.64	145.56
10	深圳北站商务地块	1.93	—	15.48
11	深圳北站商务地块	2.03	—	14.72
合计		65.39	—	386.30

注：基于杨建华（2016）补充整理

土地作价出资的方式也存在一些问题。首先，土地作价出资需要有较完善的政策支持，尤其是地方政府的决策支持，项目周期因此拉长，会增加一定的不确定性（杨家文等，2020），深圳地铁四期开始采用带条件招拍挂的方式获取用地。其次，使用该项目获得土地对轨道公司的综合运营能力提出了要求，不仅是一体化施工建设，在项目定位、物业开发和管理方面也需要有充分经验以掌控项目。深圳地铁集团下设深铁置业，深铁置业下设多家房地产开发公司，共同管理和开发深圳地铁集团获取的 TOD 综合开发项目，具有丰富的管理和开发经验，在地块物业开发上会选择协议或股权的方式与房地产公司合作开发，近年来开发收益显著。最后，这一方式依然存在国有资产转移的风险，因此可以看到深圳地铁三期之后，这一办法已经停止使用。

（3）捆绑开发条件——带条件招拍挂

如果轨道交通企业参与土地收储整理，政府返还土地收储成本，这个过程还没能实现轨道和物业的一体开发。要使得一级开发与二级开发联动，则要锁定土

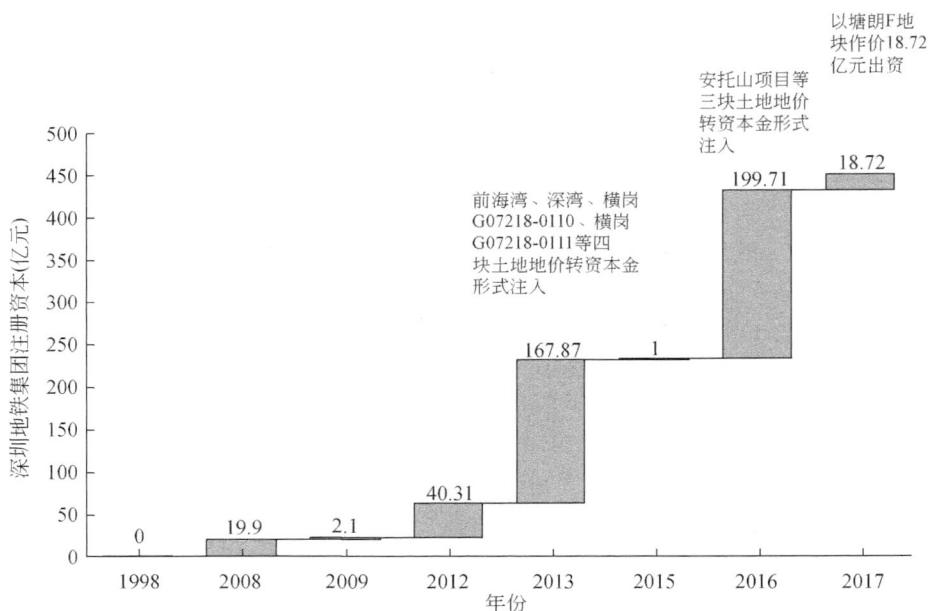

图 6.8　深圳地铁集团注册资本变化

地受让方为轨道交通建设方，通过带条件招拍挂出让方式，可捆绑轨道交通建设与土地开发。土地出让中允许捆绑一定的竞买人条件，其依据是在国发办 37 号文中提出"新建铁路项目已确定投资主体但未确定土地综合开发权的，综合开发用地采用招标拍卖挂牌方式供应，并将统一联建的铁路站场、线路工程及相关规划条件、铁路建设要求作为取得土地的前提条件"。从现有的 TOD 综合开发实践来看，主要通过两种方式来绑定 TOD 地块开发和轨道交通建设。

　　一是对竞买人自身的条件设置要求。如在用地要求中规定土地受让人的资质和经营能力等。在广州的案例中，2017 年以来出让的 7 个车辆段的出让条件中，第一条就是要求"竞买人须具有 10 年以上地铁线网（地铁线网是指 3 条或以上地铁线路）建设、运营、管理经验"，并要求土地成交确认之日起 30 日内与广州地铁集团就合作建设签订相关事项合作协议，逾期未签订合同可以解除。在此基础上，还提出了配建和自持等方面的要求，如陈头岗停车场要求竞得人须配建停车场盖板（16.02 亿元）及部分盖外单体地铁设施（1.24 亿元），竞得人须完成建设、验收合格后无偿移交给广州地铁集团。萝岗车辆段地块要求受让人须自持不低于 10.6 万 m² 的住宅。在多重条件约束下，广州出让的所有车辆段地块，都是以底价成交，受让人都是广州地铁集团（表 6.6）。

表 6.6 广州车辆段地块带条件招拍挂土地出让结果

年份	项目场站	成交价格（亿元）	配建（亿元）	占地面积（hm²）	楼面地价（万元/m²）	受让人
2021	赤沙车辆段	82.34	27.87	21.18	2.70	广州地铁集团
2019	水西停车场	35.80	—	8.73	1.67	广州地铁集团
2019	镇龙车辆段	51.89	—	24.22	1.07	广州地铁集团
2018	白云湖车辆段	71.09	—	22.29	1.64	广州地铁集团
2018	陈头岗车辆段	63.67	17.26	24.21	1.40	广州地铁集团
2018	萝岗车辆段	76.24	—	31.24	1.44	广州地铁集团
2017	官湖车辆段	131.55	—	32.33	1.59	广州地铁集团

资料来源：广州市土地交易中心公开数据

二是捆绑配套建设要求。如在用地要求中规定土地受让人负责/委托建设并移交基础设施。如佛山在出让湖涌 TOD 综合开发地块时，要求土地受让人要在签订合同的 5 个工作日内与佛山市城市轨道交通 2 号线一期工程 BOT 特许经营项目投资人项目公司（中交佛山投资发展有限公司）签订《湖涌 TOD 综合开发项目建设管理合作协议》，由受让人委托佛山市城市轨道交通 2 号线投资建设人（中交佛山投资发展有限公司）建设地块一地铁湖涌停车场盖体整体、上盖二级开发关联工程，以及地块二首层小汽车库和地块内市政道路。佛山市地铁 2 号线湖涌站 TOD 综合开发地块于 2018 年 10 月由佛山市中交保利房地产有限公司以 22 亿元竞得。除支付土地出让金外，竞得人还须另支付约 11.2 亿元，作为委托佛山市城市轨道交通 2 号线投资建设人建设地块内公共配套设施的建设费用。项目总占地面积约为 17 万 m²，去除要移交的物业和公共服务配套设施，可开发面积约为 40.8 万 m²，楼面地价约为 8000 元/m²。回溯该 TOD 综合开发地块的拍卖条件，同年 9 月佛山禅城区取消竞买申请人要有投资建设地铁轨道交通工程经验的要求，改为需要签订"竞得人必须积极配合轨道建设，并在确保轨道 2 号线建设优先的前提下，与轨道建设投资单位合作开发建设……"（图 6.9）。这个案例反映出带条件招拍挂的一个副作用，在拍卖中对竞买人的自身条件限制过于严格，反而会导致土地流拍或土拍过程延长，耽误整体项目进度。

此外，带条件的招拍挂拿地成本相对普通招拍挂低，轨道公司或轨道公司联

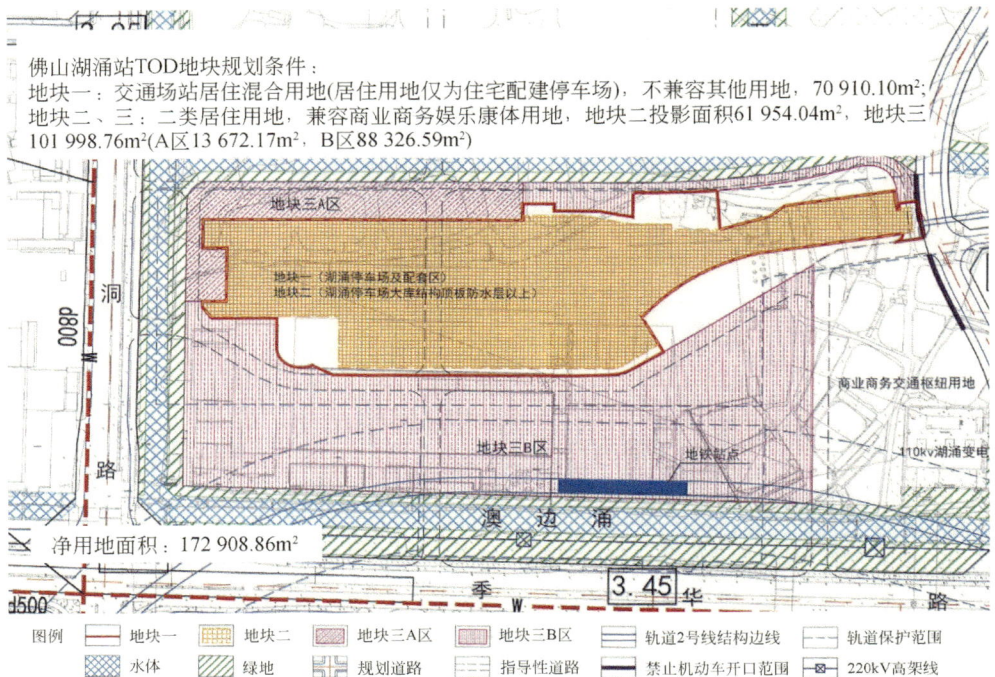

图 6.9　佛山市湖涌站 TOD 综合开发地块规划条件
资料来源：佛山市禅城区自然资源局，2018

合体拿地一般以底价竞得。在成都的做法中，除了规定"不具备单独规划设计条件"的用地，可采用带条件①招拍挂方式整体或分层出让用地外，还制定了土地起叫价按照不考虑轨道交通因素的宗地评估价确定：住宅类轨道交通场站综合开发用地不低于宗地所在地级别同类型用地基准地价的 70% 确定；商业服务类轨道交通场站综合开发用地，商业建筑面积持有比例不低于 70% 的，起始（叫）价可按不考虑轨道交通因素的宗地评估价的 70%，且不低于宗地所在地级别同类型用地基准地价的 70% 确定。类似地，广东在政策中也制定了有关降低拿地成本的支持条款，提出符合省确定的优先发展产业且用地集约②的工业项目，可按不低于所在地土地类别相对应工业用地最低价标准的 70% 确定出让底价。

---

① 条件为：土地竞买人须具备轨道交通线路运营能力。
② 用地集约标准：容积率和建筑系数超过国家规定标准 40%、投资强度增加 10% 以上。

（二）支持 TOD 综合开发土地供给政策要点

（1）兼容用地功能、分层设权

轨道交通场站用地复合利用，还需要通过兼容一定比例其他功能的用地来实现，这一措施在各地的城市规划规范中均有涉及。例如，深圳《城市规划标准与准则》中，鼓励轨道交通设施用地（S3）与商业用地（C1）或二类居住用地（R2）混合，交通场站用地（S4）与商业用地（C1）混合，还可兼容文体设施用地（GIC2）或三类居住用地。这也为 TOD 综合开发提供保障性住房、公共开敞空间等提供了规划依据。

同时，对于不同的空间，可以采用不同的出让方式，若能够定义为不可分割、需要统一建设的空间，则能使用协议出让的方式，可以大大降低拿地成本，缩短办理土地出让手续时间，促进项目一体化建设和开发。2007 年《中华人民共和国物权法》① 对地上、地下空间开发权的规定，为轨道交通场站用地范围内地上、地下空间的开发扫清了法律障碍。轨道交通的上盖物业同时会涉及商业、交通等不同用途，依法可以分别设立用地使用权。2014 年国土资源部出台《节约集约利用土地规定》法令，其中第十三条提出鼓励充分利用地上、地下空间，地上、地下空间使用权取得方式和使用年期参照在地表设立的建设用地使用权的相关规定。轨道交通场站用地原本属于划拨用地，在国办发 37 号文中明确，"铁路运输企业依法取得的划拨用地，因转让或改变用途不再符合《划拨用地目录》的，可依法采取协议方式办理用地手续""分层设立的建设用地使用权，不符合《划拨用地目录》的，可按协议方式办理有偿用地手续"。

（2）捆绑轨道建设方+底价出让

2014 年国办发 37 号文规定，对于新建铁路，未确定铁路建设投资主体的，可在项目招标时，将土地综合开发权一并招标，新建铁路项目中标人同时取得土地综合开发权；确定了投资主体但未确定土地综合开发权的，可以将建设铁路场站等要求作为取得土地的前提条件，通过招拍挂的方式进行供应。市场主体取得土地，市场主体与铁路建设主体协商开展综合开发。在未确定铁路建设投资主体

---

① 《中华人民共和国物权法》第一百三十六条规定：建设用地使用权可以在土地的地表、地上或者地下分别设立。建设用地分层使用权是指土地所有权人在同一宗地上，分别就地表、地上和地下的空间范围内赋予不同权利主体以建设用地使用权，或者赋予同一权利主体不同性质、不同用途的建设用地使用权。

一同招标的情况下，地价按照未建铁路时的市场价格评估。在一些地方政府的指导意见中，还通过搭配其他的建设条件进一步降低拿地成本。

（3）建立国有土地作价出资机制

根据《中华人民共和国土地管理法实施条例》，使用国有土地，除了法律法规规定可以划拨方式取得的方式以外，国有土地可以通过：①国有土地使用权出让；②国有土地租赁；③国有土地使用权作价出资或者入股有偿使用。2014年，贵阳颁布《城市轨道交通国有土地使用权作价出资暂行办法》，对贵阳市城市轨道交通有限公司进行试点，在基于投融资需求和用地选址的基础上，制定年度土地作价方案，获批后，市国土资源局、市国资委、市轨道公司需签订《贵阳市国有土地使用权作价出资合同》，再由市规划局等单位配合土地取得后续流程进行。

第二节　获取 TOD 综合开发社会价值

我国内地城市 TOD 综合开发不仅是为了谋求经济效益，通过土地出让的条件的设置，还能获得保障性住房等具有社会公益性的产品（Yang et al.，2020b）。土地出让条件设置，在确立国有土地有偿使用制度后，一直是我国用于调控房地产产品市场、保障公共空间和基础设施配建的重要工具。尤其是在城市更新中，政府通过土地使用条件设置，来约束或引导开发商的行为，让他们提供道路等市政基础设施、公园和游憩空间、保障性住房等公共品（朱丽丽等，2019）。这种方式可以理解为，敦促用地使用者履行开发商义务，达到节约政府财政支出的政策目的（Alterman，2018）。国外学者一般将开发商义务分为不可协商和可协商两类（Muñoz Gielen and Lenferink，2018），如美国纽约州、华盛顿州规定地方政府有权要求开发商承担街道、公交车站等公共设施的建设任务（宋彦等，2014）；西雅图通过允许开发商建设更高的楼层、获得更多建筑面积，来鼓励其建设广场、加宽人行道、设置底层零售业等公共设施（Commission Seattle Planning，2007）。在国外，这种通过提供公共品以获取土地溢价的工具较为成熟，不仅包括上述的美国案例，也包含了英国的"规划收益"和"规划义务"等做法。当然，国内国外在土地制度和税收制度上存在差异，不宜机械照搬相关经验。珠三角的 TOD 综合开发中，轨道交通建设主体一般为国有企业，地方政府愿意大力支持这些国有企业开展综合开发，不只是因为这些项目能够平衡轨道交通建设支出，还能帮助地方政府完成保障性住房建设、市政道路工程整修等原本需要政府投资建设的事项（Yang et al.，2020b）。

一、建设保障性住房

20 世纪 90 年代开始，我国就实行了"安居工程""经济适用房及廉租房"等政策，但至今我国的保障性住房仍发展缓慢、供不应求，已有的保障性住房在空间布局上也被诟病，大多保障性住房选址偏远，保障性住房周边的就业机会和城市公共服务设施缺乏（郑思齐和张英杰，2010）。将保障性住房与轨道交通相结合，能够很好地解决现有保障性住房可达性差、配套服务设施不足的问题。在这一举措上，新加坡提供了相对成功的案例。20 世纪 60 年代以来，新加坡建屋发展局（Housing and Development Board，HDB）致力于实现"居者有其屋"的目标，大力发展平价公共住房——组屋，以引导和改善城市居住环境。这些组屋多坐落在政府规划开发的新城中，配备完善的生活服务设施，包括购物中心、学校、公园等，每个新城都将形成一个小型生活圈，如榜鹅（Punggol）新镇，榜鹅新镇以 TOD 开发模式为构架，通过"地铁+轻轨"的组合方式，形成环形交通，组屋密集地分布在轨道交通沿线地区（图 6.10）。

图 6.10　新加坡榜鹅新镇组屋分布（Housing and Development Board，2021）

深圳作为经济改革的前沿阵地，虽然商品住房市场建立的时间较早，但自2000 年废除了单位福利房之后，直到 2011 年才建立起相对完善的住房保障制度。"十二五"期间，深圳市累计供应保障性住房 11 万套，其中面向人才供应超过 60%。随着深圳的经济转型，对高学历和高技能创新人才的需求增加，解决人才的住房需求成为决定城市竞争力的关键。因此，2016 年深圳将人才保障住房从住房保障体系中独立出来，实施双轨制，在深圳住房保障"十三五"期间计划新增 30 万套人才住房。提出通过利用城市更新和棚户区改造项目配建人才住房、利用公共设施上盖及周边用地配建人才住房，大大增加了人才住房供给供应人才住房（段阳等，2019）。2018 年，深圳跟进发布文件，计划到2035 年，新增建设筹集各类住房共 170 万套，其中人才住房、安居型商品房和公共租赁住房总量不少于 100 万套。这个数值对于地方政府来说压力较大，尤其是在深圳用地稀缺、寸土寸金的土地开发环境下尤显突出。2020 年，深圳市又颁布《落实住房制度改革加快住房用地供应的暂行规定》，其中提出"市场商品住房用地可配建一定比例出租的公共住房，配建类型及比例在出让方案中明确"，至此，明确了保障性住房可作为开发商义务之一（深圳市规划和自然资源局，2020）。

自 2016 年深圳的保障性住房体系改革以来，"轨道交通用地综合开发"一直都是提供保障性住房——尤其是人才保障性住房——的重要渠道。2020 年所颁布的暂行规定中针对利用轨道交通公共服务设施用地的具体措施有三个。一是鼓励在规划条件允许的情况下，提高轨道沿线已批未建的居住用地项目容积率，增加的住房建设面积用于建设公共住房。二是鼓励轨道交通用地，特别是车辆段、停车场、轨道交通站点等，在符合规划且保证安全的前提下，分层设立建设用地使用权，用于住房建设。例如，地铁车辆段综合开发项目，地下部分建设地铁车辆段，车辆段上盖部分可建设住房。三是鼓励保障性住房选址与用地周边功能结合，明确建设公共住房类型应综合考虑周边的人口结构、产业特征及住房需求等因素。高等院校、大型科研机构及产业集聚园区周边以建设人才住房为主，轨道交通站点等交通便利地区以建设人才住房和公共租赁住房为主。

目前，深圳市基于轨道交通用地复合利用，已经建成并投入使用的保障性住房项目共有五个，分布在塘朗、前海湾、蛇口西和横岗四个车辆段（图 6.11）。截至 2021 年末，深圳通过轨道交通上盖供给的住房总数已经超过 2 万套（表 6.7）。这些住房以公共租赁住房为主，包括少量的安居型商品房和人才安居房。未来，使用轨道交通用地综合开发将是提供新增保障住房的重要途径。可以说，在深圳，TOD 综合开发完成的不仅是筹集轨道交通建设和运营补亏的使命，提供保障性住房也是其重要的政策目标。这一做法不仅已在深圳出现，在广州、上海也有类似的实践。

表 6.7 深圳地铁保障性住房项目

项目名称	所属站点	占地 （万 m²）	容积率	建筑面积 （万 m²）	保障房类型[①]	套数
朗麓家园	塘朗车辆段	23.5	2.3	25.3	公共租赁住房	3 825
深铁阅山境	塘朗车辆段	4.3	6.1	2.8	人才安居房	340
龙海家园	前海车辆段	47.2	4.5	69.3	公共租赁住房	12 363
龙瑞佳园	蛇口西车辆段	13.0	2.4	18.2	公共租赁住房	3 208
和悦居	横岗车辆段	14.6	2.9	17.4	安居型商品房	3 024

(a)位于前海湾车辆段　　　　(b)位于蛇口西车辆段

(c)位于塘朗车辆段

① 根据《关于深化住房制度改革加快建立多主体供给多渠道保障租购并举的住房供应与保障体系的意见》，保障性住房分为政策性支持住房（包含人才住房和安居型商品房两类）和公共租赁住房。

(d)位于横岗车辆段

图 6.11　深圳地铁保障性住房项目分布

资料来源：深铁置业，2021

二、基础设施改善

站点周边用地开发建设，自然地会带动周边基础设施的提升，这些基础设施包括道路、排水、人行设施、自行车设施、街道照明设施、停车设施等（EPA，2013）。为了减小对城市空间分割，减少噪声、振动等环境问题，国内的大部分城市轨道交通建设在地下，因此对沿线的地下空间改造和复合利用，也成了轨道建设工程的附属工程（表 6.8）。

表 6.8　深圳地铁集团在建基础设施改善内容

社会责任	内容
同步建设	公交场站、线路调整、停车换乘、自行车系统、出租车停靠站
交通整合	过街人行设施、连接地铁站的道路、地下停车场
公共配套	保障性住房、派出所、社区服务中心
设施改造	地下市政管线、河流、沟渠、道路

例如，在深圳地铁 3 号线修建期间，需要在益田站修建折返线，折返线打算设在深圳福田区益田村住宅小区广场地下。经过协商，住宅小区业主同意深圳地铁集团进行施工，条件是要为小区解决停车问题。由此，深圳地铁集团结合折返线工程，为小区配备一个可停放 1500 辆车的双层地下停车场，占地 3.56 万 m^2，建筑面积约为 5.8 万 m^2，同时，对广场空间进行修整，增加绿化和游泳池、运动场等公共服务基础设施（图 6.12）。在这个设计中，结合地下停车场施工抗浮

技术，还将地下水收集起来，处理后用于广场绿化的灌溉，节约了建设成本并实现水资源节约利用（刘卡丁，2014）。

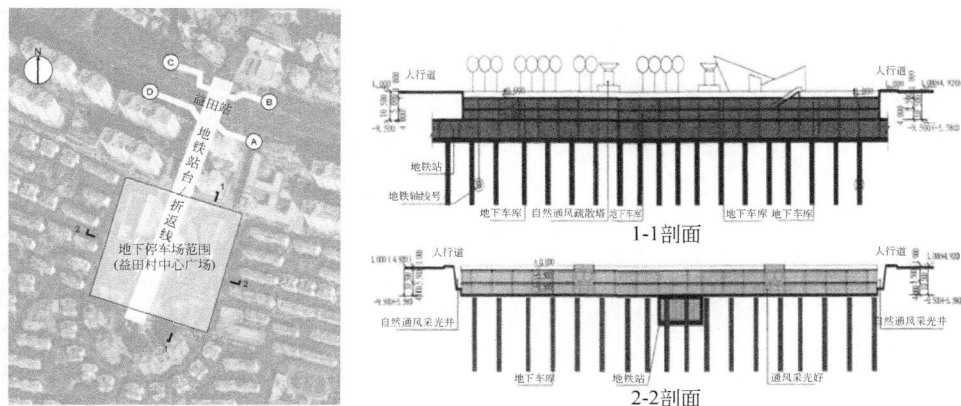

图 6.12　益田村中心广场地下停车场施工示意图

基于刘卡丁（2014）绘制

　　深圳地铁集团在建设中，有大量类似案例。例如，3 号线建设中，建设龙岗大道、改造布吉河，4 号线建设中，见缝插针地修建了一批公共交通场站，这些代建的民生和市政项目总投资达到二期总投资的四分之一（毛建华等，2019）。这些社会价值被总结为四类，即同步建设、交通整合、公共配套和设施改造（赵鹏林，2022）。除了在轨道建设中要求轨道公司履行社会责任，在物业开发中，制定额外的土地出让开发条件也很常见。如在广州地铁集团的汉溪长隆站 TOD综合开发地块出让条件中要求，需要配建 800 个停车位的 P+R 停车场；地铁 13号线二期槎头站场站综合体地块配建 6900m^2 的 P+R 停车场、180m^2 的 K+R 停车位等。这些细节的要求构成了 TOD 综合开发中可获取的社会价值。

第三节　TOD 综合开发价值获取机制总结

　　在外部经济环境较好的情况下，TOD 综合开发能够发挥很好的经济效益，尤其是在用地稀缺的城市，具有很大的市场竞争力。要获取 TOD 综合开发的价值，首先需要在制度层面解决好土地储备和用地出让的问题。这一点上，珠三角各地的政府已经摸索出了一套适应性的政策机制，对比国内其他城市的做法，也与珠三角城市的做法相差无几，本书将他们归纳如下（表6.9）。这些措施保障了轨道交通建设方参与站点以及站点周边土地综合开发，促进溢价回收价值循环链条形成闭环。

表6.9　支持TOD综合开发的土地整备和出让制度

项目	TOD综合开发土地整备	TOD综合开发用地出让
新增用地指标单列	√	
分层设权	√	√
土地征收成片开发	√	
建设主体与开发主体预捆绑	√	√
捆绑用地出让条件	√	√
底（折）价出让		√
用地兼容		√
已划拨用地用途改变	√	√

在相关的用地、规划制度影响下，我国TOD综合开发用地储备和供应上呈现出三个特征，这些做法将影响获取经济价值的效果，以及轨道交通投融资机制的转变。

首先，轨道交通场站TOD综合开发的选址，倾向于选择土地开发难度低、潜力大的地点，导致一些TOD项目选址相对偏离建成区中心，与TOD综合开发鼓励存量用地再开发的节约用地政策目标有所偏差。在土地财政导向下，以及为了节约用地储备成本、减少轨道设施对城市的影响，政府倾向于将新建站点设置在未开发区域，将新城、新区的开发与轨道交通站点尤其是大型铁路客运站点相结合，这是许多中小城市发展TOD的主要途径（这些城市通常没有城市轨道交通，依托市域铁路、城际轨道等基础设施开展TOD项目）。同时这些TOD新城、新区的规模普遍偏大，从案例中可以看到，城际铁路场站的TOD综合规划主要以规划分解新增用地指标、冻结非TOD土地开发行为为目的，这些规划在后期的使用中，往往需要调整以适应真实的发展需求，并不稳定。目前的TOD土地整备支持政策还可以进一步细化，如按照站点级别分配用地指标，或限定新增用地指标必须用于离站点一定距离之内。规划开发规模，也是实施TOD综合开发的难点之一，实践中应力图保持项目规模的弹性，既要富有远见，也不能过分超前。

其次，用地储备进度难以配合轨道建设进度。我国轨道交通的施工周期把控严格，一般建设都是整体建设、同步开通。对于大多高密度开发城市而言，用地储备不足、需要通过再开发挖掘城市可利用土地，这将进一步延长 TOD 综合开发用地"熟化"的过程所需要的时间。本期的土地储备，要到下一期轨道建设中才能兑现价值。这对轨道交通投融资机制的设计提出了挑战，在访谈中，广东省铁投的相关负责人就提到，如何让土地价值（包括土地价值吸引的社会资本）在轨道建设的"前端"就发挥作用，是他们一直研究的课题。已有的实践大多选择了依托现有的土地开发条件，而不是等待土地熟化。这就意味着相对落后的地区，由于不具备在短期内获得综合开发收益的条件，在争取线路资源上也会相对弱势；综合开发措施并不意味着地区间交通资源会更加平等。在这一点上，国外基于税收增额融资（TIF）的溢价回收手段，部分满足了前期的项目空间权回收以及交通设施改善的资金需求，使得项目能够滚动进行；后期开发获取收益后各方进行分配，政府等主体各自获得相应收益。这一做法兑现了交通投资的区域税收收益，保障了前期的开发资金（Mathur，2019）。给我们带来的启示是，相对落后地区的轨道建设更需要进一步拓宽融资渠道，以缓解轨道交通建设前期投资压力。

再次，车辆段是 TOD 综合开发用地储备的首选。在用地的选取上，车辆段基地用地不占新增建设用地指标，收储力度大，土地容易捆绑给轨道建设主体，并符合节约集约用地的开发原则，备受地方政府的青睐。不过上盖开发盖板建设的成本并不低，要保证收益需要具备一定的开发条件。在实践中发现，白地在车辆段红线范围内的占比、车辆段是否配备站点（有的车辆段是无站点停靠的）是影响车辆段开发经济效益的主要因素。并且，车辆段场一般位于线路的一端或空地较多的地方，车辆段用地的选址所考虑的因素，与发展城市商业或居住中心时所考虑的因素不同。以车辆段为主要开发点在空间上会显得较为分散。需要考虑这一布局对未来城市发展的影响。如在深圳的案例中，由于较早谋划车辆段开发，长圳车辆段在选址阶段选择设置在价值潜力更大的城市建成区范围内，为溢价捕获奠定了较好的价值基础。

此外，除了获取经济价值，保障性住房等社会价值的需求，也是推动 TOD 综合开发的一个因素。政府能够借助 TOD 综合开发，完成既定的公共服务设施建设目标，基于此，政府会更有动力推动土地整备和出让政策向轨道交通建设方倾斜，最终促成 TOD 综合开发项目顺利实施。这一做法也会引发大家进一步思考：站点综合开发的成本与收益究竟应该如何评估，利润到多少才算达标，账面收益是否能够完全反映 TOD 综合开发的整体效益。在现行的综合开发规划方案或轨道建设可行性报告中，对 TOD 综合开发用地估值一般都以经济估值为主；由于社会价值难以量化和评价，社会价值在可行性研究中很少被提及。那些配置了大量保障性住房的项目，同时也多配有商业性物业以保证项目的经济可行性。跳出单个综合开发项目自身的经济可行性，配建保障性住房，可以帮助政府减少在其他住房项目上的财政支出，因为这样的城市政府通常有需要按年度完成的保障房建设任务。

| 第七章 |　　TOD 综合开发价值应用

　　TOD 综合开发所获取的收益最终至少部分要使用在轨道交通建设上。在跨城经济活动日益增加、大城市中心区土地资源稀缺的城市化背景下，建立轨道上的都市圈成为未来的城市建设发展的重要趋势之一。通过沿线用地的开发权，吸引社会资本加入轨道交通建设，成为当下推动轨道交通投融资改革、缓解政府投资压力的重要方式之一。在城市轨道投融资领域，采用 TOD 综合开发支持轨道交通建设的实践已有不少，但是城际轨道或跨市轨道交通在我国起步较晚，城际轨道沿线土地综合开发方面的实践相对有限。

　　城际轨道与城市轨道的投资既有相似也有差异，本章将首先通过珠三角（大湾区）城际轨道交通的投融资案例，展现轨道交通投融资模式的转变趋向以及原因，并分析带来的影响；其次对"轨道＋土地"本土化投融资模式经验进行总结，结合城际轨道投融资的发展经验，提出优化投融资机制的实施要点以及政策建议。

第一节　轨道交通投融资与 TOD 综合开发

　　1996 年，为了深化投资体制改革，控制投资规模与风险，我国规定各类经营性投资项目，包括国有企业的固定资产投资项目，试点资本金制度。所谓资本金制度，是指在投资项目的总投资中，除项目法人从银行或资金市场筹措的债务性资金外，还必须拥有一定比例的资本金。资本金比例越低，项目的债务资金越多，通过调节资本金的比例，能够间接调控国家重大基础设施投资的整体资金结构。这一制度延续到了今天，我国的铁路和轨道交通项目都沿用资本金制度。

　　一直以来，政府财政是我国铁路和城市轨道建设资金中资本金部分的重要来源。近年来，随着轨道交通投融资的资金压力逐渐攀升，各级政府都在积极努力寻求新的资金筹集渠道，以满足轨道交通投资建设的需求。2013 年，国务院发布《关于改革铁路投融资体制加快推进铁路建设的意见》，强调了铁路投融资体制改革的大方向。其中，重点鼓励"引入社会资本""盘活铁路用地资源"两个资金筹集渠道，并提出"划拨转授权经营"以地养路的发展模式。但是，授权经营这一做法是不够严谨的，我国《土地管理法》《土地管理法实施条例》等与土地开发相关法律中，均未提及授权经营作为国有土地供应方式。不过，这一发展模式的本质是"以地养铁"的思路，给予轨道交通建设主体其他的收入来源，通过类似交叉补贴的方式支持轨道交通建设（尹贻林和乔璐，2012）。从海外的铁路投融资机制的经验，以及我国已有的实践来看，TOD 综合开发模式与轨道交通投融资机制相互影响。

一、投融资模式影响 TOD 综合开发实现模式

投融资模式的差异，尤其是主体的差异，将决定 TOD 综合开发实现的方式。以香港铁路建设为例，简要说明以地养铁的投融资方式是如何运作的［图 7.1（a）］。香港铁路的轨道投融资模式主体只有一个，就是港铁公司。政府通过《香港铁路条例》在法律层面确定港铁公司的铁路专营权，港铁公司负责编制铁路规划，报批建设铁路以及提供铁路客运服务。香港特别行政区政府提供站点附近的土地开发权给港铁公司。港铁公司获取铁路建设带来的土地增值，参与物业开发获得可持续的收益，这些收益滚动进入下一轮铁路开发建设，并用于弥补客票收入的亏损。这一模式简单直接，但是在内地城市是行不通的，因为内地城市政府缺少执行"授权经营"的法律依据。并且，在分税制改革后，土地出让金成为地方政府的重要财政收入来源，并且，国家铁路与城际铁路主要依赖市政府之外的财政来源，要将土地开发收入用于国家铁路和城际铁路建设缺乏现有渠道。也是由于这种局限，在 2013 年的投融资改革意见中，才有了将已划拨的用地转为可经营用地的建议，因为国家铁路集团无权处置铁路建设红线以外的用地，地方政府也没有动力提供额外的土地给国铁集团用于综合开发。只有在地方政府和轨道公司共同作为投资主体，地方政府能够从轨道建设中获得更多收益权的情况下，调用土地资源来支持轨道建设的情况才会发生［图 7.1（b）］。正如前面收益分配的章节所提到的，这种收益会由地方政府来进行分配，或是通过专项资金注入给轨道公司，或是将部分土地开发权给到轨道公司，轨道公司获得土地增值和物业开发收益。许多内地城市就是通过这样的模式，实现"以地养铁"的目标。香港地铁的模式和内地轨道建设开发的模式差异，很大程度上体现于投

融资主体的差异。

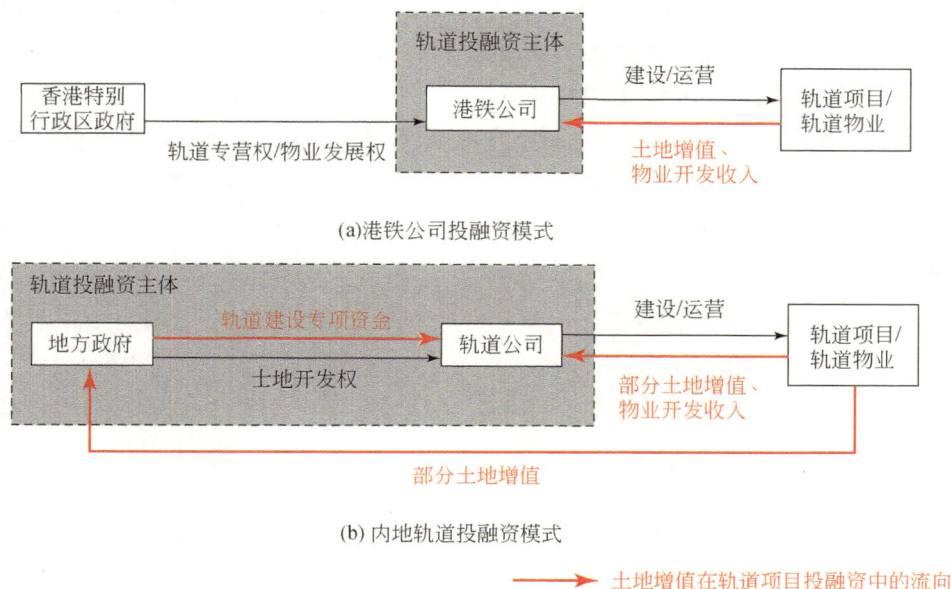

(a)港铁公司投融资模式

(b) 内地轨道投融资模式

图 7.1 "以地养铁"投融资运作的两种模式

二、TOD 综合开发影响轨道建设资金筹集

轨道建设资金筹集方式除了综合开发，另一个就是通过与社会资本合作，跳出政府财政，向外寻求轨道交通项目建设资金。吸引社会资本合作的一大关键，是项目满足盈利预期。在溢价回收的实施框架中，TOD 综合开发项目所得收益应当回馈到带来土地增值的轨道交通基础设施上。TOD 综合开发项目的成功，能够映照出轨道交通投资的成功（Levinson，2012b）。但是轨道交通公益性强，定价较低，且内地轨道公司的运营权也并不灵活，至今除了港铁公司在内地提供运营服务，还没有见到其他社会资本参与运营的案例。囿于我国轨道交通的运营收益能力，许多城市尝试将土地开发捆绑到轨道建设的收益上，使得项目整体更具有吸引力，以促进社会资本合作。此外，在轨道公司或政府积极寻求金融市场的资金时，也需要展示项目的可靠性。这些债务型的资金来源实际上也与轨道公司的经营绩效挂钩，若常年亏损，无法偿债，进一步的融资会受到影响。因此，无论

从哪个方面考虑，TOD 综合开发均能影响轨道交通投融资改革。在溢价回收的实施框架中，TOD 项目所得收益回馈到带来土地增值的轨道交通基础设施上，TOD 综合开发项目的成功，也就转换为轨道交通投资的成功（Levinson，2012b）。

TOD 综合开发的目的，是将城市交通系统与房地产开发作为一个整体来考虑联合开发，统一进行规划设计及建设，以使两者都获得比各自独立开发更高的收益（陈雪明，1995）。在 TOD 综合开发中，政府部门、公交服务提供者与开发商各自利益导向不同。政府部门希望通过综合开发使公共项目投资带来的财政压力得到有效缓解，同时能够起到引导城市发展的作用；轨道公司希望客流稳定，能够增加运营收入；开发商则追求土地开发的利润最大化。一个成功的 TOD 综合开发框架，应是能够将三者的利益较好地协同起来的（De Jong et al.，2010）。

第二节　珠三角城际铁路投融资模式演进

一、珠三角城际轨道建设资金需求

珠三角轨道交通线网的形成经历了四轮主要的规划调整（图 7.2）。广东珠三角城际铁路，与环渤海城际和长三角城际一起，是我国第一批获批的城际铁路规划项目。在《中长期铁路网规划（2004）》的基础上，2005 年 3 月，国务院审议通过《珠江三角洲地区城际轨道交通网规划（2005—2020）》，并确定珠三角城际轨道网的基本骨架为"两条主轴+三条发展轴"的"A"字形发展网络，共达 590km。此版珠三角城际铁路网由广东省政府直接发起，体现广东省在区域协调发展中的利益诉求（张衔春等，2020）。随后，在国家铁路部门修改《中长期铁路网规划（2008 年调整）》出台之际，广东省开展珠三角城际轨道网规划的修编工作。2009 年 9 月，珠江三角洲地区城际轨道交通网规划（2009 年修订）获批。2012 年，省政府和原铁道部联合印发了《珠三角城际轨道交通规划实施方案》，对局部线路方案进行了完善。在这一版规划中，确立"三环八射"的线网规划，总里程 1478km，约为上一版的 2.5 倍，珠三角城际轨道的建设规模由原来的 1000 亿元扩张到 3600 亿元。广清城际、广佛环线和中南虎环线等线路被纳入新的城际铁路网络中，珠三角城际的地域覆盖度不断增加。如果加上城市轨道交通、国家铁路等轨道交通网，珠三角轨道交通网络密度将接近巴黎都市圈和东

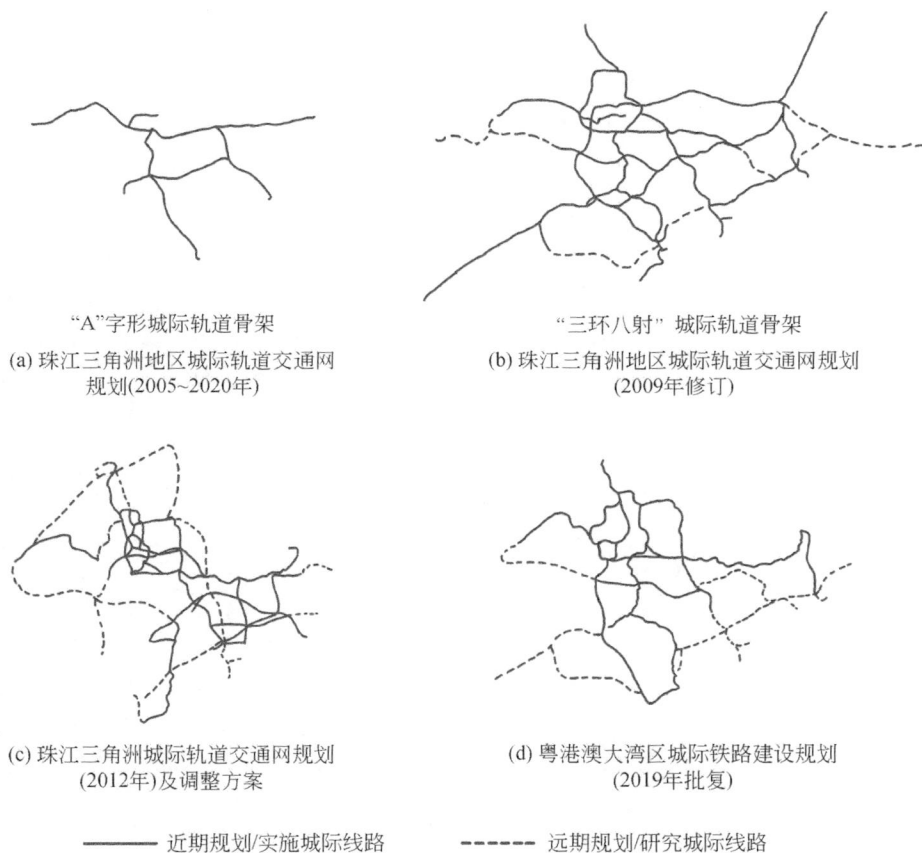

"A"字形城际轨道骨架

(a) 珠江三角洲地区城际轨道交通网
规划(2005~2020年)

"三环八射" 城际轨道骨架

(b) 珠江三角洲地区城际轨道交通网规划
(2009年修订)

(c) 珠江三角洲城际轨道交通网规划
(2012年)及调整方案

(d) 粤港澳大湾区城际铁路建设规划
(2019年批复)

——— 近期规划/实施城际线路　　------ 远期规划/研究城际线路

图 7.2　从珠三角到粤港澳大湾区城际轨道交通线网规划演变示意图

京都市圈的水平。截至 2020 年底，广东省共完成城际铁路项目投资约 1700 亿元，开通运营城际铁路线路超过 500km（图 7.3）。

2020 年，在国家大力推动都市圈和市郊铁路发展，以及粤港澳大湾区规划确立的背景下，大湾区城际铁路应运而生，在原有的珠三角城际铁路规划基础上，规划了"轴带支撑、极轴放射"的线网结构。规划于 2020 年 7 月由国家发展改革委批复。近期规划建设 13 个城际铁路和 5 个枢纽工程项目，总里程约 775km。近期建设项目总投资约 4741 亿元，资本金比例为 50%。至此，大湾区城际轨道交通线网的格局形成，线网规模和投资规模较最初的版本增加了很多，

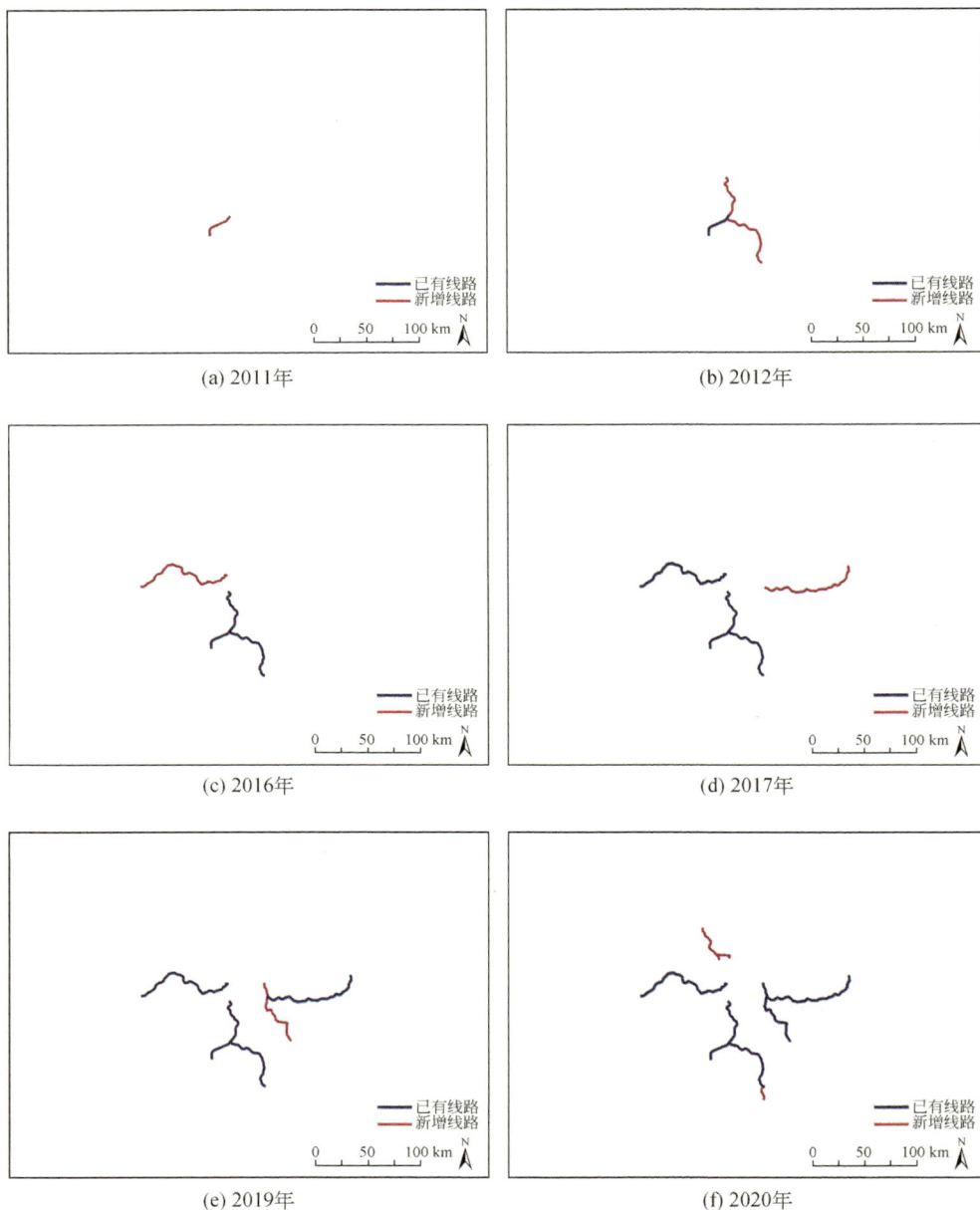

(a) 2011年   (b) 2012年

(c) 2016年   (d) 2017年

(e) 2019年   (f) 2020年

图 7.3 珠三角（大湾区）城际轨道建设历程

为了应对城际铁路建设带来的资金挑战，广东省一直都在探索新的投融资方式。

二、珠三角城际轨道投融资模式演变

在外部经济环境及国铁集团体制改革等因素的影响下，珠三角城际轨道投融资经历了省部合作、省市合作、都市圈合作三个阶段，形成了三种模式。

（一）省部合作模式

珠三角城际发展初期与国家《中长期铁路网规划（2004）》的关系十分密切。彼时，"省部合作"的方式大大推动了我国铁路尤其是高速铁路的建设，得到了中央层面的充分认可和大力推动。为了改善铁路资源相对落后的处境，早在2004年广东省就与铁道部签订《铁道部、广东省人民政府关于加快广东铁路建设有关问题的会谈纪要》，成为最早签订"部省合作协议"的省份之一。在建设城际铁路的时候，省政府也很自然地沿用了这一合作方式。省部合作的机制，是指通过省级政府直属投资公司和铁道部直属部门共同组建铁路项目建设公司开展铁路建设。建立项目公司所需资本金由省部共同解决，比例一般为 1∶1，但铁道部的资金实力和专业人力资源更为雄厚，从财权和事权上都对铁路项目拥有更大的话语权。

（1）省部合作框架下第一条城际铁路：广珠城际铁路

虽然广东省很早便与铁道部开展省部合作，但在目前已经建成并开通运营的城际铁路中，仅有广珠城际铁路是从始至终完全采用省部合作模式建成的。广珠城际铁路连接广州、珠海和中山三个城市，处于高铁"八纵八横"京哈-京港澳通道的南端，是珠三角城际轨道交通的干线之一。该线路有两条支线，广州南站至珠海站段全长 115.6km，小榄站至新会站段全长 26.6km，共设 22 座车站，列车运营速度为 200km/h。广珠城际铁路是珠三角城际规划（2005 年版）的第一个实施项目，于 2005 年底动工建设，2012 年底全线贯通。最早动工的广珠城际铁路是采用的部省合作修铁路的模式。在这一模式下，2004 年，广东省政府与铁道部组建了广东广珠城际轨道交通有限责任公司（以下简称"广珠城际公司"），负责广珠城际铁路的筹资、建设、经营以及还贷。广珠城际铁路的总投资额为 230.87 亿元，资本金比例占总投资额的50%，由铁道部和广东省按 1∶1 分摊，各出资 57.72 亿元，其中省方出资包括 31.17 亿元省级财政出资和 26.55

亿元沿线市级财政出资。

（2）投融资模式的探索：穗莞深城际

穗莞深城际铁路，连接广州、东莞和深圳三个城市。该城际铁路于 2008 年底在深圳市宝安区举办开工仪式，这也是全国第一条省方主导建设的城际铁路，其中主线北起新塘南站、南至深圳机场站，全长 76km，共有 15 座客运站，设计速度为 140km/h。新塘南站至深圳机场段于 2019 年底开通运营，其余支线路段正在建设之中。

2008 年，由于广东省方扩大了城际轨道的投资规模，而原铁道部恰好经历调整，导致其难以兑现 1∶1 的出资承诺。因此，广东省方组织专家，探索构建开放式的资金筹集框架（宋菁，2009）。资金来源预计分为地市土地财政资金，省财政直接出资，国家开发银行贷款，商业银行贷款以及社会资本直接投资。建设主体以广东省企业为主，省政府进行协调，希望以省政府的信用撬动投资，吸引社会资本参与。省政府层面为这样便于协调各方关系，只要资金到位即可开工建设。省铁投（占股 5%）与广东省国资委下属广东恒建投资公司（占股 95%）共同出资组建了东南公司、西北公司，分头负责穗莞深、莞惠、广佛肇三条线路的建设，探索新的投融资模式。但是，由于珠三角城际轨道在网络对接、线路技术标准方面与国铁集团对接存在问题，以及沿线市级政府出资方式难以协调，社会资本引入困难，使得这一尝试终止，最后城际铁路回到了省部合作模式上，东南公司与西北公司相继注销。2010 年，省部合资建立了广东珠三角城际轨道交通有限公司（以下简称"珠三角城际公司"），负责整个珠三角城际轨道交通网的建设和运营，原来的广珠城际公司归属到珠三角城际公司管理，穗莞深、莞惠、佛肇城际三条线路也交由珠三角城际公司管理和建设。因为这一变动，已开工的项目均需停工，项目技术标准需达到原铁道部的要求后才能继续建设，工期有所延误。穗莞深城际铁路回归到省部合作模式，总投资额调整为 157.5 亿元，资本金比例占总投资额的 50%，由铁道部和广东省按 1∶1 分摊，各出资约 39.38 亿元，其中省方出资包含 21.07 亿元省级财政和 18.3 亿元沿线市级财政，另需项目公司向银团贷款 78.75 亿元。穗莞深城际的尝试，充分体现了广东省政府在原铁道部投入不足的情况下，自己主导建设城轨的想法，并由此建立了之后省市合作模式的雏形。

综上可知，省部合作的方式虽然能够快速凑齐资金、拓展线路，但是受原铁道部的影响较大（图 7.4）。首先，投融资计划受到原铁道部的制约。2009 年珠三角城际规划修订后，建设规模扩张 2.5 倍，投资扩大 3.6 倍。而在这一预期投资规模下，若仍按照"部省合作协议"的出资比例，庞大的投资规模超出了铁道部的预期。其次，原铁道部政企不分，不利于社会资本的引入。合资铁路由国铁集团负责运输和经营，而国铁集团的非企业化管理常常导致合资铁路收益不佳，当时已经投入运营的省部合作铁路中，约 70% 的合资铁路都处于经营困难的局面（宋菁，2009）。合资铁路的账目均需纳入铁道部统一清算，但清算的过程的透明度通常达不到合作方的期待，对于社会资本而言具有极大的不确定性；而盈利的不确定性导致社会资本对投资铁路一直心存顾虑。在无法有效引入多种类型的资金的情况下，广东省政府背负着巨大的城际铁路投资压力。在这样的背景下，省部合作的劣势凸显，广东省自己主导修建铁路的想法持续发酵。

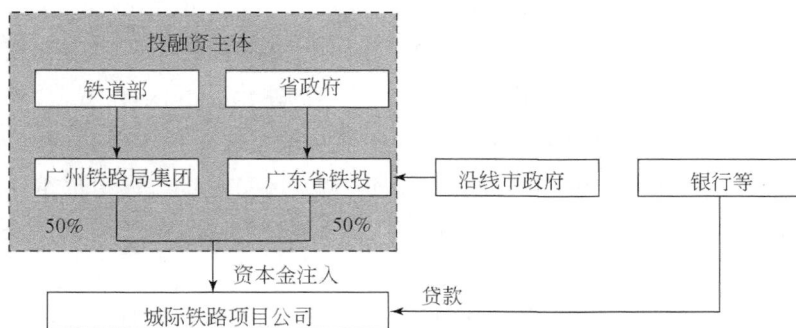

图 7.4　城际轨道项目省部合作模式

（二）省市合作模式

省市合作模式，是指由省方主导、自主建设，省铁投和沿线市政府合资建立轨道公司建设城际铁路的模式（林雄斌等，2016）。在该模式中，省政府与沿线市政府之间达成协议，委托各自的出资代表，多为省属、市属国企，按约定的比例出资作为资本金，共同作为股东成立铁路合资公司，负责城际铁路的投融资、建设和经营。

铁道部政企不分导致严重的社会经济影响，中央层面收紧铁路建设项目的宽松政策。这一政策改变，倒逼广东省最终完全选择省市合作模式。2011 年，铁道部对高铁"跨越式"发展的路线进行了调整，一路高歌猛进的高铁建设迅速降温。此后，在城际铁路项目上，铁道部出资乏力，原本在"部省合作协议"

中承诺的 50% 资本金也难以兑现。包括广东省在内的各地方政府，都开始积极寻求其他的方式筹集资金。在调研和深入研究后，广东省"以地养路"思路逐渐清晰，通过解决 TOD 综合项目中新增建设用地指标等方式大大激励了沿线市政府与珠三角城际公司开展合作（张衔春等，2020）。2014 年，珠三角城际公司的股权比例发生变化，资本金比例修改为省出资占 60%，铁路局出资占 40%。至此，宣告珠三角城际建设由省政府主导，此后新建项目国铁集团均不参与。珠三角城际轨道开启"省市合作、省方主导、自主建设"的时代，在此模式下修建的项目包括广佛环线、佛莞城际、珠机城际、新白广城际、广清城际等。

（1）省市合作模式代表——广清城际

广清城际项目是"省市合作"模式的代表。广清城际铁路是广东省境内一条连接广州市和清远市的城际铁路，呈南北走向，花都站至清城站全长38.10km，共设 6 座车站，设计速度为 200km/h。2013 年开工，2020 年底运营开通。广清城际的开通，对"广州都市圈""广清一体化"等区域发展战略有重大的意义。广清城际铁路花都至清城段的开通使清远至白云机场最快 30 分钟能够到达，从清远市区至广州中心区最快仅需 40 多分钟，对将清远南部纳入广州半小时经济圈具有重要的推动作用。不同于广佛地铁的建设背景，广清两个城市之间经济发展水平差异很大，清远接入核心城市谋求发展。在珠三角城际省级投资的平台下，这一愿景才有强烈的意愿去实现。广清城际铁路花都站至清城站总投资额为 156.07 亿元，资本金比例占总投资额的 50%，其中省级财政出资 27.35亿元，沿线市级财政出资 50.68 亿元，另需项目公司贷款 78.04 亿元。清远市通过出让站点附近的土地，最终筹集了约 10 亿元的资金，纳入了省财政专项运营保障金账户中。清远能够接入广州以及大湾区的轨道交通网络对其来说意义重大，因此配合通过以地筹资的方式建设轨道的积极性也较大。

（2）广清城际投融资方案转变

根据粤府函〔2012〕16 号文，在省市合作的框架下，TOD 综合开发收益主要用于轨道交通运营补亏环节。土地综合开发的净收益按补亏责任由各方共担，并应首先用于弥补城际轨道交通项目建设及运营的资金缺口。首先，城际铁路项目补贴责任以城际铁路建设项目为单位分线核算，每个城市负责承担本市境内线路的运营亏损，运营亏损按照投资出资比例确定。其次，在补贴方式上，红线内的土地综合开发净收益由珠三角城际铁路获取并冲减运营亏损，不足的部分根据开发主体差异有两种解决方式。若红线外 TOD 综合用地是由沿线政府负责开发，则亏损由当地政府兜底。若红线外 TOD 综合用地是由省市合作开发，则剩余亏损由省市依据投资比例分担，优先使用土地综合开发收益补亏，不足的部分自行筹集。

在明确补贴责任和方式的基础上，广东省设置了运营补亏保证金，依据《珠三角城际轨道交通项目运营保障金管理办法》，该保障金由珠三角城际铁路沿线土地综合开发省市出资人净收益，土地出让省级净收益和沿线城市上缴的城际轨道运营专项补亏资金等构成，在省铁投设立专户，省财政厅监管。广清城际北延线项目，在珠三角城际建设和运营改革后，是大湾区城际轨道交通网络建设中最后一批采用省市合作模式建设的城际铁路。依据以上方案，清远市境内的两期城际铁路项目，均需分摊 50% 的运营补亏责任，但是两次补亏的方式有所不同。

按照运营补亏机制，需要清远市负责广清城际大约一半的补亏资金，每年约 3 亿元。2012 年，清远市通过 TOD 综合开发项目从广东省获得了 2100 亩的 TOD 综合开发用地指标，土地出让后每亩返还 50 万元给省政府，纳入运营补亏保障金的盘子由省铁投用作铁路建设。截至 2020 年，清远市通过土地招拍挂，已经基本完成了这一运营补亏指标，总计约 10 亿元，按照每亩平均出让地价为 250 万元估算，省市通过土地一级开发的收益分配比例约为 1:4。

在广清城际北延线建设期间，总投资需近 65 亿元。在这轮建设投资中，清远地方政府认为沿线的土地资源紧缺，故没有采用土地综合开发的方式进行补亏，而是选择了现金补贴的方式。根据可行性研究报告，广清城际北延线的工程要达到 3% 的内部收益率，按照运营期前 16 年均等补贴方案，每年需补贴约 3.9 亿元，累计需补贴金额约为 62.6 亿元。经过对北延线沿线土地价值的调研和测算，在线路运营期间，通过综合开发可计入本项目的收益共计约 24 亿元。考虑综合开发补亏后，铁路项目财务内部收益率提高了约 1.6%，同样的补贴模式下，每年仍然需要补贴 2.4 亿元，累计补贴约 37.7 亿元。最终，在省市合作的框架下，清远市没有采用土地开发的补贴方案，采取了现金补贴的方式，地方政府保留了处置土地开发权的灵活性。

总体而言，省市合作这一投融资模式中纳入了土地资源，这对于市财政本来并不宽裕的政府，尤其是不具备建设城市轨道交通条件的城市来说，具有吸引力（图 7.5）。但是这个模式也存在一定的局限，作为投资主导者的省政府没有处置沿线市土地的权力，合作开发全凭地方政府的意愿，地方政府财政能力只要能支撑投资建设铁路，就不会用土地资源换资金。以广州和深圳两个城市为例可以看到，在珠三角城际轨道规划时期，深圳对建设城际铁路并不积极，究其原因是因为与省铁投合作修建城际铁路的协调和沟通成本太大（综合开发、轨网衔接、城市设计等），深圳市具备实力自行建设城际轨道，因此深圳与广东省铁投合作修建城际铁路的意愿不强。广州虽然深度参与了城际铁路的建设，但是建成的部分一直没有触及城市核心，并且新塘南站土地综合开发案例中，广州市政府层面和轨道公司层面均没有涉及土地运营或房地产开发，也没有从土地上获取收益反哺轨道交通。在广州与省铁投的合作建设城际轨道交通的过程中，一直都是以现金的方式来运营补亏。

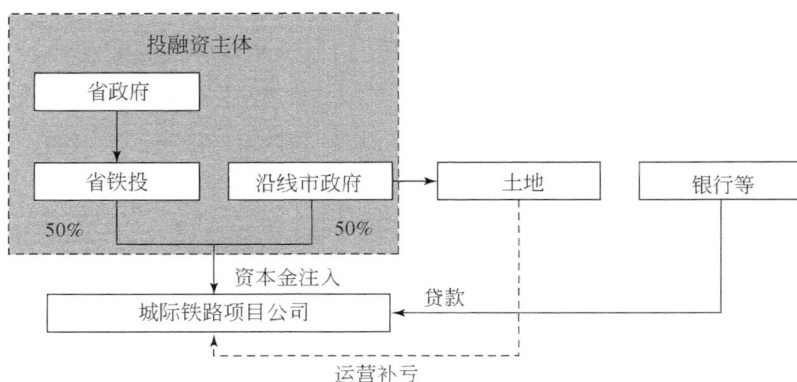

图 7.5　珠三角城际轨道项目省市合作模式

并且，这种模式下，土地出让金都是以补贴的形式作用于铁路建设项目，城际轨道项目前期的投资压力依然很大，土地资源在其中发挥的作用是有限的，城际轨道投融资模式还需要进一步改革创新。广清城际开通之时，珠三角城际也已经迈向了大湾区城际的发展阶段，这一时期轨道建设的亮点之一是运营权的变更。广清城际是我国第一条由地方铁路公司自主运营的铁路，打破了国铁集团在铁路运营上的垄断地位。广清城际由广东城际铁路运营有限公司（以下简称"城际运营公司"）运营，城际运营公司为广州地铁集团全资子公司，建立于2019 年底。线路的成功运营，标志着广州地铁走向"地铁+城际"的线网运营时代。还有一个值得关注的信号，2021 年 8 月，广东省交通运输厅公开征求《城际铁路设计细则》，这一地方标准的发布，也是为了衔接城际铁路与城市轨道交通，意在新的投融资模式选择适用的铁路交通技术。上述运营、建设方面的变化都为下一步投融资模式真正改变做好了铺垫。

（三）都市圈合作模式

都市圈合作模式，是指以都市圈核心城市以及周边城市为投融资主体，沿线地市按照"属地分摊"的原则合作出资建设轨道交通的模式。2019 年以来，国家一直在推动都市圈的地区发展形态，并对建设"轨道上的都市圈"予以政策支持。在 2019 年《粤港澳大湾区发展规划纲要》批复后，2020 年大湾区城际轨道规划获批，2021 年，《粤港澳大湾区建设、长江三角洲区域一体化发展中央预算内投资专项管理办法》又给予了粤港澳大湾区城际轨道项目的中央财政资金支持。

根据《粤港澳大湾区城际轨道规划》，广东省的城际铁路投资建设将分为三个板块进行：一是广州主导的广州都市圈城际铁路（图 7.6），二是深圳主导的深圳都市圈城际铁路（图 7.7），三是省铁投主导的粤东和粤西的城际铁路。至此，核心城市主导的投融资模式正式确立，广深各自开始筹划城际投融资方案并与广东省政府商谈项目移交方案。

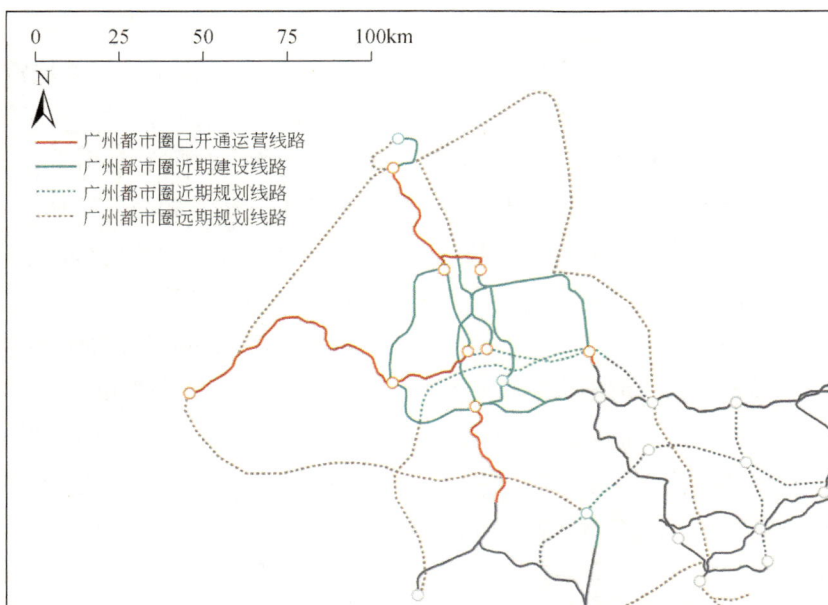

图 7.6　广州都市圈城际轨道线网建设与规划示意图

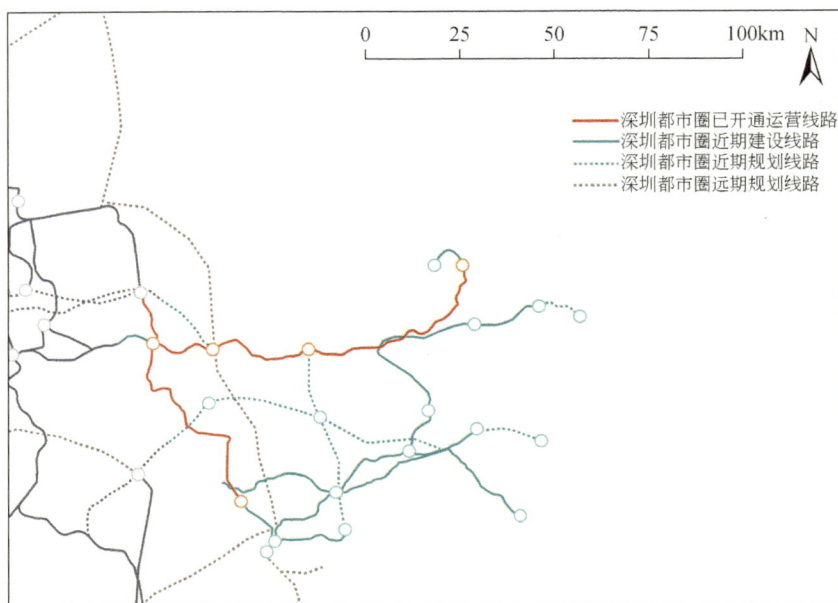

图 7.7　深圳都市圈城际轨道线网建设与规划示意图

在移交方案上，省铁投将现在的珠三角城际轨道全面移交给广州地铁集团，由广州市政府统筹建设。据了解，此前省铁投已投资约 1600 亿元，其中资本金约 900 亿元，900 亿元部分仍然存在利息，经协商，决定这些利息由省铁投继续消化，不由广州市来承担，之后建设的运营补亏由广州市负责。同时，"十二五"期间获得的综合开发收益，也都转交给广州市政府用于后续项目建设。由于深圳市大部分城际铁路都为新建城际铁路，因此没有复杂的移交程序，后续城际项目直接由深圳地铁集团牵头开展。值得注意的是，深圳的城际铁路建设从 2021 年开始突然加速，与之前不温不火的城际轨道建设进程形成了鲜明的对比。

这一方案，明确了地方政府的运营权和投融资主导权，城际轨道投融资与城市轨道投融资的结构模式越来越接近，这也将为 TOD 综合开发创造更好的运营环境和资源基础。2022 年初，广州地铁集团与珠三角城际公司已就珠三角城际轨道建设项目完成接管，并对珠三角城际公司进行管理。珠三角城际公司负责推进的 13 个建设项目，包括已建成项目 6 个，在建项目 7 个，总里程 558km，将全部由广州地铁集团接手。这一投融资模式获得实质性进展。

（1）广州都市圈轨道交通投融资方案

2021 年 8 月，广州市政府印发《广州市轨道交通项目建设投融资方案（2021—2023 年）》，根据该文件，2021～2023 年，广州计划开展轨道交通建设项目 67 个，资金总需求为 3141 亿元。其中，城市轨道投资约 1878 亿元，城际铁路投资约 1263 亿元（表 7.1）。

表 7.1　广州市轨道交通项目建设投融资方案资金来源构成

项目		城市轨道	城际铁路	合计
总投资		约 1878 亿元	约 1263 亿元	3141 亿元
资本金比例		34%～40%	50%	45%
资金来源	企业融资贷款	1427 亿元		
	市财政	1364 亿元		
	其中：土地综合开发	305 亿元		
	区财政	350 亿元		

资料来源：访谈和作者整理

在本轮的投资计划中，国家铁路和城际铁路项目建设资本金比例一般为 50%，地铁项目的资本金占比为 34%～40%。地铁由市、区两级出资，国家铁路和城际铁路项目由市级出资，总体投资资本金比例超过 45%。在具体的出资来源上，市财政承担 1364 亿元，区财政负责 350 亿元。根据历年广州市和广东省重点项目计划推算，除去 2020 前已投资建设完毕的地铁金额估算，在 3141 亿元的投资计划中，至少 1263 亿元资金将用于城际铁路建设（表 7.2）。在本轮总投资中，企业融资占 1427 亿元（45.43%），通过银行贷款（间接融资），发行债券和中期票据（直接融资）；市财政负责 1364 亿元，区财政负责 350 亿元，其中，土地综合开发总测算金额为 305 亿元，归属市财政出资。也就是说，土地综合开发资金占资本金的比例达到 18%（表 7.1）。目前，已开工项目为一项，即广州东至花都天贵城际铁路，该项目采用"股权投资+施工总承包"的模式建设，总投资金额约 285 亿元，计划工期为 6 年，该项目是广州地铁 18 号线的北延段，远期还可衔接清远。同时，清远轨道办也在积极与广州地铁集团对接，通过报批都市圈城际轨道，解决之前由于清远不满足城市轨道立项条件，无法申报修建地铁，导致广清之前的跨市地铁项目无法联通的难题。

表7.2　广州市城际铁路近期相关项目投资计划　（单位：亿元）

项目名称	建设内容	时间	总投资	已投资
广州金融城站综合交通枢纽	站点及周边	2018～2022年	13.7	7.5
广州北站综合交通枢纽工程	站点及周边	2017～2022年	298.8	95.9
广佛环城际佛山西—广州南站（广州段）	铁路3.9km	2013～2021年	32.6	25.4
佛莞城际广州南—东莞西站（广州段）	铁路27.4km	2014～2021年	98.5	68.2
广清城际广州白云至广州北	铁路22km	2020～2025年	82.3	7.5
广佛环城际广州南至白云机场	铁路46.53km	2016～2023年	248.7	81.5
新塘经白云机场至广州北站城际新塘至白云机场	铁路57.44km	2015～2022年	229.9	156.0
穗莞深城际琶洲支线	铁路17.7km	2018～2022年	70.5	19.8
广佛环城际佛山西至广州北段（广州段）	广州段15.3km	2021～2026年	40.0	—
芳村至白云机场城际（二十二号线北延线）	铁路39km	2021～2025年	325.0	—
广州东至花都天贵城际（十八号线北延线）	铁路38.5km	2021～2025年	285.0	—
10项合计	约268km	—	1724.9	4618.2

资料来源：2019～2021年广东省重点建设项目计划表

　　在新一轮广州市投融资的思路上，可以归纳有三个创新。一是通过PPP、股权投资+施工总承包的模式，撬动社会资金参与广州轨道交通建设，其中金融城站PPP是首个真正采用经营性补偿促进社会资本投资的案例。二是注重轨道交通场站综合体、TOD开发与城市片区开发相结合。三是"以市场换产业、以产值换产出"，预计"十四五"末期，轨道交通产业规模可达3000亿元。2021年9月，广州大湾区轨道交通产业投资集团有限公司正式挂牌成立，该企业由9家本土企业共同出资设立，促进本地城际铁路产业发展。在综合开发土地储备上，广州市在城市轨道项目上已有较为成熟的尝试，相关的经验可以移植到城际轨道TOD综合开发上。

（2）深圳都市圈城际铁路投融资方案

　　根据《国家发展改革委关于粤港澳大湾区城际铁路建设规划的批复》，深圳都市圈近期建设的城际铁路项目包括深惠城际前海至坪地段、深惠城际坪地至仲恺西段等 10 个项目，建设里程 351km，总投资 1872 亿元。就深圳市本身而言，根据广东省重点投资项目的数据，截至 2020 年底，深圳市要开展的城际铁路项目共需约 2400 亿元资金，全部由深圳市政府委托深圳地铁集团投资建设（表 7.3）。其中，深大城际、深惠城际、深汕高铁等新建的 5 条城际项目均计划采用股权合作等引入社会资本参与投资建设。2021 年 2 月，深圳地铁集团就城际轨道投融资方案公开邀请获取法律顾问服务。根据估算，5 条城际线路建设未来共需约 1800 亿元用于运营补亏（包括补贴还息）。根据初步方案，其中 400 亿元由政府财政解决，1400 亿元通过土地补亏（表 7.4）。如果选择现金方式，则政府财政压力较大，如果选择土地方式，则近期深圳地铁集团资金压力较大。土地资源和政府财政这两部分用于补亏的比例最终将通过协商确定。

表 7.3 深圳市城际铁路近期相关项目投资计划

项目名称	建设内容	时间	总投资（亿元）	已投资（亿元）
深圳至深汕合作区铁路	铁路 129km	2020～2025 年	572.7	6.5
穗莞深城际轨道交通深圳机场至前海段工程	铁路 15.2km	2020～2026 年	106.0	5.5
深圳机场至大亚湾城际深圳机场至坪山段工程	铁路 71km	2021～2026 年	689.0	—
深惠城际大鹏支线工程	铁路 39.8km	2021～2026 年	256.0	—
深圳至惠州城际铁路前海保税区至坪地段	铁路 58.8km	2021～2026 年	589.0	—
穗莞深城际前海至皇岗口岸段工程	铁路 23.4km	2021～2026 年	198.0	—
6 项合计	约 337km	—	2410.7	12.0

资料来源：2019～2021 年广东省重点建设项目计划表

表 7.4 深圳市 5 条城际项目投融资方案资金来源构成

资金	城际铁路	高速城际铁路	合计
总投资（亿元）	约 1732	约 572	2304
资本金比例（%）	50	50	50

续表

	资金	城际铁路	高速城际铁路	合计
资金来源	企业融资贷款（亿元）		约1152	
	市区财政（亿元）		约692	
	深圳地铁集团发行的专项债（亿元）			
	社会资本（亿元）		约460	

资料来源：通过访谈整理

基本确定投融资和运营补亏方案后，2021 年 11 月，四条城际项目招标结果公布，2021 年内，5 条城际铁路均已开工。各个城际项目资本金均为 50%。资本金由市区两级出资，项目资金来源主体与广州城际铁路现有项目有所不同。首先，深圳城际铁路采用引入社会资本的方式。在具体项目的资本金中，深圳地铁集团占 60%，社会资本占 40%。社会资本参与投资的方式也是"股权投资+施工总承包"方式。这一方式能够满足加快项目建设进度的需求。通过这个方式引入社会资本，可以省去 PPP 项目烦琐的审批程序，保障项目尽快开工。社会资本在这一过程中，既是施工方又是投资方，可以同时赚取施工环节的利润和项目的分红。但是在法律上，地方铁路投资方限制了社会资本股东的作用，社会资本对城际铁路不存在运营等实际权利。考虑到社会资本的退出机制，在项目运营到一定阶段，项目发起方会通过股权转让的方式，让社会资本退出，让项目公司变为深圳地铁集团百分之百持股的子公司。从招标结果来看，中标单位全部是大型国有企业的联合体（表 7.5）。这主要是国企相比私企融资成本更低，可以享受一定的筹资优惠政策，在招投标中也更具有竞价优势。其次，除了引入社会资本，本轮投资中，深圳地铁集团也充分使用现有利好政策，将发行专项债作为资本金的一部分。2021 年 9 月，深圳市发展改革委组织编制《深圳都市圈城际铁路和市域（郊）铁路规划》《深圳都市圈市域（郊）铁路建设规划（2021—2030）》，开展城际铁路项目相关运营、综合开发和建设时序等专题研究。

综上可知，广东省内的城际轨道投融资模式经历了两次转变，最终在我国土地制度和投融资制度的影响下，形成了以核心城市为主导，城市间合作建设的投融资模式。在都市圈合作模式下，轨道项目投融资主体、轨道运营主体、轨道周边土地综合开发主体都统一到市政府层面，为之后开展 TOD 综合开发奠定了较好的基础（图 7.8）。也是在这样的投融资模式下，以往的城市轨道交通投融资的经验才能够切实起到参考作用。

表 7.5 深圳市城际铁路"投资+施工总承包"项目招标结果

（单位：亿元）

城际铁路项目	标段	发包金额	总投资	中标单位
深大城际	深大城际 1 标（T4—五和）	136	689	中国葛洲坝集团联合体
	深大城际 2 标（五和—聚龙）	187		中铁南方投资集团联合体
深惠城际	深惠城际 1 标（前保—五和）	138	589	中电建联合体
	深惠城际 2 标（五和—坪地）	160		中建联合体
穗莞深城际	穗莞深城际前海至皇岗口岸段	80	198	中铁建南方建设联合体
深惠城际大鹏支线	深惠城际大鹏支线	148	256	中交（深圳）联合体
总计		849	1732	

资料来源：根据公开招标数据整理

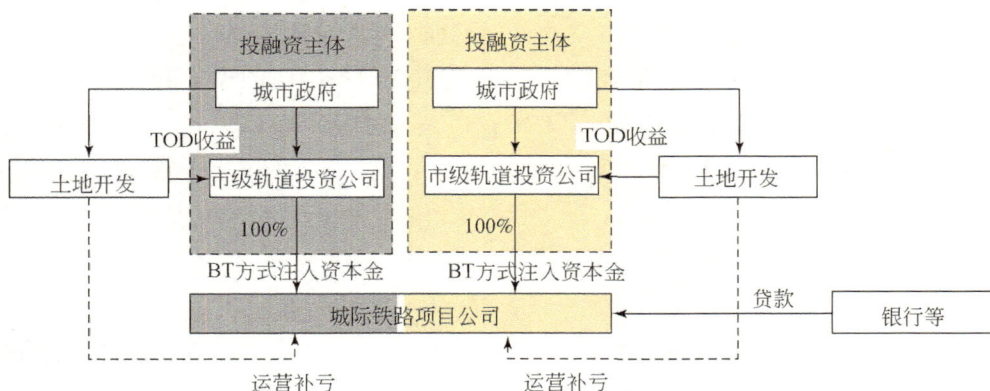

图 7.8 大湾区城际轨道项目投融资都市圈合作模式

以都市圈合作模式建设城际轨道交通的过程蕴含两个机遇。一是开辟了报批轨道交通的新路径，以都市圈为背景申报城际线路。2018 年《国务院办公厅关于进一步加强城市轨道交通规划建设管理的意见》中提高了城市轨道交通申报条件，此后城市新建地铁的审批几乎停滞，批复的都是已有地铁城市的拓展线网规划。但是在发展都市圈轨道交通的机遇下，核心城市周边的中小城市修建大运量快速轨道交通成为可能。以清远为例，2020 年末，清远市的市区人口约为 151 万人，GDP 约为 915 亿元，远达不到建设地铁的标准。但是在本轮规划中，借助广清一体化相关项目、广东省职教基地项目的推动,清远争取到了广清城际、广清城际北延线两条直达广州市区的城际轨道线路,大大提升了城市的公共交通服务水平,并依托站点进一步拓展了清远城市发展的空间。二是城际轨道交通将为地方土地、产业发展带来新机遇。由于各地政府获得了较大的轨道交通自主建设权,未来城际轨道站点周边的 TOD 综合开发选址等都将以市级地方政府为主导。

第三节　珠三角地区"轨道+土地"投融资模式的应用

目前,我国大多数城市轨道项目都是由市政府出资,轨道公司统筹轨道项目建设运营,在 TOD 开发主体上,轨道交通红线内以轨道公司为主,红线外以市政府为主。许多城市都已经采用,或正在尝试捕获土地增值反哺轨道建设的溢价回收策略,相比挖掘轨道场站地上地下空间的物业开发 TOD 模式,珠三角城市将站点周边的土地也纳入了 TOD 综合开发的框架中,形成了"轨道+土地"的投融资与开发相结合的模式。结合 TOD 助力轨道交通投融资的模式有两种,一是"土地出让+配建"的模式,二是"TOD+PPP"投融资组合的模式。以下通过一些典型案例展开说明。

一、"土地出让+配建"模式

东莞虎门高铁站位于东莞市虎门镇白沙片区,是广深港高铁的中间站,也是东莞市西南部重要的交通枢纽和粤港澳大湾区重要的综合交通枢纽。广深港高铁、穗深城际铁路、东莞地铁 2 号线三条轨道线路交会于此。自 2011 年正式运营以来,虎门站的日均客流量已达 2 万人次/日,远超 3000 人/日的设计值,亟须扩大站房空间,以应对换乘、候车和运能的需求。

东莞市采用"土地出让+配建"模式,将虎门高铁站核心区经营性用地整体捆绑出让,由摘牌主体配建虎门站站房改扩建部分、市政配套、交通换乘中心、市政道路及地下通廊等工程项目,完成后移交给铁路企业和政府使用,配建部分工程投资约 23 亿元。改扩建后,虎门站的站房面积将达到原来的两倍。2020 年 6 月 29 日,虎门高铁站核心区经营性用地(用地面积约 19.8 万 hm^2,总计容面积 105 万 m^2,总地下空间约 38 万 m^2)由东莞国铁保利实业发展有限公司(以下简称"东莞国铁保利")以66亿元摘牌竞得，改扩建工程已于同年8月已经顺利开工。东莞国铁保利于2020年6月15日正式成立，但是三方联合的合作协议早在2019年已经签订。该公司三家股东的实际控股人分别为保利集团、东莞地方房地产企业和国铁集团，根据股权份额，实际控股人为保利集团。保利集团牵手国铁集团成立国铁保利设计院有限公司（简称"国铁保利"）参与综合开发项目（图7.9）。

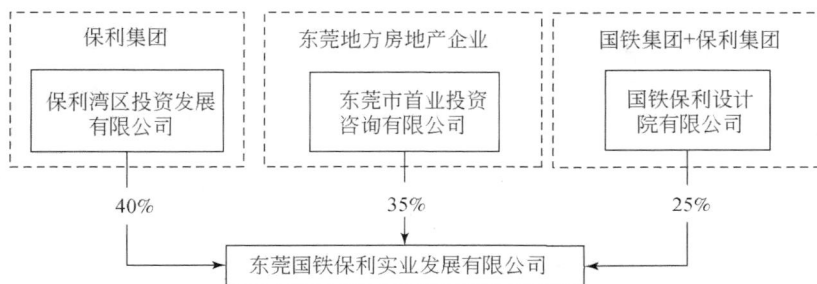

图7.9 东莞国铁保利公司股权架构

在虎门站TOD综合开发中，政府贯穿了规划设计、土地整理和铁路报审三项工作，国铁保利在其中起到重要的推动作用（图7.10）。虎门镇政府组织专业建筑设计团队，对虎门站核心区的站城一体化设计开展研究，根据设计方案，调整白沙片区控规。与企业合作，开展用地收储和城市更新。在国铁保利的协助下，积极与广州铁路等相关部门沟通虎门站扩改建事宜，形成《虎门站站房改扩建工程可行性研究报告》，交由广州地铁集团进行技术审查。国铁集团、保利集团和东莞地方房地产企业通过成立联合体的合作方式开展土地开发业务（田宝杰，2020）。虎门综合开发项目被分为规划设计、土地整理和铁路报审三条工作线开展（图7.11）。规划设计方面，由政府牵头组织编制站城一体化设计；土地整理方面，由保利集团组织专业队伍配合政府推动项目范围内土地收储工作，协调利益相关方；铁路报审方面，依托国铁保利的国铁集团背景开展改扩建项目审批。总体来说，虎门站TOD综合开发能够顺利实施有三点原因。第一，通盘考虑的合作模式，通过土地出让捆绑配建的要求，限定了土地受让人，相当于实施主体提前介入项目。第二，地方政府强烈的意愿，虎门站的改扩建将影响虎门镇的发展，地方政府和民众对于这一项目均表示支持，看到项目的发展前景。第三，具有国铁集团背景的主体参与TOD综合开发，一方面提高了项目申报的效率，另一方面与国铁集团形成了利益共同体，促成最终合作。

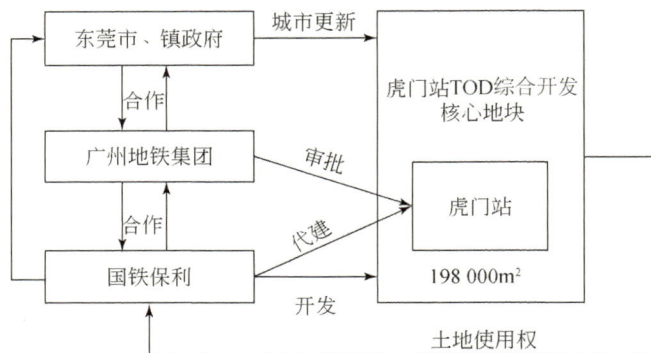

图 7.10　虎门站综合开发路地企合作模式

根据田宝杰（2020）整理绘制

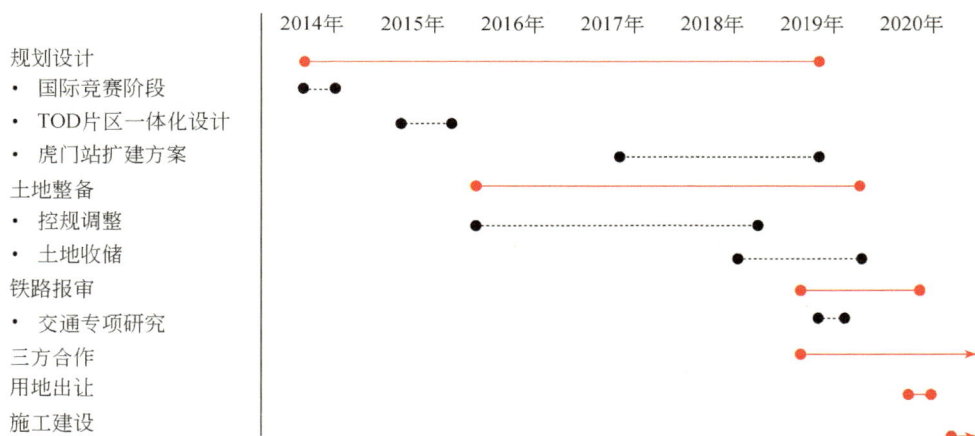

图 7.11　虎门站 TOD 综合开发整体实施流程图

　　与之类似，广州地铁 22 号线的陈头岗车辆段也采用了"土地出让+配建"的方式进行建设。在陈头岗车辆段选址范围内，涉及 6.6 万 m² 村留用地[①]，广州地铁集团牵头研究留用地的置换方案，并联合政府储备机构与村集体协商，在形

---

　　① 留用地是扶持被征地农民发展集体经济的一项安置措施。

成方案后对控制性详细规划进行了调整（毛建华，2018），将配建要求等纳入土地出让合同后展开招标，并要求配建部分与其他线路部分的建设时序一致。2018年土地成功出让，通过带条件招拍挂的方式由广州地铁集团取得用地。陈头岗车辆段用地面积约 $25hm^2$，可开发计容建设面积58万 m^2，土地出让金63.69亿元。广州地铁集团取得用地后，通过股权合作模式与越秀地产共同进行物业开发。项目预计节省建设资金17.26亿元，取得一级土地收益25.6亿元。与虎门站略有不同的是，推动陈头岗用地整备、规划修编的主体是地方轨道公司，在虎门站中是综合开发联合体。两者的相似之处是，后续开展TOD物业开发的单位，在土地整备阶段之前就已经介入项目建设，且物业开发主体中均有轨道交通背景，能够保证用地获取。"土地出让+配建"模式，适用于土地储备已经完成、能够与地铁建设工程同步建设的情况；该模式也适用既有铁路场站扩建的情况。当然，相关土地应当具备一定的市场价值，开发收益足以覆盖配建工程成本。

二、"TOD+PPP"组合模式

本书所说"TOD+PPP"模式，是指采用政府和社会资本（PPP）合作的方式进行轨道交通投融资建设且采用物业经营作为共同收益来源的模式，利益共享，风险共担。PPP模式能够扩大融资渠道，引入社会资本，补充轨道项目开发前期的投入资金。下面介绍两种主要的"TOD+PPP"组合投融资案例。

（一）TOD+BT

BT（build-transfer）模式即"建设-移交"，是指项目主办方通过招标等方式确定投资人（BT承包方），项目完工后，由项目主办方按约定总价一次性或分期支付回购价款的投融资建设方式，属于"后补贴"方式的一种（王灏，2004b）。BT模式在我国城市轨道交通领域的应用比较广泛，已在北京、南京等城市轨道投融资项目中成功实践（张云宁等，2008；李建军，2006）。而"TOD+BT"则是指，在城市轨道投资运营机制下，通过物业合作开发协议和BT建设一体化招标的方式选定物业开发合作方（乙1方）和BT承包方（乙2方），地铁公司（甲方）作为业主方，与开发合作方和BT承包方组成的联合体（乙方）共同签署三方合同，进行合作开发和BT建设，地铁上盖物业项目在竣工验收合格后移交给业主方和开发合作方，业主方和开发合作方按约定向BT承包方按比例分期偿还融资和建设等费用（严建峰，2015）。这一方式在深圳地铁5号线中成功实践，深圳地铁前海湾车辆段、红树湾站上盖物业开发以及深圳北站枢纽城市综合体中均有应用。

深圳地铁5号线总投资206亿元，深圳地铁集团是项目建设和运营的法人，负责前期工程、勘察设计和一定的施工管理。中国中铁股份有限公司是项目的承办方，承担土建、装修和设备安装工程的投融资和建设任务。在这一模式下，项目的资金压力和整体风险都得到了分摊。首先项目的用地权属不发生转移，项目的立项、报批都是由深圳地铁集团进行。其次，BT承包方不拥有项目所有权，但可凭投资收益权享有投资收益；同时，BT承包方不参与项目管理经营公司组建，不参与轨道交通运营。最后，采用分期支付的方式，降低深圳地铁集团投融资风险。但是这一模式也存在问题，一是物业项目开发周期较长，但是回购期较短，资金时间不匹配，项目主办方每年的还款压力依然很大；二是目前合作关系过于复杂，项目管理主体较多，法律关系复杂，管理易造成混乱。这种责权不清晰，使得深圳地铁集团与承包方之间的诉求难以一致，不利于项目提高效率。因此这一方式还需要基于现有经验进一步探索。

实际上，这一方式与前面所提到的广州和深圳城际轨道所采用的"股权投资+工程总承包（engineering procurement construction，EPC）"的方式类似。但TOD+BT模式，在合同约定内容、合同价款的组成及支付时间、政府批准文件的办理程序等方面存在明显的不同。EPC是项目业主为实现项目目标而采取的一种承发包方式，是指公司受业主委托，按照合同约定对工程建设项目的设计、采购、施工、试运行等实行全过程或若干阶段的承包，这种方式只赚取工程建设的费用。而股权投资+EPC方式则是项目业主与施工单位双方合作组建项目公司，按照投资比例，共同获取项目收益的合作方式。这种方式相比BT模式操作简单，推进项目快，可以免去PPP合作下建立复杂的合同关系的要求，但反过来就对项目业主信用有很高的要求。因为从本质上来看，这一过程无异于轨道公司向项目建设施工单位借款施工，然后偿还债务的过程，施工单位不参与运营，也不干涉物业经营。采用这一方式需要规避"名股实债"的法律风险。

（二）TOD+BOT

BOT（build-operate-transfer）即"建设–运营–转让"模式，目前国内真正在项目中引入社会资本参与经营的项目较少，并且我国目前暂无针对政府与社会资本合作的法律文件，因此 BOT 模式只适合在线网成熟、投资环境较好、投资回报率高的地区应用（边璐和郭飞帆，2012），地方政府在采用这一方式时相对谨慎。

（1）枢纽建设

广州金融城站综合交通枢纽位于广州国际金融城内，也是珠三角城际广佛东环线和地铁 5 号线的交会点。广州北站综合交通枢纽位于广州花都区，包含城际、高铁和地铁多模式轨道交通。这两个站点建设项目先后通过开展 PPP 合作模式敲定了投资运营方案，目前均已开工建设。金融城站 PPP 项目和广州北站 PPP 项目有一定的相似性，项目建设方均能获得经营性收入，但是这两个项目的投资主体不同，项目公司建立的时机有所差异，经营性用地的来源也不同，金融城站的 PPP 合作协议是与用地出让合作一并招标的，广州北站项目建设用地则由政府负责提供（表 7.6）。

表 7.6　金融城站与广州北站 PPP 模式对比

内容	金融城站	广州北站
项目类型	准经营性项目①	准经营性项目
合作模式	公共基础设施建设－运营－移交（BOT）+配套经营性物业开发	建设－运营－移交+委托运营（BOT+O&M）
总投资	13.63 亿元	61.38 亿元
资本金比例	30%	20%
社会资本出资比例	80%	90%
合作年限	14 年（含建设期 4 年）	12.5 年（含建设期 2.5 年）
汇报支付	经营收益②+可行性缺口补助③	经营收益+政府付费④
成立公司	广州金融城站综合交通枢纽有限公司	中铁建（广州）北站新城投资建设有限公司

资料来源：广州北站、金融城站 PPP 项目合同

金融城站综合交通枢纽采用 TOD+BOT 的合作模式，PPP 项目总投资为

① 准经营项目中项目经营性收入无法完全平衡项目投资成本和运营成本。
② 含经营性物业出租及出售收入、停车场收入以及公共空间广告收入等。
③ 可行性缺口补助，是指社会资本以经营性物业开发收益反哺非经营性交通功能基础设施的建设和合作期内的运营成本，不足部分由政府支付可行性缺口补助的费用。用于乙方收回建设投资成本及获得合理收益。在项目运营期内，可行性缺口补助按年支付，由财政资金承担全部直接付费责任。
④ 政府付费，是指政府依据的可用性、使用量以及服务质量等绩效考核情况，在 PPP 合同期限内的每个运营年度支付可用性服务费和运维绩效服务费。

13.63 亿元。地块功能为交通枢纽用地兼容商业用地，土地面积 1.67 万 m^2。项目总建筑面积约为 7.84 万 m^2。建设内容可分为两类，一是非经营性交通功能基础设施，包括城际与地铁换乘综合交通枢纽及通道、公交车站、集散大厅、值机大厅、公共服务设施、500 个车位的非营利性轨道交通枢纽换乘公共停车场、三个连接通道（天桥）等，建筑面积约为 5.84 万 m^2；二是经营性物业，包括配套商业及相关配套设施，建筑面积约为 2 万 m^2（包括地上地下）。

社会资本获取土地使用权，需要先通过投标资格预审，符合预审条件的投标人在提交投标材料时，必须与政府出资代表预核准登记成立 PPP 项目公司，土地成交后由中标人签订土地出让合同，再由 PPP 项目公司签订出让合同补充合同，办理国土证和不动产登记等手续。项目中非经营性交通功能基础设施用地，还是通过划拨的方式供给。最终地块成交约为 4 亿元，由中铁建工集团有限公司（以下简称中铁建）摘牌（广州公共资源交易中心，2018）。中铁建与广州地铁集团下属广州铁路投资建设集团（以下简称"广铁投"）按照 8：2 的出资比例成立广州金融城站综合交通枢纽有限公司，开展项目建设和开发。在这一案例中，金融城站位于广州国际金融城起步区范围内，地块区位较好，开发潜力较大，这也是促成 PPP 协议顺利开展的重要原因（图 7.12）。

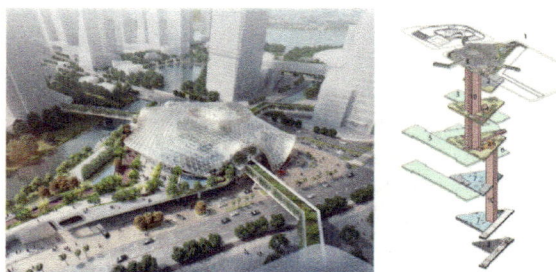

图 7.12 广州金融城站地块区位与枢纽设计

设计方案来源：广东省建筑设计研究院等（2019）

（2）线路建设

深圳地铁 4 号线分为两期，一期工程于 2004 年开通运营，二期工程于 2011 年通车。2004 年，港铁公司与深圳市政府签订了深圳 4 号线 BOT 的原则性协议，并且开始了 4 号线二期沿线土地规划和开发。在 4 号线二期规划中，可以看到典型的开发导向规划设计思路，而不是客流导向的规划设计思路（Yang et al.，

2016a)。4号线二期最初的投资方案，设计为港铁公司出资投资建设深圳地铁4号线二期工程，同时移交4号线一期工程给港铁公司，港铁公司全线运营并授权开发沿线用地，相当于复刻港铁公司在香港的"轨道+物业"模式，反哺轨道交通建设（图7.13）。这一方案在土地出让制度等法律层面上存在问题，在项目具体落实期间遇到很大的阻力。在多次协商下最终达成了特许经营方案（庄焰等，2006）。根据深圳地铁集团财报信息披露，2009年深圳市人民政府、深圳市国资委分别与港铁轨道交通（深圳）有限公司（以下简称"港铁深圳公司"）签订《深圳市轨道交通4号线特许经营协议》《深圳市轨道交通4号线一期设施租赁协议》，2010年，深圳地铁集团按照政府的相关会议纪要，将深圳地铁4号线一期工程（移交时资产原值合计约为13.34亿元）移交港铁深圳公司管理。港铁公司与深圳地铁集团的合作止步于地铁运营，地铁沿线的土地开发并未一步到位顺利实施。同时在地铁运营方面，港铁深圳公司也需要遵守内地地铁票价定价的要求。目前，位于深圳地铁4号线龙胜站附近的港铁天颂，是目前港铁公司在内地唯一的物业开发项目。港铁公司2011年以招拍挂方式竞得深圳地铁4号线20.62万 m² 上盖物业土地开发权。

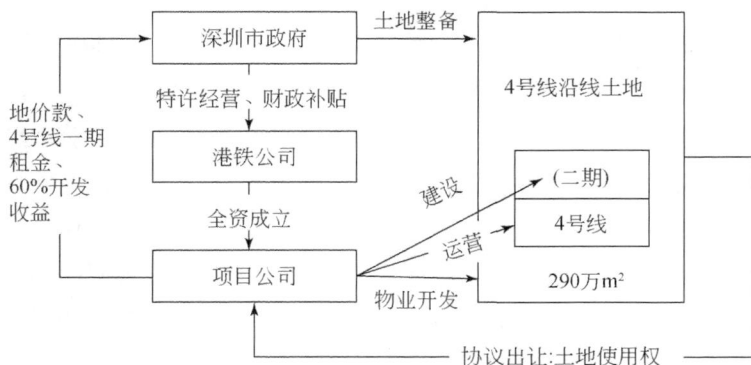

图7.13　深圳地铁4号线项目与港铁公司原合作方案

与物业开发处处受限的处境相比，港铁公司在内地的轨道交通运营合作则显得更加顺利，但同样充满了不确定性，港铁公司与深圳地铁集团在6号线、12号线的建设上均未能达成合作，但港铁公司成功拿下深圳地铁13号线PPP项目，负责项目投资、建设以及提供30年的运营管服务。线路总长约22.4km，总投资约49.1亿元，港铁深圳公司持有该项目公司83%的股权，预计2023年投入使用，目前项目还在建设。此外，港铁公司还与北京、杭州轨道公司合作组建京港、杭港公司。截至 2021 年底，港铁公司在北京、杭州和深圳共运营 7 条地铁线路。港铁参与内地轨道交通建设事业，为我国内地后续轨道交通投融资发展提供了不少宝贵经验。此后，内地城市也出现内地企业与政府（地方轨道公司）合作的 BOT 开发模式，其中佛山地铁 2 号线一期工程是其中的典型。

佛山地铁 2 号线一期工程是广东省首批列入国家发展改革委 PPP 库的重点项目，采用 "TOD+BOT+EPC" 的建设模式，线路全长 32.4km，起点为佛山南庄站，终点为广州南站，东西连接广州佛山两市，共设 17 座车站。2014 年，佛山轨道交通二号线一期工程特许权项目招标，中国交通建设股份有限公司（以下简称 "中国交建"）中标。该项目预计投资 211 亿元（包括同步实施工程），项目公司负责实施佛山市轨道交通二号线一期工程特许权项目，特许经营期 30 年。中国交建、国开基金、易方达资产管理有限公司、佛山轨道和中车四方共同出资成立中交佛山投资发展有限公司，股比分别为 28%、25%、25%、17% 和 5%。其中佛山当地政府主导前期土地一级开发，中交佛山投资发展有限公司负责以 "BOT" 模式实施项目建设、运营和移交，中国交建负责 EPC 项目总承包管理。佛山地铁 2 号线一期通过一二级联动开发，成功出让两个 TOD 综合开发地块，分别是湖涌 TOD 综合开发项目以及林岳 TOD 综合开发项目。佛山采用的 PPP 方式组合了多种捆绑土地资源方式，如在湖涌站 TOD 综合开发地块出让条件中，要求土地取得方立即签订协议，委托中交佛山 PPP 项目公司建设地铁及相关设施，将工程与地块打包，并保证工程由 PPP 公司负责。

上述三种主要的 TOD 参与轨道投融资模式，在实际的使用中有交叉，如土地出让+配建的方式在佛山地铁 2 号线的建设中，要求将配建部分委托给 PPP 公司。对比来看，采用 TOD+BT 的方式，政府需要承担的融资责任较大，控制权也更大；其他方式则主要委托社会资本来进行，相对而言政府分担的风险较小（表 7.7）。在 PPP 的模式下，政府与社会资本风险共担、利益共享。但是也可以看到，如果没有轨道沿线物业开发收益，政府还是需要对 PPP 公司进行补贴，如在金融城站枢纽和广州北站枢纽中，由于枢纽用地可开发物业有限，评估之下项目经营未能满足覆盖成本获取收益的合作要求，政府还给予了相应的浮动补贴。这也佐证了站点周边用地的物业开发对促成政府和社会资本合作建设轨道交通的重要性。

表7.7 包含 **TOD** 的轨道投融资模式对比

TOD+轨道投融资		机构	融资责任	风险分担	物业开发收益
土地出让+配建		政府	较小	小	无
		社会资本	较大	大	有
TOD+PPP	TOD+BT	政府	较大	大	有
		社会资本	较小	小	无
	TOD+BOT	政府	较小	小	较少
		社会资本	较大	大	有

第四节 TOD 综合开发中投融资机制总结

一、TOD 综合开发与投融资机制特征

第一，珠三角内通过多层级政府间协商合作，逐步改变轨道交通项目投资主体，促成土地综合开发反哺轨道交通的投融资模式转变。TOD 综合开发，首先要争取的是土地供给方的合作，在我国土地供给主体一般是城市政府。不同轨道类型的投融资主体不同，这些主体与地方政府的关系也不尽相同。要开展周边土地开发反哺轨道交通投融资，需要土地供给方与投融资建设方的配合。在土地供给方与投融资建设方目标一致且为利益共同体的情况下，实施 TOD 综合开发溢价回收的效果通常也更为显著。在我国土地制度和投融资制度的影响下，TOD 综合开发需要依托地级市政府和地方轨道交通公司的配合。原有的"省部合作""省市合作"的铁路投融资模式下，TOD 综合开发始终未能触及城市核心，城市发展与城际轨道规划建设没能融为一体，其原因就是投融资主体的关系还没有理顺。在城市政府主导建设城际轨道的情况下，以往的城市轨道交通 TOD 综合开发经验也变得更具参考价值。并且，这一主体模式的转变，为中小城市参与发展轨道交通、加强联系核心城市提供了新思路。以前达不到城市轨道交通建设标准的城市，现在能够通过都市圈轨道规划报批申请项目，落实辖区内的轨道交通发展需求。

第二，土地综合开发，作为多渠道资金筹集方式之一，已成为珠三角城市投

资建设轨道交通的必选项，合作方以国有企业为主。在对轨道办、发展改革委的访谈中可以发现，在广东地区，政府支持并且非常希望能够通过土地开发交叉补贴、引入社会资本等方式补充建设资金，拓展收入渠道。无论在城际铁路还是城市轨道的运营中，轨道建设运营方在票价制定上缺乏自由裁量权，这是珠三角轨道交通与香港等地轨道交通项目运营条件中最明显的区别。在保证低票价的情况下，政府的公益性补贴或是其他类型的收入来补贴轨道交通是必不可少的。这也是为什么政府一直在推广和宣传 PPP 模式的原因。不过，纵览 TOD+PPP 的实施案例中引入的"社会资本"，大部分都是有实力的国有企业。由于轨道交通项目工程复杂，实施难度大，前期投入的资金多，一般的私营企业难以与大型国有企业竞争；并且，从融资债务的角度来看，国企自身具有融资、税收优惠等方面的天然优势，因此国企获利或让利空间也更大，这进一步挤压了私营企业的市场空间。私营企业进入铁路投资的案例并不多，要将土地开发权授权给私企更是困难重重。私企投资的轨道中，只有港铁公司在深圳地铁的实践中，港铁公司获得了周边土地开发权。杭绍台城际属首例私营企业主导的轨道交通建设项目，但是这一项目并不涉及沿线用地开发。杭绍台城际线路运营委托给国铁集团，回报机制为运营收入加上可行性缺口补助，该项目运营期前 10 年，政府方面需要支出可行性缺口补贴总额为 68 亿元，相比于经济意义，项目的示范性意义更大。目前来看，开展土地综合开发项目或政府主导的轨道交通 PPP 项目是修建各类轨道交通基础设施投融资方案中的首选。

第三，总体来看，相比物业开发收入，土地开发收入在珠三角 TOD 综合开发中的投融资部分扮演了更重要的角色。从深圳投资建设城际轨道的方案中，可以看到土地不仅是城市开发的实际载体，还是政府财政拨款的替代品，是轨道专项债的标的物，是吸引社会资本投资的重要因素。在这样的"轨道+土地"的投融资设计下，上千亿的项目只需要不到 1/6 的政府财政出资就能够撬动。纳入土地资源的轨道投融资方案，大大促进轨道交通线网建设规模的扩张。当然也需要清醒地认识到，土地资源价值的高低决定了这一模式的吸引力。同时这也产生了相应的问题，土地资源在大城市非常紧缺，再开发面临着高昂的成本，例如，深圳市"十四五"期间，提供新增住房仅占已有住房规模的 2.4%，与印度德里的住房物业新增规模类似，这样的情况下，能够进行规划改动的空间有限，相关研究认为，在存量开发为主的情况下，应着重通过税收工具挖掘已建成的物业开发溢价回收（Mathur，2019），但是由于近年来我国受到疫情等各种因素的影响，征收房地产税的时机仍未成熟，这一方面的尝试仍需完善相关制度。基于土地开发的溢价回收方式是基于现有土地和财税制度安排而涌现的地方选择。

二、案例经验对都市圈轨道交通投融资的启示

综合以上分析及现有的 TOD 实施经验教训，提出如下几点针对城际轨道交通 TOD 综合开发的政策建议。首先，应当鼓励城际轨道交通投融资、建设和经营等事权进一步下放。尤其是在土地开发效益较好的地区，应鼓励轨道沿线城市政府参与城际轨道建设规划，配合经营权和建设权下放，促进投融资主体和经营主体的统一，增加项目建设的灵活度。而在土地开发效益较差的地区，论证项目建设的必要性后，应发动省级以上政府参与轨道项目投资。整体线网可分为公益性和非公益性两大类，区别开展投资建设。

第二，优化轨道投融资模式，建立具有吸引力的回报机制。在引入社会资本共同分担项目开发成本的同时，应积极发挥土地资源的作用。在回报机制上，尝试建立与投资轨道交通项目的社会资本共享土地增值收益的渠道，如通过股权投资等方式共享收益。

第三，规划先行，建立多层级多模式的轨道交通的 TOD 综合开发规划，对沿线用地情况进行摸排，制定年度开发计划，与轨道交通建设的周期协同考虑；轨道项目选址与城市空间发展的目标协同考虑，引导城市空间向可持续、高效、低碳的模式发展。

第八章 支持 TOD 综合开发的政策规划

第一节 珠三角地区 TOD 综合开发支持机制总结

政府主导土地出让与供给是国内城市打造溢价回收方式来捕获轨道交通正外部性的制度基础。本书中所选案例城市与我国其他城市一样，实施 TOD 综合开发的重要目的是筹集轨道交通项目建设资金。这一做法与鼓励低碳、环保的绿色出行方式，提倡节约、集约的用地开发模式相辅相成，互相促进。因此，TOD 综合开发能被用于多政策目标的特性大大增加了它在各地受欢迎的程度，也增加了它在学术研究和新闻媒体中的关注度。

对 TOD 综合开发这一做法开展研究，需要清晰地认识到综合开发作为溢价回收工具的本质，从价值需求角度出发进行分析。在实践中也一样，背离价值需求目标，项目的规划与设计就会难以获得政策的配合，项目最终也可能难以落地。本书通过构建基于价值需求的溢价回收的分析框架，以珠三角轨道交通 TOD 综合开发实践为例，剖析 TOD 综合开发实践过程的各个阶段面临的障碍和解决之道，解释案例实施成功或失败的驱动因素。

本书通过梳理现有实践、政策制定发展的脉络，提炼出 TOD 综合开发实施过程中主要关注的四个方面内容，分别是项目运营合作机制、规划编制与建设审批、土地开发与供给，以及项目资金筹措。这四个主题主要受到合作与分配制度、规划设计制度、土地开发和供给制度，以及投融资制度的影响。这些制度影响并非孤立存在，如 TOD 综合开发所得收益分配方式会影响投融资的资金结构，土地出让方式与土地储备又对收益分配的安排有影响。基于溢价捕获的理论框架，本书从价值创造与获取的角度构建了 TOD 综合开发溢价回收分析框架，这一框架能够清晰地帮助我们理解现有制度条件下 TOD 综合开发实践可能会遇到的障碍，实践中又是如何通过规划或政策工具破除这些障碍的。

研究表明，在现有制度条件下，珠三角各城市已经形成了"轨道+土地"的轨道交通溢价回收模式，这一模式的成功基于四个方面的举措：一是在建立价值分配机制上，地方政府与轨道公司共同作为 TOD 综合开发的主体力求利益一致，在再开发方面提出增值收入分配，促进了相关利益主体参与合作，政府通过建立跨部门的组织机构协调交通与土地利用规划实施；二是在价值提升方面，基于实践探索，对地方规划设计规范进行了修改，从而对红线内外的规划设计产生实质影响，将规划经验转化为政策与规范；三是兼顾实现社会价值和经济价值的双重目的，在土地获取方面已突破现有制度障碍，发展出一系列捆绑出让主体的方式，同时搭配 TOD 综合开发完成相关公共基础设施供给的任务，多种方式实现溢价归公；四是优化轨道交通投融资主体结构，鼓励 TOD 综合开发收益融入轨道交通投融资计划，促进轨道交通投融资模式改变，在都市圈背景下，为发展TOD 综合开发带来新的机遇（表 8.1）。

表 8.1 珠三角地区 TOD 综合开发支持机制总结

环节	挑战	规划与政策支持
建立价值分配机制	利益主体协调，尤其是再开发中原业主的利益分配，协调交通、土地利用等部门	1）各级政府合作推进一级开发增值收益分配，对再开发实施增值收益分配，鼓励多方合作； 2）鼓励轨道公司主导二级开发合作与分配； 3）跨部门、跨层级设立政府机构，建立 TOD 综合开发规划，保障项目规划与实施
创造土地溢价机会	突破现有的规划条件，解决与现有规划设计规范的冲突	基于红线内外规划尝试： 1）通过技术创新对地上地下开发空间进行确权； 2）修订规划与建筑设计规范，如容积率、建筑密度、用地兼容等； 3）针对上盖物业开发补充专门的设计规划和审批文件，解决防火、人防等设计标准冲突问题
保障土地价值获取	确保土地开发权与轨道交通建设方捆绑，使得公共利益最大化	1）通过规划提前谋划 TOD 土地整备，冻结用地出让与规划审批； 2）通过空间确权、条件捆绑和制度设计，以协议出让、定向招拍挂、作价出资等方式突破土地出让制度限制； 3）在项目中设置保障性住房、沿线市政工程代建，多渠道回收土地溢价

环节	挑战	规划与政策支持
实现溢价回收应用	优化轨道项目建设投融资资金结构，促进轨道项目可持续发展	1）改变轨道交通投融资主体结构，进而促进投融资模式转变； 2）将土地增值收益融入到轨道交通融资方案中，增加项目盈利性，吸引其他资金来源

珠三角相关案例实践成功的驱动因素可以分为内因与外因。从内部因素来看，广东的经济水平较高，土地价值较高，因此，从 TOD 综合开发中各方能够获得或创造的土地增值较多，驱动着项目成功实施。另外，广东更愿意尝试新的治理模式，这为跨层级、跨部门的政府工作协调、政企合作以及项目管理等方面提供了保证，为制度创新提供了土壤。较好的经济发展基础，支撑了地方政府的执行力和创造力。并且，广州、深圳等核心城市土地资源稀缺、房价高企，住房需求外溢、工业活动转移，这些人口和经济活动促进了都市圈的形成，也提出了城际轨道交通基础设施建设需求；昂贵的交通投资是驱动地方政府采取 TOD 综合开发的重要因素。

从外部因素来看，首先，国家层面的政策导向对项目推进有所影响。近年来，铁路投融资是我国重点的改革领域，中央政府通过颁布一系列的政策文件支持开展沿线土地开发等筹集资金的新途径，这样的政策大大促进了 TOD 综合开发的实施和推广。其次，从区位上看，广东省毗邻香港特别行政区，具有地缘优势，也深受香港的城市规划经验影响，合作也更为深入，香港"轨道+物业"的示范效应在广东得到充分体现。最后，相关行业的发展变革也影响着 TOD 综合开发。例如，在对房地产企业的访谈中得知，在政府对房地产市场严控的导向下，房地产企业纷纷从原来高杠杆、短周期的收益模式中寻求转变，其中 TOD 物业以其优越的区位条件成为近年开发的热点，也成为房地产企业寻求开发模式变革的重要市场切入点。

同时，国内的 TOD 综合开发实践也存在一些问题。第一，从 TOD 土地整备的实践来看，珠三角的部分案例展示了为了整备而整备的现象，为了争取新增用地指标，TOD 片区的用地规模明显偏大。这种规模失调主要受到土地财政的影响，还需进一步细化政策细则以更好规避无效规划。第二，规划 TOD 用地并不一定都能落实到位，实践中存在土地供给不确定的问题。土地开发资源是有限的，虽然在投融资计划中，政府承诺了一定的土地开发规模，但是这些用地是否能够落实具有不确定性，在用地资源紧缺的城市，还需要考虑教育、医疗等方面的用地需求，这是基于土地开发捕获溢价的方式的固有问题。第三，财政支持在目前的项目中仍旧不可缺少。究竟是采用土地还是财政支持轨道建设，其实没有一个明确的界限，这是轨道公司与政府相关部门协商的结果，区别就是财政资金能够在短期内迅速启动项目，以用地的方式提供支持能够更好地支撑中远期的运营补亏。由于用地储备规划与轨道建设规划并不总能同步，TOD 综合开发用地"熟化"的时间较长，用地储备规划和轨道建设规划存在错位，收益较难与本期轨道建设前期投资形成联系，项目启动依旧离不开政府财政的支持。第四，土地出让金收入是一次性的，各个城市积极谋划物业开发和经营管理等可持续的收入来源，但是这样的溢价回收的效益很大程度受到物业管理水平、土地区位价值的影响。也是因为这样，TOD 综合开发存在马太效应，在周边配套环境好的地区综合效果更好，而在周边配套环境欠佳的地区实施，反而需要付出更多土地整备和物业配套建设的成本，开发效益欠佳。第五，目前对 TOD 物业的定位尚不明确。TOD 物业的市场属性和公共利益属性难免存在冲突，在每个案例的具体实施中都存在一定的特殊性和差异性。在轨道建设资金缺口越大的地区，TOD 物业就越容易表现出市场产品属性。如果 TOD 综合开发被用于建设城市所需的公共品，如保障性住房，那么社会资本参与物业开发合作的退出机制又是怎样的，这些问题的答案尚待摸索。第六，营商环境还需完善。近年来，一些轨道交通企业与房地产开发企业之间逐渐形成稳定的合作关系，稳定了对 TOD 物业开发品质的预期。但是私人企业进入 TOD 物业开发市场缺乏优势，参与 TOD 项目的房地产企业以国资背景为主。在轨道投融资的合作中也出现了类似现象。国企在融资、项目平台上都具有一定优势，比私企在资源获取上具备更大的优势，这一趋势不利于充分发挥市场的活力与优势。目前的 TOD 综合开发营商环境还有待提升。

第二节　TOD 综合开发实施建议

一、合作与分配机制：明确政府与企业的职责与目标

土地供给主体、轨道投资建设主体和物业开发主体是 TOD 综合开发中主要

的三方角色。政府在 TOD 综合开发的各个方面都具有影响力，TOD 综合开发的项目支持还有赖于突破现有的政府治理条块关系，需要财政、交通、规划、市政等多个部门对 TOD 综合开发予以支持。从案例来看，轨道交通建设主体作为统筹土地开发与交通建设的主体，整体项目实施与溢价回收效率较高。但是，我国内地城市由市级以下地方政府掌握土地储备与供给，轨道交通公司大多是代替政府进行建设的下属国有企业。把沿线土地集中到轨道交通企业手中，在法律等方面具有一定的风险，因此在现有情况下，市级政府的参与是必不可少的。根据城市间的横向对比发现，轨道交通用地红线范围内，反哺给轨道交通建设的资金占比更大，轨道交通企业对土地处置权限也更大；红线外，政府主导居多，政府通过切割一部分土地出让收益的方式反哺轨道交通。红线内外的收益分配有差异。并且，在集体土地为主的地区，还需要建立与各主体共享增值收益的分配机制，才能成功整备 TOD 综合开发项目用地，这在一定程度上降低了能分配到轨道交通建设上的资金。国有土地供给制度的安排，以及土地财政对于地方政府的重要性，决定了政府将土地全权交由轨道企业处置这一做法持保守态度。对地方政府直接管辖下的轨道企业尚且如此，对非地方政府管辖的轨道交通企业，如国铁集团或省政府下属城际轨道公司，则地方政府与之合作开展土地开发的意愿更低。同时，轨道交通企业应更加注重二级（物业）开发获取收益的方式，以谋求更可持续的溢价收入。在建立合作与分配机制上，要明确政府、轨道企业和房地产开发企业各自的目标，协调这些目标并制定出相应的价值分配方案。

二、价值创造：需建立规划设计与溢价回收的对应关系

提升 TOD 片区的综合价值可以从三个方面着手：一是通过改变容积率等规划指标提升片区的开发潜力，二是通过整体规划增强地块或空间的连接度，三是通过行人友好的规划设计提升场所的空间品质。目前的 TOD 规划设计导则大多沿用了公交导向开发的 3Ds ［密度（density），多样性（diversity），设计（design）］ 或 5Ds ［密度（density），多样性（diversity），设计（design），目的地可达性（destination accessibility），站点距离（distance to transit）］ 设计原则，对站点影响范围、开发强度、功能配置以及交通衔接给出引导性的建议。设计导则中的内容与既有规划存在冲突，如导则中提出小街区、密路网的概念，但建筑密度严格受到建筑间距、退线等设计规范的限制，转弯半径、道路开口等均有其

他的设计规范管理，导则中鲜少提到如何应对此类设计冲突。反而是在针对车辆段的防火、上盖物业开发标准中能够切实解决这些规划设计规范的冲突，具有较好的可实施性。既有研究指出，TOD 规划理念难以完全落实是由于缺乏相应的法定规则支持。但同时，应当正视这种政策支持缺位产生的原因。卡尔索普提出的 TOD 规划理念的出发点，是提升公共交通的使用率，改变用地方式向集约开发发展。而我国现阶段总体公共交通供给尚且不足，发展 TOD 综合开发的主要目的是筹集轨道交通建设资金。两个目标之间的差异，导致其中一些规划设计原则与 TOD 综合开发溢价回收的政策目标的关系不明确，发展背景的差异，也使得该理念中的一些做法与我国的实际情况缺乏结合，指导不到位。如我国大多数地区的开发强度都不低，场站周边一些用地突破容积率后，对片区造成的交通影响如何解决，导则中鲜有提及。将价值提升的作用与 TOD 规划设计联系起来，更容易从规划制度层面得到政策支持，有助于规划设计更好落实。轨道交通站点一体化开发，有赖于通过规划提前介入，并维持这一规划的可实施性，同时在规划管理层面，保障 TOD 规划设计理念发挥的空间。

三、保障价值获取：兼顾社会与经济双重价值

土地开发与供给是实施 TOD 综合开发的核心环节，TOD 土地整备是项目实施的前提和基础。目前，协议出让、土地作价出资和带条件招拍挂是三种主要的 TOD 综合开发土地供应方式，捆绑轨道交通建设方作为开发主体，为轨道交通建设方获取综合开发收益提供保障。TOD 综合开发项目用地的选址，受到城市建成区域的制约，车辆段等易储备用地成为 TOD 综合开发用地整备的首选。选择这类用地作为 TOD 综合开发储备用地，应该在车辆段、站点选址阶段就充分考虑到与城市规划、空间发展的联系，预先布局。在案例中发现，许多城市将其与保障性住房的供给、市政基础设施的改善捆绑起来，从社会价值收益的角度，赋予 TOD 综合开发另一重意义。现有保障性住房大多因位置偏远、配套不足被诟病，围绕轨道交通站点提供保障性住房，既改善了保障性住房的可达性，又能规避 TOD 社区绅士化的发展趋势，促进社会公平。实际上，政府提供此类公共服务基础设施的压力并不小，这些项目的供给压力反向驱动了政府与轨道公司合作进行 TOD 综合开发，为政府在土地、规划等方面给予突破现有政策的支持，提供了很好的理由。因此，同时考虑 TOD 综合开发的社会与经济价值，有助于 TOD 综合

开发获得更多政策支持。

四、价值应用：鼓励下放轨道投融资事权财权

从城市轨道交通投融资实践案例中可以发现，土地资源已经成为了地铁等项目投融资方案中的重要组成部分。可以说，珠三角地区目前已经形成了"轨道+土地"的轨道投融资和收益反哺机制。一方面，基于土地资源一级开发和二级开发为项目筹集资金，另一方面，以土地开发收入保证项目的营利性为锚点，吸引社会资本投资或帮助发行债券。采用"轨道+土地"的投融资模式，需保证土地开发、场站选址、线路运营等事权相对集中。在我国，政府与下属轨道公司的利益是一致的，但轨道公司与不同层级的政府之间较难形成利益共同体。我国目前多数城际铁路项目，以省部合作或省市合作模式为主，虽然建设权下放了，但是省级政府依然不具备处置沿线用地的权力。因此，在城际轨道交通项目建设中要实施 TOD 综合开发较为困难，城际轨道公司必须争取市、县政府的支持，即使争取到了市级及以下地方政府的配合，各主体的利益可能还是难以统一，最终走向轨道和土地分开发展的结果。粤港澳大湾区城际轨道中"都市圈合作"的投融资模式，明确了地级市政府在建设开发和运营上的自主权。市政府在项目选址方面具有更大的自主权，对利用轨道交通布局城市发展具有积极性。这一模式对于不具备报批城市交通项目的城市来说，颇有吸引力。同时，为满足辖区范围内轨道交通的建设资金需求，市政府在 TOD 综合开发上也会更加积极。政府财政资金在轨道交通项目资本金中的占比虽然逐渐降低，但是没有改变轨道交通项目由政府主导投资的事实。政府不仅需要负责前期的资金投入，还负责后期的运营补亏。TOD 综合开发，能够撬动项目投融资吸纳更多元化的资金，使得轨道交通投融资机制更进一步改革，促进我国轨道交通尤其是城际轨道交通的可持续发展。

第三节 展 望

得益于学界和业界同行们的分享与启发，本书着重建立基于"价值"链条的 TOD 综合开发研究分析框架。价值，是实施 TOD 综合开发的主要驱动因素，也是研究 TOD 综合开发的重要锚点。本书将溢价回收的理论与公交导向开发的

规划设计原理相结合，系统剖析 TOD 综合开发这一做法，应用所提出的框架，结合具体案例的制度背景，总结出其机制特征以及出现该类做法的原因，帮助理解轨道交通溢价回收的机制与规划政策之间的关系。同时，也希望在方法和对象上能够对读者有所启发。

第一，在研究方法上，本书通过对既有交通基础设施投融资、交通与土地利用一体化，以及溢价回收理论的研究梳理，围绕"价值"这一基本因素，建立了"价值分配–价值创造–价值获取–价值应用"的溢价回收分析框架。本书采用定性研究方法构建这一研究分析框架，以内容分析方法作为辅助，获取 TOD 综合开发实践中关心的主要话题内容，完善分析框架的相关内容，提炼溢价回收各个环节主要涉及的制度内容，使得这一做法的相关影响因素简明清晰，以进一步系统分析综合开发政策与规划实施。这一分析框架同样适用于分析其他地域的 TOD 综合开发案例，应用这一分析框架能够使得相关的研究更具可比性。

第二，在研究对象上，本书对珠三角城际轨道采用的"市市合作、属地分摊"的都市圈合作投融资模式的新实践进行研究，这是我国首个由城市政府牵头的城际轨道交通建设实践。国家铁路与地方铁路难以融合是我国轨道交通基础设施发展的痛点，其中，造成这一结果的原因之一是两类轨道交通基础设施的投融资主体以及投融资资金来源存在机制差异。从珠三角城际轨道到大湾区城际轨道，TOD 综合开发一直是珠三角城市政府考虑运营补亏和资金筹措的重要手段。在构建新的投融资主体关系后，土地综合开发才真正与轨道交通建设融合。这一案例对我国在都市圈发展背景下推进城际轨道发展，促进核心城市与周边城市的良性互动，有着重要的参考价值。

目前国内 TOD 综合开发已有很多实践，然而受制于信息获取渠道的限制，本书仍存在不少局限。

1）TOD 综合开发涉及的环节多、过程复杂，整体周期较长，作者在高校学习与科研，参与真实项目实践机会有限，对一些环节的理解和认识难免仍存在不足。

2）目前，一些案例尚处在建设期，不确定性较大。项目的财务数据为机密，难以获取数据进行更有深度的评估比较。

希望本书所构建的分析框架是清晰可用的，能够有助于读者对自己所熟悉的 TOD 综合开发政策与案例形成系统的解读。作者也在考虑从以下方面对 TOD 综合开发展开进一步的研究。

第一，采用本书所构建的制度框架对不同地区或国家的 TOD 开发案例进行对比分析。在这样的工作中，本书所构建的分析框架在其他城市或区域的适用性将得到检验。本书对已经发生在不同城市的综合开发案例进行了初步的对比分析，在之后的研究中，可以结合具体的几个城市，在区分其经济社会发展背景的基础上进行案例对比。这些研究工作，应该能够帮助我们进一步认识 TOD 综合开发理论实践的差异来源。

第二，采用本书框架对同一城市中不同类型的土地开发环境的站点进行对比分析。例如，郊区的站点和中心的站点开发中，用地的开发难度和建设周期等均有所不同，收益分配所涉及的分配主体不同，价值创造的手段不同，价值获取的方案也不同，但是最终的目的都是为了实现收益反哺轨道交通建设。可以基于这一框架对新建站点和既有站点 TOD 综合开发进行对比，对比城市更新和新城开发视角下两类 TOD 综合开发实现机制的差异。

第三，评价现有 TOD 综合开发项目选址对城市空间布局的影响。为了适应现有的土地和规划制度，我国的 TOD 综合开发项目多选址在车辆段、停车场。从政府的角度来看，这些用地储备难度小，供地较为简单；从轨道公司的角度来看，虽然施工难度大，但利于与轨道交通建设主体捆绑获取收益。可是车辆段与停车场的选址通常位于线路的尽头，或使用用地取得相对简单的储备用地作为基地。这样的项目开发导向，对 TOD 物业价值、城市空间发展格局造成的影响有待进一步研究。

第四，探究 TOD 综合开发提供公共服务基础设施的驱动因素。在深圳的案例中，对于人才保障性住房、安居型保障性住房的需求，实际上驱动了 TOD 综合开发。什么情况下，地方政府更倾向于实施综合开发？实施 TOD 保障性住房的条件是什么？这些仍有待进一步研究。此外，国外的一些研究对 TOD 项目附近产生的绅士化现象表示担忧，我国目前真正出售的 TOD 开发项目还不多，未来，可以从对比分析的角度，评价 TOD 项目周边的人口结构和环境变化。

参 考 文 献

庇古. 2006. 福利经济学. 朱泱, 张胜纪, 吴良健, 译. 北京: 商务印书馆.

边璐, 郭飞帆. 2012. 我国城市轨道交通融资模式分析与思考. 铁道运输与经济, 34（12）: 13-17.

蔡蔚, 陈烨, 羊利锋. 2008. 城市轨道交通综合开发工作的实践与建议. 城市轨道交通研究, （7）: 10-13.

陈晨. 2011. 1965 年以来香港公共交通发展与运输政策演进. 国际城市规划, 26（2）: 67-73.

陈红霞. 2017. 集体经营性建设用地收益分配: 争论、实践与突破. 学习与探索, （2）: 70-75.

陈莎, 殷广涛, 叶敏. 2008. TOD 内涵分析及实施框架. 城市交通, 6（6）: 57-63.

陈雪明. 1995. 城市交通的联合开发策略——试谈美国经验在中国的应用. 城市规划, （4）: 36-38.

陈燕萍. 2000. 城市交通问题的治本之路——公共交通社区与公共交通导向的城市土地利用形态. 城市规划, （3）: 10-14.

程雪阳. 2014. 土地发展权与土地增值收益的分配. 法学研究, 36（5）: 76-97.

崔娜娜, 夏海山, 张纯, 等. 2022. 基于网络大数据的城市轨道交通时空溢价效应研究. 地理与地理信息科学, 38（1）: 133-137.

戴子文, 戴子龙, 李坡. 2018. 对城市轨道交通线网规划的思考. 城市交通, 16（5）: 24-29.

丁志刚, 孙经纬. 2015. 中西方高铁对城市影响的内在机制比较研究. 城市规划, 39（7）: 25-29.

段阳, 何震子, 杨家文. 2021. 高铁时代交通与土地利用一体化挑战——我国高铁站点选址问题辨析. 西部人居环境学刊, 36（4）: 29-35.

段阳, 杨家文. 2019. 深圳市人才保障住房新实践——以水围村综合整治为例. 中国软科学, （3）: 103-111.

谷一桢, 郑思齐. 2010. 轨道交通对住宅价格和土地开发强度的影响——以北京市 13 号线为例. 地理学报, 65（2）: 213-223.

广东省建筑设计研究院, 中铁第四勘察设计院集团有限公司. 2019. 广州金融城站综合交通枢纽. 建筑实践, （9）: 128-129.

广州地铁. 2021. 广州地铁 TOD 综合开发白皮书.

郭文帅 . 2014. 我国铁路建设中的部省合作制度分析 . 综合运输，（9）：20-23.

胡存智 . 2014. 土地综合开发大有作为——对支持铁路建设实施土地综合开发的几点认识 .
　　http://www. gov. cn/xinwen/2014-08/28/content_2741771. htm. ［2021-12-01］.

韩文静，邱泽元，王梅，等 . 2020. 国土空间规划体系下美国区划管制实践对我国控制性详细
　　规划改革的启示 . 国际城市规划，35（4）：89-95.

何冬华 . 2018. 土地增值收益再分配的博弈与干预——刍议广州 TOD 的竞合关系 . 城市规划，
　　42（7）：79-85.

何军，王烈 . 2010. 国外高速铁路投融资模式及启示 . 铁道运输与经济，32（7）：62-65.

何立胜，韩云昊 . 1999. 外部性问题及其内部化的途径 . 河南师范大学学报（哲学社会科学
　　版），（4）：1-5.

黄莉，宋劲松 . 2008. 实现和分配土地开发权的公共政策——城乡规划体系的核心要义和创新
　　方向 . 城市规划，（12）：16-21.

黄良会 . 2014. 香港公交都市剖析 . 北京：中国建筑工业出版社 .

黄敏，娄和儒，程长斌 . 2014. 深圳市公交都市建设理论与实践 . 北京：人民交通出版社 .

黄亚平 . 2002. 城市空间理论与空间分析 . 南京：东南大学出版社 .

黄叶君 . 2012. 体制改革与规划整合——对国内"三规合一"的观察与思考 . 现代城市研究，
　　27（2）：10-14.

贾莉，闫小培 . 2015. 社会公平、利益分配与空间规划 . 城市规划，39（9）：9-15.

蒋俊杰 . 2017. 日本市郊轨道交通发展模式 . 都市快轨交通，30（3）：124-128.

交通运输部 . 2021. 中国可持续交通发展报告 . https://zjhy. mot. gov. cn/zzhxxgk/jigou/bgs/
　　202112/t20211214_3631184. html［2023-02-20］.

卡尔索普，杨保军，张泉 . 2014. TOD 在中国：面向低碳城市的土地使用与交通规划设计指南 .
　　北京：中国建筑工业出版社 .

乐晓辉，陈君娴，杨家文 . 2016. 深圳轨道交通对城市空间结构的影响——基于地价梯度和开
　　发强度梯度的分析 . 地理研究，35（11）：2091-2104.

乐晓辉，林雄斌，杨家文 . 2018. 我国城市小汽车牌照限制政策的社会效益评估 . 国际城市规
　　划，33（1）：86-94.

李福民，宗传苓，高龙 . 2021. 对城市轨道交通规划建设的思考 . 城市交通，19（2）：1-6.

李建军 . 2006. 采用 BT 融资方式投资建设北京地铁奥运支线 . 都市快轨交通，（5）：16-19.

李江，刘源浩，黄萃，等 . 2015. 用文献计量研究重塑政策文本数据分析——政策文献计量的
　　起源、迁移与方法创新 . 公共管理学报，12（2）：138-144.

李泠烨 . 2015. 土地使用的行政规制及其宪法解释——以德国建设许可制为例 . 华东政法大学
　　学报，18（3）：147-159.

李颂熹 . 2013. 关于轨道交通站点综合开发项目（TID）的思考 . 铁道经济研究，（6）：80-86.

李晓江. 2011. 当前城市交通政策若干思考. 城市交通, 9 (1): 7-11.

李燕. 2010. 国内外城市轨道交通投融资模式比较分析. 中国铁路, (6): 76-78.

李燕. 2017. 日本新城建设的兴衰以及对中国的启示. 国际城市规划, 32 (2): 18-25.

李晔, 卢丹妮, 邓皓鹏. 2013. 城市公共交通优先发展立法体系国际经验. 城市交通, 11 (2): 52-59.

李智慧, 彭科, 宋彦, 等. 2011. 如何制定公共政策来保障 TOD 的实施? ——国际经验介绍及借鉴. 国际城市规划, 26 (2): 74-79.

梁小薇, 项振海, 袁奇峰. 2018. 从三旧改造、土地整备到市地重划——以佛山市南海区集体建设用地更新为例. 城市建筑, (18): 32-36.

廖朝明. 2017. 杭绍台高铁: 民资控股下的 PPP 项目范本. 中国财政, (23): 32-33.

林坚, 武婷, 张叶笑, 等. 2019. 统一国土空间用途管制制度的思考. 自然资源学报, 34 (10): 2200-2208.

林雄斌, 杨家文. 2020. 粤港澳大湾区都市圈高速铁路供给机制与效率评估——以深惠汕捷运为例. 经济地理, 40 (2): 61-69.

林雄斌, 杨家文, 李贵才, 等. 2016. 跨市轨道交通溢价回收策略与多层级管治: 以珠三角为例. 地理科学, 36 (2): 222-230.

林雄斌, 余筱琪, 陈伟劲. 2019. 轨道交通沿线土地溢价归公的政策与实践——以东莞市为例. 热带地理, 39 (5): 732-741.

刘冰冰, 杨晓春, 朱震龙. 2009. 香港密度管制经验及反思. 城市规划, (12): 66-71.

刘卡丁. 2014. 地下空间可持续发展——深圳益田村地下停车库抗浮问题的优化设计. 隧道建设, 34 (2): 140-146.

刘丽琴, 李明阳, 王忠微, 等. 2017. 城市轨道交通建设资金来源研究. 都市快轨交通, 30 (5): 46-50.

刘泉. 2019. 轨道交通 TOD 地区的步行尺度. 城市规划, 43 (3): 88-95.

刘泉, 史懿亭. 2020. 轨道交通 TOD 规划中开发强度的整体管控. 国际城市规划, 35 (4): 131-137.

刘晓欣, 张辉, 程远. 2018. 高铁开通对城市房地产价格的影响——基于双重差分模型的研究. 经济问题探索, (8): 28-38.

刘志. 2010. 城市交通基础设施投融资. 城市交通, 8 (5): 11-13.

龙茂乾, 孟晓晨, 李贵才. 2019. 境外高速铁路经济、空间影响研究进展综述. 国际城市规划, 34 (1): 99-107.

卢为民. 2015. 城市土地用途管制制度的演变特征与趋势. 城市发展研究, 22 (6): 83-88.

卢毅, 李华中, 彭伟. 2010. 交通发展规划向公共政策转变的趋势. 综合运输, (4): 21-26.

陆化普. 2020. 交通强国战略下城市交通发展要求与对策重点. 城市交通, 18 (6): 1-9.

陆化普，史其信，殷亚峰 . 1996. 交通影响评价的基本思想与方法 . 城市规划，（4）：34-38.

吕振宇，倪鹏飞 . 2005. 铁路公益性：理论与经验 . 财经问题研究，（10）：51-56.

罗仁坚 . 2006. 铁路投融资体制改革研究 . 宏观经济研究，（5）：49-55.

马德隆，李玉涛 . 2018. 城市轨道交通 PPP 与土地联动开发研究——现状、制约因素与实施思路 . 中国软科学，（8）：58-62.

马力宏 . 1998. 论政府管理中的条块关系 . 政治学研究，（4）：71-77.

马祖琦 . 2011. 公共投资的溢价回收模式及其分配机制 . 城市问题，（3）：2-9.

马祖琦 . 2020. 美国土地开发权转移制度研究：理论、评判与思考 . 现代经济探讨，（2）：118-124.

玛莎·劳伦斯，理查德·布洛克，刘子铭 . 2019. 中国的高速铁路发展 .

毛建华，赵鹏林，景国胜，等 . 2019. 交通综合体投融资建设与管理——中国城市交通发展论坛第 21 次研讨会 . 城市交通，17（3）：118-126.

梅志雄，徐颂军，欧阳军，等 . 2011. 广州地铁三号线对周边住宅价格的时空影响效应 . 地理科学，31（7）：836-842.

孟祥海，吴佩洁，李林桐 . 2020. 中国特色"公交都市"的探索与成效 . 公路工程，45（6）：117-123.

母睿 . 2014. 国外公交导向发展保障措施及其借鉴性探讨 . 大连交通大学学报，35（6）：102-105.

聂冲，温海珍，樊晓锋 . 2010. 城市轨道交通对房地产增值的时空效应 . 地理研究，29（5）：801-810.

潘海啸，钟宝华 . 2008. 轨道交通建设对房地产价格的影响——以上海市为案例 . 城市规划学刊，（2）：62-69.

前海管理局 . 2021. 深圳市前海深港现代服务业合作区立体复合开发用地管理若干规定（试行）.

钱林波，彭佳，梁浩 . 2021. 国土空间综合交通体系规划的新要求与新内涵 . 城市交通，19（1）：13-18.

清华大学中国城市研究院，宇恒可持续交通研究中心，北京数城未来科技有限公司，等 . 2020. TOD 城市分析报告 .

任鑫，周宇 . 2016. 我国铁路投融资：现状分析、问题剖析及改革政策取向 . 宏观经济研究，（5）：16-22.

日建设计 . 2019. 站城一体开发 Ⅱ——TOD46 的魅力 . 沈阳：辽宁科学技术出版社 .

石楠 . 2004. 试论城市规划中的公共利益 . 城市规划，（6）：20-31.

石楠 . 2008. 论城乡规划管理行政权力的责任空间范畴——写在《城乡规划法》颁布实施之际 . 城市规划，（2）：9-15.

宋彦，丁成日．2005. 交通政策与土地利用脱节的案例——析美国亚特兰大的 MARTA 公交系统．城市发展研究，（2）：54-59.

宋彦，张纯，刘志丹，等．2014. 美国公共基础设施实施保障的经验及借鉴——深圳南山区案例的评估与反思．国际城市规划，29（3）：97-102.

苏剑，杜丽群，王沛，等．2010. 香港城市交通管理模式及其对内地城市的启示．重庆理工大学学报（社会科学），24（8）：39-45.

孙斌栋，但波．2015. 上海城市建成环境对居民通勤方式选择的影响．地理学报，70（10）：1664-1674.

孙瑞英．2005. 从定性、定量到内容分析法——图书、情报领域研究方法探讨．现代情报，（1）：2-6.

孙志毅，荣轶．2013. 铁路建设及其投融资模式创新比较研究．亚太经济，（5）：96-100.

孙滋英．2012. 房地产商业代建模式研究及风险防范．知识经济，（2）：112.

唐文彬，张飞涟．2011. 城市轨道交通项目投融资风险分析与控制．求索，（2）：83-85.

唐子来，付磊．2003. 城市密度分区研究——以深圳经济特区为例．城市规划汇刊，（4）：2-4.

田宝杰．2020. 构建城市利益共同体，推动国铁 TOD 项目合作开发——虎门高铁站 TOD 项目的突破与创新．北京：北京国际城市轨道交通高峰论坛"京投发展·第三届 TOD 创新论坛".

田宗星，李贵才．2018. 基于 TOD 的城市更新策略探析——以深圳龙华新区为例．国际城市规划，33（5）：93-98.

汪光焘．2016. 中国城市交通问题、对策与理论需求．城市交通，14（6）：1-9.

王灏．2004a. PPP 的定义和分类研究．都市快轨交通，（5）：23-27.

王灏．2004b. 加快 PPP 模式的研究与应用　推动轨道交通市场化进程．宏观经济研究，（1）：47-49.

王缉宪，林辰辉．2011. 高速铁路对城市空间演变的影响：基于中国特征的分析思路．国际城市规划，26（1）：16-23.

王缉宪．2004. 易达规划：问题、理论、实践．城市规划，（7）：70-74.

王姣娥．2013. 公交导向型城市开发机理及模式构建．地理科学进展，32（10）：1470-1478.

王书会．2007. 中国铁路投融资体制改革研究．成都：西南交通大学博士学位论文.

王伟，谷伟哲，翟俊，等．2014. 城市轨道交通对土地资源空间价值影响．城市发展研究，21（6）：117-124.

王秀玲，李文兴．2012. 我国房地产融资创新研究．理论与改革，（1）：79-81.

王亚洁．2018. 国外城市轨道交通与站域土地利用互动研究进展．国际城市规划，33（1）：111-118.

魏伟，郭崇慧，陈静锋．2018. 国务院政府工作报告（1954—2017）文本挖掘及社会变迁研究．情报学报，37（4）：406-421.

吴亮，陆伟，于辉，等 . 2020. 轨交枢纽站域步行系统发展的模式、逻辑与机制——基于三个亚洲案例的比较研究 . 国际城市规划，35（1）：88-95.

吴胜权，王贵国，常胜利，等 . 2014. 利用土地储备融资的城市轨道交通项目 BT 模式研究 . 工程管理学报，28（2）：41-45.

吴文化，崔凤安 . 2005. 铁路建设基金的政策取向及替代方案分析 . 铁道运输与经济，（9）：1-3.

夏菁，田莉，蒋卓君，等 . 2021. 国家治理视角下建设用地指标分配的执行偏差与机制研究 . 中国土地科学，35（6）：20-30.

肖翔 . 2003. 铁路投融资理论与实践 . 北京：中国铁道出版社 .

谢英挺，王伟 . 2015. 从"多规合一"到空间规划体系重构 . 城市规划学刊，（3）：15-21.

许亚萍，吴丹 . 2020. 基于土地增值收益分配的深圳土地整备制度研究 . 规划师，36（9）：91-94.

严建峰 . 2015. 地铁上盖物业"合作开发+BT 建设"模式研究——以深圳地铁为例 . 建筑经济，36（10）：25-29.

杨超，缪子山，史晟 . 2012. 基于活动的城市出行需求层次选择模型 . 同济大学学报（自然科学版），40（10）：1504-1509.

杨家文，段阳，乐晓辉 . 2020. TOD 战略下的综合开发土地整备实践——以上海、深圳和东莞为例 . 国际城市规划，35（4）：124-130.

杨建华 . 2016. 轨道交通物业开发用地获取方式研究 . 铁路技术创新，（4）：91-95.

杨洁，过秀成，杜小川 . 2013. 我国城市公共交通规划编制法治化路径思考 . 现代城市研究，28（1）：29-34.

姚影，欧国立 . 2008. 基于外部性理论的城市轨道交通与房地产联合开发政策分析 . 北京交通大学学报（社会科学版），（4）：31-34.

姚之浩，田莉 . 2018. "三旧改造"政策背景下集体建设用地的再开发困境——基于"制度供给-制度失效"的视角 . 城市规划，42（9）：45-53.

叶林，吴木銮，高颖玲 . 2016. 土地财政与城市扩张：实证证据及对策研究 . 经济社会体制比较，（2）：39-47.

尹贻林，乔璐 . 2012. 我国城市综合交通枢纽运营单位政府补贴机制研究 . 城市轨道交通研究，15（2）：14-18.

约翰·M. 利维 . 2003. 现代城市规划 . 北京：中国人民大学出版社 .

曾小芹 . 2019. 基于 Python 的中文结巴分词技术实现 . 信息与电脑（理论版），31（18）：38-39，42.

张道海，刘龙胜，江捷 . 2013. 东京城市客运系统中轨道交通主导地位的原因剖析及启示 . 城市轨道交通研究，16（6）：17-21.

张国华. 2011. 城市综合交通体系规划技术转型——产业·空间·交通三要素统筹协调. 城市规划, 35 (11)：42-48.

张俊. 2017. 高铁建设与县域经济发展——基于卫星灯光数据的研究. 经济学（季刊）, 16 (4)：1533-1562.

张民, 余益伟, 彭翔. 2019. PPP 项目的税收增额融资工具：美国的案例与启示. 税务研究, (2)：92-96.

张敏, 欧国立. 2001. 城市公共交通补贴问题分析. 城市公共交通, (3)：9-12.

张明, 丁成日, Robert Cervero. 2005. 土地使用与交通的整合：新城市主义和理性增长. 城市发展研究, (4)：46-52.

张明, 刘菁. 2007. 适合中国城市特征的 TOD 规划设计原则. 城市规划学刊, (1)：91-96.

张韦华, 梁程, 韩兵, 等. 2020. 城市公共交通优先发展保障体系及关键技术. 交通世界, (29)：12-15.

张衔春, 栾晓帆, 李志刚. 2020. "城市区域"主义下的中国区域治理模式重构——珠三角城际铁路的实证. 地理研究, 39 (3)：483-494.

张晓春, 田锋, 吕国林, 等. 2011. 深圳市 TOD 框架体系及规划策略. 城市交通, 9 (3)：37-44.

张晓东. 2012. 美国公共交通引导土地开发规划实施保障政策研究. 北京规划建设, (4)：120-122.

张云宁, 王玲, 王书文. 2008. 浅议南京地铁二号线 BT 投融资模式. 建筑经济, (8)：35-38.

赵丽元, 王书贤, 韦佳伶. 2019. 基于 IC 卡数据的建成环境与公交出行率关系研究. 交通运输系统工程与信息, 19 (4)：233-238.

赵鹏军, 李南慧, 李圣晓. 2016. TOD 建成环境特征对居民活动与出行影响——以北京为例. 城市发展研究, 23 (6)：45-51.

赵燕菁. 2009. 城市的制度原型. 城市规划, 33 (10)：9-18.

赵紫娟, 李小珂, 郭强, 等. 2019. 基于 LDA 的复杂网络整体研究态势主题分析. 电子科技大学学报, 48 (6)：931-938.

郑思齐, 胡晓珂, 张博, 等. 2014a. 城市轨道交通的溢价回收：从理论到现实. 城市发展研究, 21 (2)：35-41.

郑思齐, 孙伟增, 吴璟, 等. 2014b. "以地生财, 以财养地"——中国特色城市建设投融资模式研究. 经济研究, 49 (8)：14-27.

郑思齐, 张英杰. 2010. 保障性住房的空间选址：理论基础、国际经验与中国现实. 现代城市研究, 25 (9)：18-22.

郑文晖. 2006. 文献计量法与内容分析法的比较研究. 情报杂志, (5)：31-33.

周华庆, 杨家文. 2015. 巴士公交财政补贴及服务供给效率：深圳改革的启示. 中国软科学,

（11）：59-67.

周江评.2006. 美国公共交通规划立法及其政策启示. 城市交通，（3）：22-26.

周军，谭泽芳.2020. 交通承载力评估在密度分区及容积率测算中的方法研究及应用实践——以深圳为例. 城市规划学刊，（1）：85-92.

周素红，杨利军.2005. 交通与土地利用一体化规划管理. 规划师，（8）：14-19.

朱介鸣.2011. 发展规划：重视土地利用的利益关系. 城市规划学刊，（1）：30-37.

朱丽丽，黎斌，杨家文，等.2019. 开发商义务的演进与实践：以深圳城市更新为例. 城市发展研究，26（9）：62-68.

朱伟权，谢秉磊，杨晓光，等.2015. 公交补贴机制研究综述与展望. 交通信息与安全，33（4）：1-8.

庄焰，王京元，吕慎.2006. 深圳地铁 4 号线二期工程项目融资模式研究. 建筑经济，（9）：19-22.

卓健.2013. 公交优先发展战略的几个认识误区. 国际城市规划，28（4）：51-52.

卓健.2014. 中央政府对城市公交建设发展的财政扶持政策——法国的相关政策演变综述及对我国的启示. 国际城市规划，29（6）：104-109.

卓健.2019. 从技术型交通规划到政策型交通规划——法国巴黎大区交通出行规划（PDUIF）的启示. 城市交通，17（4）：17-26.

Alterman R. 2011. Land- Use Regulations and Property Values：The "Windfalls Capture" Idea Revisited. The Oxford Handbook of Urban Economics and Planning. Oxford：Oxford University Press.

Alterman R. 2018. Developer Obligations for Public Services in Israel：Law and Social Policy in a Comparative Perspective. Florida State University Journal of Land Use and Environmental Law，5（2）：649-684.

Al- Mosaind M A，Dueker K J，Strathman J G. 1993. Light- Rail Transit Stations，and Property Values：A Hedonic Price Approach. Transportation Research Record，（1400）：90-94.

American Society of Planning Officials. 1951. The Journey to Work：Relation between Employment and Residence. Planning Advisory Service Report No. 26. Chicago：American Planning Association.

Aveline- Dubach N，Blandeau G. 2019. The Political Economy of Transit Value Capture：The Changing Business Model of the MTRC in Hong Kong. Urban Studies，56（16）：3415-3431.

Bae C H C，Jun M J，Park H. 2003. The Impact of Seoul's Subway Line 5 on Residential Property Values. Transport Policy，10（2）：85-94.

Ballaney S，Patel B. 2009. Using the Development Plan- Town Planning Scheme Mechanism to Appropriate Land and Build Urban Infrastructure. In：India Infrastructure Report，New Delhi：Oxford University Press.

Bartholomew K, Ewing R. 2011. Hedonic Price Effects of Pedestrian- and Transit- Oriented Development. Journal of Planning Literature, 26 (1): 18-34.

Basso L J, Jara D S R. 2010. The Case for Subsidisation of Urban Public Transport and the Mohring Effect. Journal of Transport Economics and Policy, 44 (3): 365-372.

Batt H W. 2001. Value Capture as a Policy Tool in Transportation Economics: An Exploration in Public Finance in the Tradition of Henry George. American Journal of Economics and Sociology, 60 (1): 195-228.

Bernick M, Cervero R. 1997. Transit Villages in the 21st Century. New York: McGraw-Hill.

Bertolini L. 1996. Nodes and Places: Complexities of Railway Station Redevelopment. European Planning Studies, 4 (3): 331-345.

Bertolini L. 1998. Station Area Redevelopment in Five European Countries: An International Perspective on a Complex Planning Challenge. International Planning Studies, 3 (2): 163-184.

Bertolini L. 2008. Station Areas as Nodes and Places in Urban Networks: An Analytical Tool and Alternative Development Strategies. Railway Development: Impacts on Urban Dynamics. Springer Science & Business Media: 35-57.

Blanquart C, Koning M. 2017. The Local Economic Impacts of High- Speed Railways: Theories and Facts. European Transport Research Review, 9 (2): 1-14.

Blei D M, Ng A Y, Jordan M I. 2003. Latent Dirichlet Allocation. Journal of Machine Learning Research, 3 (1): 993-1022.

Bowes David R, Ihlanfeldt K R. 2001. Identifying the Impacts of Rail Transit Stations on Residential Property Values. Journal of Urban Economics, 50 (1): 1-25.

Brown- Luthango M. 2011. Capturing Land Value Increment to Finance Infrastructure Investment: Possibilities for South Africa. Urban Forum, 22: 37-52.

Byrne P F. 2006. Determinants of Property Value Growth for Tax Increment Financing Districts. Economic Development Quarterly, 20 (4): 317-329.

Calthorpe P. 1993. The Next American Metropolis: Ecology, Community and the American Dream. New York: Princeton Architectural Press.

Center for Transportation Studies. 2009. Harnessing Value for Transportation Investment A Summary of the Study: Value Capture for Transportation Finance Harnessing Value for Transportation Investment.

Cervero R, Duncan M. 2002. Transit's Value- Added Effects: Light and Commuter Rail Services and Commercial Land Values. Transportation Research Record: Journal of the Transportation Research Board, 1805 (1): 8-15.

Cervero R, Kockelman K. 1997b. Travel Demand and the 3Ds: Density, Diversity, and Design. Transportation Research Part D: Transport and Environment, 2 (3): 199-219.

Cervero R, Landis J. 1997a. Twenty Years of the Bay Area Rapid Transit System: Land Use and Development Impacts. Transportation Research Part A: Policy and Practice, 31 (4): 309-333.

Cervero R, Murakami J. 2008. Rail + Property Development: A Model of Sustainable Transit Finance and Urbanism.

Cervero R, Murakami J. 2009. Rail and Property Development in Hong Kong: Experiences and Extensions. Urban Studies, 46 (10): 2019-2043.

Cervero R, Murphy S, Ferrell C, et al. 2004. Transit-Oriented Development in the United States: Experiences Challenges, and Prospects. Transportation Research Board, Washington, DC.

Chang Z. 2013. Public-Private Partnerships in China: A Case of the Beijing No.4 Metro Line. Transport Policy, 30 (4): 153-160.

Chang Z, Diao M. 2021. Inter-City Transport Infrastructure and Intra-City Housing Markets: Estimating the Redistribution Effect of High-Speed Rail in Shenzhen, China. Urban Studies, 2021: 00420980211017811.

Chang Z, Phang S Y Y. 2017. Urban Rail Transit PPPs: Lessons from East Asian Cities. Transportation Research Part A: Policy and Practice, 105 (8): 106-122.

Chatman D G. 2013. Does TOD Need the T? . Journal of the American Planning Association, 79 (1): 17-31.

Chen Z, Haynes K E. 2015. Impact of High-Speed Rail on Housing Values: An Observation from the Beijing-Shanghai Line. Journal of Transport Geography, 43: 91-100.

Cheng J, Chen Z. 2021. Socioeconomic Impact Assessments of High-Speed Rail: A Meta-Analysis. Transport Reviews, 0 (0): 1-36.

Chipman W D, Wolfe H P, Burnett P. 1974. Political Decision Processes, Transportation Investment, and Changes in Urban Land Use: A Selective Bibliography with Particular Reference to Airports and Highways. Council for Advanced Transportation Studies.

Coase R H. 1960. The Problem of Social Cost. Journal of Law and Economics, (3): 1-44.

Commission Seattle Planning. Seattle Planning Commission. 2007. Incentive Zoning in Seattle: Enhancing Livability and Housing Affordability. The Commission.

Dabinett G. 1998. Realising Regeneration Benefits from Urban Infrastructure Investment: Lessons from Sheffield in the 1990s. The Town Planning Review, 69 (2): 171-189.

Dai X, Bai X, Xu M. 2016. The Influence of Beijing Rail Transfer Stations on Surrounding Housing Prices. Habitat International, 55: 79-88.

De Jong M, Mu R, Stead D, et al. 2010. Introducing Public-Private Partnerships for Metropolitan Subways in China: What Is the Evidence? . Journal of Transport Geography, 18 (2): 301-313.

Diao M, Zhu Y, Zhu J. 2017. Intra-City Access to Inter-City Transport Nodes: The Implications of High-Speed-Rail Station Locations for the Urban Development of Chinese Cities. Urban Studies, 54 (10): 2249-2267.

Ding C, Cao X (Jason), Naess P. 2018. Applying Gradient Boosting Decision Trees to Examine Non-Linear Effects of the Built Environment on Driving Distance in Oslo. Transportation Research Part A: Policy and Practice, 110 (4): 107-117.

Dittmar H, Ohland G. 2004. The New Transit Town: Best Practice in Transit-Oriented Development. New York: Island Press.

Dong H. 2021. Evaluating the Impacts of Transit-Oriented Developments (TODs) on Household Transportation Expenditures in California. Journal of Transport Geography, 90: 102946.

Doulet J F, Delpirou A, Delaunay T. 2017. Taking Advantage of a Historic Opportunity? A Critical Review of the Literature on TOD in China. Journal of Transport and Land Use, 10 (1): 77-92.

Du H, Mulley C. 2007. The Short-Term Land Value Impacts of Urban Rail Transit: Quantitative Evidence from Sunderland, UK. Land Use Policy, 24 (1): 223-233.

Elesawy E. 2021. The Bicycle Strategy 2011-2025, Copenhagen. Urban Planning for Transitions. New Jersey: Wiley.

Elgar I, Kennedy C. 2005. Review of Optimal Transit Subsidies: Comparison Between Models. Journal of Urban Planning & Development, 131 (2): 71-78.

Enoch M, Potter S, Ison S. 2005. A strategic approach to financing public transport through property values. Public Money and Management, 25 (3): 147-154.

EPA Office of Sustainable Communities. 2013. Infrastructure Financing Options for Transit-Oriented Development. United States Environmental Protection Agency.

Ewing R, Cervero R. 2010. Travel and the Built Environment. Journal of the American Planning Association, 76 (3): 265-294.

Farber S, Marino M G. 2017. Transit Accessibility, Land Development and Socioeconomic Priority: A Typology of Planned Station Catchment Areas in the Greater Toronto and Hamilton Area. Journal of Transport and Land Use, 10 (1): 33-56.

Gan Z, Feng T, Wu Y, et al. 2019. Station-Based Average Travel Distance and Its Relationship with Urban Form and Land Use: An Analysis of Smart Card Data in Nanjing City, China. Transport Policy, 79 (5): 137-154.

Garmendia M, Ribalaygua C, Ureña J M. 2012. High-Speed Rail: Implication for Cities. Cities, 29 (2): 26-31.

Geerlings H, Stead D. 2003. The Integration of Land Use Planning, Transport and Environment in European Policy and Research. Transport Policy, 10 (3): 187-196.

George H. 1819. Progress and Poverty: An Inquiry into the Cause of Industrial Depressions and of Increase of Want with Increase of Wealth: The Remedy. New York: Doubleday.

Giuliano G, Hanson S. 2017. The Geography of Urban Transportation. 4th ed. New York: The Guilford Press.

GLA-Greater London Authority. 2010. Intention to Levy a Business Rate Supplement to Finance the Greater London Authority's Contribution to the Crossrail Project: Final Prospectus.

Goeverden C V, Rietveld P, Koelemeijer J, et al. 2006. Subsidies in public transport. European Transport, 32, 5-25.

Guttenberg B. 1960. The Shadow of the Earth's Core. Journal of Geophysical Research, 65 (3): 1013-1020.

Hale C. 2008. PPPs for Transit-Oriented Development -4 Options. 1-25.

Hall P. 2009. Magic Carpets and Seamless Webs: Opportunities and Constraints for High-Speed Trains in Europe. Built Environment, 35 (1): 59-69.

Handy S, Cao X, Mokhtarian P. 2005. Correlation or Causality between the Built Environment and Travel Behavior? Evidence from Northern California. Transportation Research Part D: Transport and Environment, 10 (6): 427-444.

Harris C, Ullman E. 1945. The Nature of Cities. The Annals of the American Academy of Political and Social Science, 242, 7-17.

Hasselgren B. 2018. Transport Infrastructure in Time, Scope and Scale. Transport Infrastructure in Time, Scope and Scale. Cham: Springer International Publishing.

Henneberry J. 1998. Transport Investment and House Prices. Journal of Property Valuation and Investment, 16 (2): 144-158.

Hong Y H, Needham B. 2007. Analyzing Land Readjustment: Economics, Law, and Collective Action. Lincoln Institute of Land Policy.

Hong Y, Brubaker D. 2010. Integrating the Proposed Property Tax with the Public Leasehold System. China's Local Public Finance in Transition. Cambridge, MA: Lincoln Institute of Land Policy Press.

Hoyt H. 1939. The Structure and Growth of Residential Neighborhoods in American Cities.

Hu L, Sun T, Wang L. 2018. Evolving Urban Spatial Structure and Commuting Patterns: A Case Study of Beijing, China. Transportation Research Part D: Transport and Environment, 59 (1): 11-22.

Hu L, Yang J, Yang T, et al. 2020. Urban Spatial Structure and Travel in China. Journal of Planning Literature, 35 (1): 6-24.

Huang R, Grigolon A, Madureira M, et al. 2018. Measuring Transit-Oriented Development (TOD)

Network Complementarity Based on Tod Node Typology. Journal of Transport and Land Use, 11 (1): 304-324.

Hui E C M, Ho V S M, Ho D K H. 2004. Land Value Capture Mechanisms in Hong Kong and Singapore: A Comparative Analysis. Journal of Property Investment & Finance, 22 (1): 76-100.

Huxley J. 2009. Value Capture Finance Making Urban Development Pay Its Way. London: Urban Land Institute.

Ibraeva A, Correia G H de A, Silva C, et al. 2020. Transit-Oriented Development: A Review of Research Achievements and Challenges. Transportation Research Part A: Policy and Practice, 132: 110-130.

Jamme H T, Rodriguez J, Bahl D, et al. 2019. A Twenty-Five-Year Biography of the TOD Concept: From Design to Policy, Planning, and Implementation. Journal of Planning Education and Research, 39 (4): 409-428.

Jaramillo S. 2000. The Betterment Levy and Participation in Land Value Increments: The Colombian Experience. Research Report LP00SJ1. The Lincoln Institute of Land Policy.

Jelodar H, Wang Y, Yuan C, et al. 2019. Latent Dirichlet Allocation (LDA) and Topic Modeling: Models, Applications, a Survey. Multimedia Tools and Applications, 78 (11): 15169-15211.

Jupe R. 2009. New Labour, Public-Private Partnerships and Rail Transport Policy. Economic Affairs, 29: 20-25.

Kain J F. 1997. Cost-Effective Alternatives to Atlanta's Rail Rapid Transit System. Journal of Transport Economics and Policy, 31 (1), 25-49.

Kay A I, Noland R B, DiPetrillo S. 2014. Residential Property Valuations near Transit Stations with Transit-Oriented Development. Journal of Transport Geography, 39: 131-140.

Khurana V. 2015. Financing Transit Development through Land Value Capture: Assessing Value Capture Mechanisms for MRTS. The 8th Urban Mobility India Conference & Expo: Transforming Mobility for Livability.

Kim H, Sultana S. 2018. The Impacts of High-Speed Rail Extensions on Accessibility and Spatial Equity Changes in South Korea from 2004 to 2018. Journal of Transport Geography, 45: 48-61.

Ko K, Cao X J. 2013. The Impact of Hiawatha Light Rail on Commercial and Industrial Property Values in Minneapolis. Journal of Public Transportation, 16 (1): 47-66.

Lawrence M, Bullock R, Liu Z. 2019. China's High-Speed Rail Development. World Bank Publications.

Levinson D M. 2012a. Accessibility Impacts of High-Speed Rail. Journal of Transport Geography, 22: 288-291.

Levinson D M. 2012b. Cross-Subsidies. https://streets. mn/2012/05/21/cross-subsidies/ [2021-10-

10].

Li J, Jiao J, Xu Y, et al. 2021. Impact of the Latent Topics of Policy Documents on the Promotion of New Energy Vehicles: Empirical Evidence from Chinese Cities. Sustainable Production and Consumption, 28: 637-647.

Li X, Love P E D. 2020. State-of-the-Art Review of Urban Rail Transit Public-Private Partnerships. Journal of Infrastructure Systems, 26 (3): 03120002.

Liu J S, Lu L Y Y. 2012. An Integrated Approach for Main Path Analysis: Development of the Hirsch Index as an Example. Journal of the American Society for Information Science and Technology, 63 (3): 528-542.

Loo B P Y, Cheng A H T, Nichols S L. 2017. Transit-Oriented Development on Greenfield versus Infill Sites: Some Lessons from Hong Kong. Landscape and Urban Planning, 167: 37-48.

Lott J R, North D C. 1990. Institutions, Institutional Change and Economic Performance. Cambridge: Cambridge University Press.

Lyu G, Bertolini L, Pfeffer K. 2016. Developing a TOD Typology for Beijing Metro Station Areas. Journal of Transport Geography, 55: 40-50.

Lyu G, Bertolini L, Pfeffer K. 2019. How Does Transit-Oriented Development Contribute to Station Area Accessibility? A Study in Beijing. International Journal of Sustainable Transportation: 1-11.

Mathur S. 2019. An Evaluative Framework for Examining the Use of Land Value Capture to Fund Public Transportation Projects. Land Use Policy, 86 (11): 357-364.

Mathur S, Smith A. 2013. Land Value Capture to Fund Public Transportation Infrastructure: Examination of Joint Development Projects' Revenue Yield and Stability. Transport Policy, 30: 327-335.

Mattson J, Ripplinger D. 2012. Marginal Cost Pricing and Subsidy of Small Urban Transit. Transportation Research Record, 2274 (1).

Mayring P. 2000. Qualitative Content Analysis. Forum Qualitative Social Research, 1 (2).

McIntosh J, Newman P, Trubka R, et al. 2017. Framework for Land Value Capture from Investments in Transit in Car-Dependent Cities. Journal of Transport and Land Use, 10 (1): 155-185.

Mcnally M G, Ryan S. 1993. A Comparative Assessment of Travel Characteristics for Neo-Traditional Developments. Berkeley: University of California Transportation Center.

Medda F. 2012. Land Value Capture Finance for Transport Accessibility: A Review. Journal of Transport Geography, 25: 154-161.

Mohammad S I, Graham D J, Melo P C, et al. 2013. A Meta-Analysis of the Impact of Rail Projects on Land and Property Values. Transportation Research Part A: Policy and Practice, 50: 158-170.

Monzón A, Ortega E, López E. 2013. Efficiency and Spatial Equity Impacts of High-Speed Rail

Extensions in Urban Areas. Cities, 30 (1): 18-30.

Moon C, Amos A, Vijaykumar Mehta P, et al. 2021. 10 Questions to Ask About Planning, Financing and Implementing Transit Oriented Development Strategies Washington D. C. : World Resources Institute.

Moon Jr H E. 1987. Interstate Highway Interchanges Reshape Rural Communities. Rural Development Perspectives, 4 (1): 35-38.

Morton B J, Rodríguez D A, Song Y, et al. 2008. Using TRANUS to Construct a Land Use-Transportation-Emissions Model of Charlotte, North Carolina. Transportation Land Use, Planning, and Air Quality. Reston, VA: American Society of Civil Engineers: 206-218.

Moyano A, Dobruszkes F. 2017. Mind the Services! High-Speed Rail Cities Bypassed by High-Speed Trains. Case Studies on Transport Policy, 5 (4): 537-548.

Moyano A, Moya-Gómez B, Gutiérrez J. 2018. Access and Egress Times to High-Speed Rail Stations: A Spatiotemporal Accessibility Analysis. Journal of Transport Geography, 73 (3): 84-93.

MTR. 2020. MTR Sustainability Report 2020 - Financial Sustainability.

Murray C K. 2016. Land Value Uplift from Light Rail. SSRN Electronic Journal.

Muñoz Gielen D, Lenferink S. 2018. The Role of Negotiated Developer Obligations in Financing Large Public Infrastructure after the Economic Crisis in the Netherlands. European Planning Studies, 26 (4): 768-791.

Nelson A C, Moore T. 1993. Assessing Urban Growth Management. Land Use Policy, 10 (4): 293-302.

Ollivier G, Ghate A, Bankim Kalra, et al. 2021. Transit- Oriented Development Implementation Resources and Tools. 2nd ed. Washington D. C. : World Bank.

Pan H, Shen Q, Zhang M. 2009. Influence of Urban Form on Travel Behaviour in Four Neighbourhoods of Shanghai. Urban Studies, 46 (2): 275-294.

Papa E, Bertolini L. 2015. Accessibility and Transit-Oriented Development in European Metropolitan Areas. Journal of Transport Geography, 47: 70-83.

Park R, Burgess E W. 1925. The City. Chicago: The University of Chicago Press.

Qin Y. 2017. "No County Left behind?" The Distributional Impact of High-Speed Rail Upgrades in China. Journal of Economic Geography, 17 (3): 489-520.

Renne J. 2008. Smart Growth and Transit- Oriented Development at the State Level: Lessons from California, New Jersey, and Western Australia. Journal of Public Transportation, 11 (3): 77-108.

Ricardo D. 1821. On the Principles of Political Economy and Taxation. London: John Murray.

Rodrigue J P, Comtois C, Slack B. 2016. The Geography of Transport Systems. London: Routledge.

Salat S, Ollivier G. 2017. Transforming the Urban Space through Transit- Oriented Development: The

3V Approach. Washington D. C. : World Bank.

Salon D, Sclar E, Barone R. 2019. Can Location Value Capture Pay for Transit? Organizational Challenges of Transforming Theory into Practice. Urban Affairs Review, 55 (3): 743-771.

Savage I, Small K. 2009. A Comment on "Subsidisation of Urban Public Transport and the Mohring Effect". Journal of Transport Economics and Policy, 44 (3): 373-380.

Schaeffer K H, Sclar E. 1975. Access for All: Transportation and Urban Growth. Baltimore: Penguin.

Song Y, De Jong M, Stead D. 2021. Bypassing Institutional Barriers: New Types of Transit-Oriented Development in China. Cities, 113: 103177.

Sorensen A. 2000. Land Readjustment and Metropolitan Growth: An Examination of Suburban Land Development and Urban Sprawl in the Tokyo Metropolitan Area. Progress in Planning, 53 (4): 217-330.

Su S, Zhang H, Wang M, et al. 2021a. Transit-Oriented Development (TOD) Typologies around Metro Station Areas in Urban China: A Comparative Analysis of Five Typical Megacities for Planning Implications. Journal of Transport Geography, 90: 102939.

Su S, Zhang J, He S, et al. 2021b. Unraveling the Impact of TOD on Housing Rental Prices and Implications on Spatial Planning: A Comparative Analysis of Five Chinese Megacities. Habitat International, 107: 102309.

Sun L, Yin Y. 2017. Discovering Themes and Trends in Transportation Research Using Topic Modeling. Transportation Research Part C: Emerging Technologies, 77: 49-66.

Susilo Y O, Maat K. 2007. The Influence of Built Environment to the Trends in Commuting Journeys in the Netherlands. Transportation, 34 (5): 589-609.

Suzuki H, Murakami J, Hong Y H, et al. 2015. Financing Transit-Oriented Development with Land Values: Adapting Land Value Capture in Developing Countries. Washington D. C. : World Bank.

Tan W G Z, Janssen-Jansen L B, Bertolini L. 2014. The Role of Incentives in Implementing Successful Transit-Oriented Development Strategies. Urban Policy and Research, 32 (1): 33-51.

Tang B, Chiang Y, Baldwin A, et al. 2004. Study of the Integrated Rail-Property Development Model in Hong Kong. Hong Kong: The Hong Kong Polytechnic University.

Taylor B D, Fink C N Y Y. 2013. Explaining Transit Ridership: What Has the Evidence Shown?. Transportation Letters, 5 (1): 15-26.

Ureña J M, Menerault P, Garmendia M. 2009. The High-Speed Rail Challenge for Big Intermediate Cities: A National, Regional and Local Perspective. Cities, 26 (5): 266-279.

Valdez D, Pickett A C, Goodson P. 2018. Topic Modeling: Latent Semantic Analysis for the Social Sciences. Social Science Quarterly, 99 (5): 1665-1679.

Vega H L, Penne L. 2008. Governance and Institutions of Transportation Investments in U. S. Mega-Regions. Transport, 23 (3): 279-286.

Vejchodská E, Barreira A P, Auziņš A, et al. 2022. Bridging Land Value Capture with Land Rent Narratives. Land Use Policy, 114 (10): 105956.

Venner M, Ecola L. 2007. Financing Transit-Oriented Development. Transportation Research Record: Journal of the Transportation Research Board, (1): 17-24.

Verougstraete M, Zeng H. 2014. Land Value Capture Mechanism: The Case of the Hong Kong MTR. Economic and Social Commission for Asia and the Pacific.

Vickerman R. 1997. High-Speed Rail in Europe: Experience and Issues for Future Development. Annals of Regional Science, 31 (1): 21-38.

Wang J, Samsura D A A, Van der Krabben E. 2019. Institutional Barriers to Financing Transit-Oriented Development in China: Analyzing Informal Land Value Capture Strategies. Transport Policy, 82 (1): 1-10.

Wingo Jr. L. 1961. Transportation and Urban Land. London: Routledge.

Wu W, Zheng S, Wang B, et al. 2020. Impacts of Rail Transit Access on Land and Housing Values in China: A Quantitative Synthesis. Transport Reviews, 40 (5): 629-645.

Xu J, Yeh A G O. 2013. Interjurisdictional Cooperation through Bargaining: The Case of the Guangzhou-Zhuhai Railway in the Pearl River Delta, China. China Quarterly, (213): 130-151.

Xu T, Zhang M, Aditjandra Paulus T. 2016. The Impact of Urban Rail Transit on Commercial Property Value: New Evidence from Wuhan, China. Transportation Research Part A: Policy and Practice, 91: 223-235.

Xu W A, Guthrie A, Fan Y, et al. 2017. Transit-Oriented Development: Literature Review and Evaluation of TOD Potential across 50 Chinese Cities. Journal of Transport and Land Use, 10 (1): 743-762.

Yang J, Alterman R, Li B. 2019. Value Capture beyond Public Land Leasing: Funding Transit and Urban Redevelopment in China's Pearl River Delta. Lincoln Institute of Land Policy.

Yang J, Chen J, Le X, et al. 2016a. Density-Oriented versus Development-Oriented Transit Investment: Decoding Metro Station Location Selection in Shenzhen. Transport Policy, 51: 93-102.

Yang J, Quan J, Yan B, et al. 2016b. Urban Rail Investment and Transit-Oriented Development in Beijing: Can It Reach a Higher Potential?. Transportation Research Part A: Policy and Practice, 89: 140-150.

Yang J, Su P, Cao J. 2020a. On the Importance of Shenzhen Metro Transit to Land Development and Threshold Effect. Transport Policy, 99 (8): 1-11.

Yang J, Zhu L, Duan Y, et al. 2020b. Developing Metro- Based Accessibility: Three Aspects of China's Rail + Property Practice. Transportation Research Part D: Transport and Environment, 81: 102288.

Yang L, Wang B, Zhou J, et al. 2018. Walking Accessibility and Property Prices. Transportation Research Part D: Transport and Environment, 62: 551-562.

Yin M, Bertolini L, Duan J. 2015. The Effects of the High-Speed Railway on Urban Development: International Experience and Potential Implications for China. Progress in Planning, 98 (2): 1-52.

Zhang L, Yang D, Ghader S, et al. 2018. An Integrated, Validated, and Applied Activity- Based Dynamic Traffic Assignment Model for the Baltimore- Washington Region. Transportation Research Record: Journal of the Transportation Research Board, 2672 (51): 45-55.

Zhang M. 2007. Chinese Edition of Transit- Oriented Development. Transportation Research Record: Journal of the Transportation Research Board, 2038 (1): 120-127.

Zhao Z J, Larson K. 2011. Special Assessments as a Value Capture Strategy for Public Transit Finance. Public Works Management and Policy, 16 (4): 320-340.

Zheng L, Long F, Chang Z, et al. 2019. Ghost Town or City of Hope? The Spatial Spillover Effects of High-Speed Railway Stations in China. Transport Policy, 81: 230-241.

Zhou J, Yang Y, Gu P, et al. 2019. Can TODness Improve (Expected) Performances of TODs? An Exploration Facilitated by Non-Traditional Data. Transportation Research Part D: Transport and Environment, 74: 28-47.

Zhu W, Ding C, Cao X. 2019. Built Environment Effects on Fuel Consumption of Driving to Work: Insights from on- Board Diagnostics Data of Personal Vehicles. Transportation Research Part D: Transport and Environment, 67 (1): 565-575.

Zhu Z, Zhang A, Zhang Y. 2019. Measuring Multi-Modal Connections and Connectivity Radiations of Transport Infrastructure in China. Transportmetrica A: Transport Science, 15 (2): 1762-1790.

附录 A　图表附录

表 A.1　调研访谈信息与开放式访谈提纲

业务部门	时间（年.月）	访谈提纲
政府部门		
广州发改委	2021.10	1. 广州市对于轨道交通投融资未来的安排计划？城际铁路未来规划与设想？ 2. 请谈谈广州土地综合开发制度创新与实施效果。
深圳发改委	2021.11	1. 深圳地铁物业开发实践创新有哪些？ 2. 请谈谈深圳地铁上盖物业提供保障性住房的机制。
清远市轨道办	2021.2	1. 广清城际的规划背景与历程？中途延长线的规划是如何得到批复的？ 2. 广清城际投融资的构成？与其他城际铁路有什么不同？ 3. 广清城际周边用地出让的情况以及储备用地的情况？土地出让的方式是什么？ 4. 广清城际的客流和运营情况？
前海管理局	2021.11	1. 该项目在站城一体规划设计上有什么特殊之处？如何与城市规划进行联动？ 2. 该项目在土地供给、综合开发收益分配上有哪些制度创新？ 3. 政府是否对项目建设或运营进行补贴？如有，补贴规模和机制是怎样的？ 4. 前海包含的多制式的轨道交通，在技术和运营方面如何做到融合发展？是否计划由新成立的深铁城际进行一体化运营？ 5. 请简单谈谈为什么项目能够最终实施？实施的效果如何？
规划设计单位		
Aedas［凯达环球建筑设计咨询（深圳）］	2021.8 2021.10	1. 项目中站城一体化设计方法应用创新？ 2. 对 TOD 项目实施的看法？ 3. 规划设计落实遇到哪些困难或阻碍？ 4. 认为应该如何改进现有的 TOD 规划设计模式？

业务部门	时间（年．月）	访谈提纲
中国城市规划设计研究院深圳分院	2019.7	1. 项目中站城一体化设计方法应用创新？ 2. TOD 规划与综合交通规划等规划的关系？ 3. 未来 TOD 项目有何改进之处？ 4. 项目实施面临的问题？
轨道建设方		
深圳地铁集团	2019.6 2021.9	1. 深圳铁路发展与城市枢纽发展； 2. 轨道交通的发展与规划前景； 3. 深圳地铁房地产创新与发展； 4. 深圳"站城一体"的探索实践。
珠三角城际轨道交通有限公司	2020.7	1. 珠三角城际铁路规划发展概况。 2. 新塘南站地块 TOD 历程；参与主体与收益分配机制。 3. 省部合作项目与省市合作项目的关系是怎样的？ 4. 资本金的构成是怎样的？ 5. 珠三角城际运营补贴的机制是怎样的？ 6. 实施 TOD 综合开发面临的问题或实践创新。
广东省铁路投资集团有限公司	2021.6 2021.8	1. 关于投融资：珠三角城际轨道的投融资结构是怎么样的？经历了什么变化？促进这些变化的原因是什么呢？ 2. 关于溢价回收：目前的项目中，是否都有涉及溢价回收的思路？为什么选择综合开发？ 3. 关于综合开发：哪些项目的效果更好？产生这种差异的原因是什么呢？珠三角与我国其他地区相比，实施综合开发有什么优势或者说驱动力？ 4. PPP 项目开展情况如何？
房地产、咨询公司		
普华永道	2021.9	1. TOD 物业开发收益评价。 2. 广东地区土地综合开发项目财务测算。 3. 采用土地综合开发投融资方案的利弊。
同创卓越	2021.6	1. TOD 综合开发对房地产行业的影响。 2. 房地产行业对 TOD 项目的看法？

表 A. 2　铁路运输项目资本金要求变化

年份	政策	资本金要求
1996	《国务院关于固定资产投资项目试行资本金制度的通知》（国发 35 号）	交通运输资本金比例为 35% 及以上。
2009	《国务院关于调整固定资产投资项目资本金比例的通知》（国发 27 号）	铁路、公路、城市轨道交通项目，最低资本金比例为 25%。
2015	《国务院关于调整和完善固定资产投资项目资本金制度的通知》（国发 51 号）	城市和交通基础设施项目：铁路、城市轨道交通项目由 25% 调整为 20%。
2018	《关于进一步加强城市轨道交通规划建设管理的意见》（国发 52 号）	除城市轨道交通建设规划中明确采用特许经营模式的项目外，项目总投资中财政资金投入不得低于 40%。
2019	《关于加强固定资产投资项目资本金管理的通知》（国发 26 号）	（公路、铁路等）可以适当降低项目最低资本金比例，但下调不得超过 5 个百分点。
2021	《关于进一步做好铁路规划建设工作意见的通知》（国办函 27 号）	确保中西部铁路项目权益性资本金比例原则上不低于 50%。

主题8-1

主题8-2

主题8-3

主题8-4

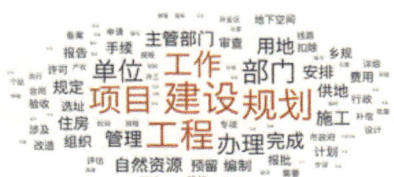

主题8-5

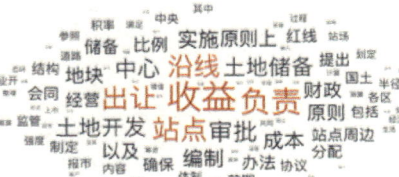

主题8-6

主题8-7

主题8-8

图 A.1　TOD 综合开发政策文本主题分析结果词云（设置 8 个主题）

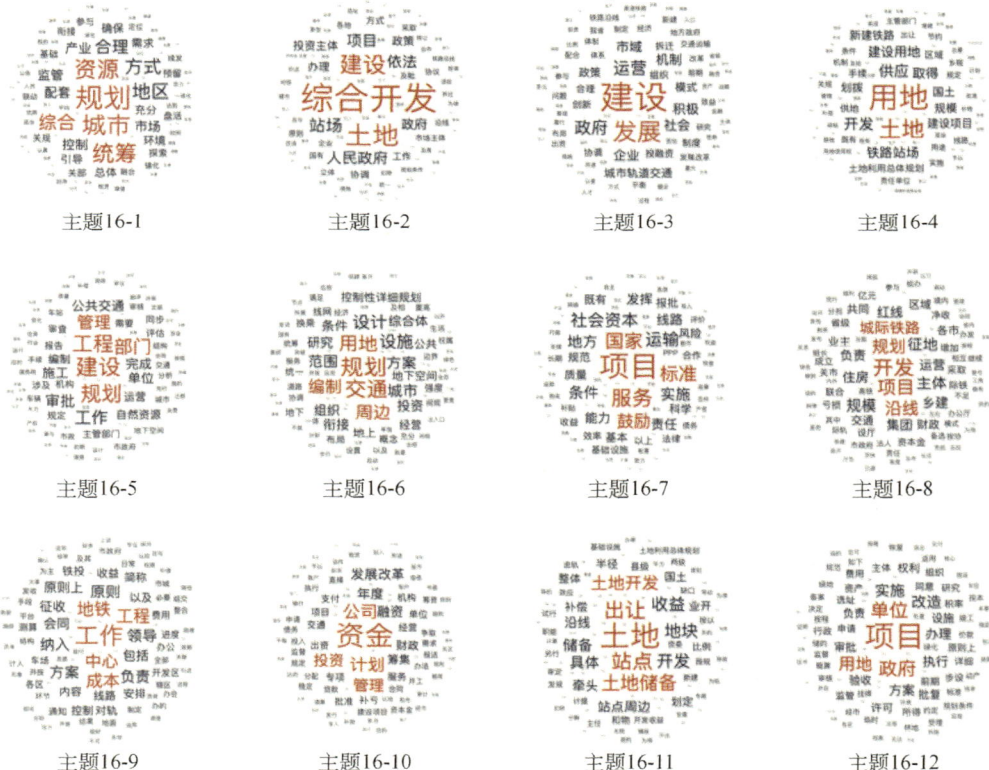

主题16-1

主题16-2

主题16-3

主题16-4

主题16-5

主题16-6

主题16-7

主题16-8

主题16-9

主题16-10

主题16-11

主题16-12

主题16-13

主题16-14

主题16-15

主题16-16

图 A.2 　 TOD 综合开发政策文本主题分析结果词云（设置 16 个主题）

附录 B 研究方法说明

B.1 搜索路径计数

图 B.1 中的简单引文网络将用于展示如何计算引文网络中每个单独链接的 SPC（search path count，SPC）。将"源"定义为被引用但不引用其他节点的节点，将"汇"定义为引用其他节点但未被引用的节点。也就是说，源是知识的源头，汇是知识传播的终点。图中的网络有两个源 A 和 B，以及四个汇 C、D、E 和 F。从源到汇有许多替代路径。假设一个人竭尽全力搜索从所有源到所有汇的所有路径，则每个链接的 SPC 定义为该链接被遍历的总次数。例如，链路 J-C 的 SPC 值为 2，因为路径 A-H-J-C 和 B-H-J-C 通过它。路径 B-I 的 SPC 值为 4，因为它由四个路径遍历：B-I-F、B-I-G-D、B-I-G-E 和 B-I-E。在示例网络中，BI 和 HJ 具有最大的 SPC 值。SPC 值越大，链接在知识传递中的作用越显著（Liu and Lu，2012）。

B.2 LDA 算法

LDA（latent dirichlet allocation）生成一个文档的步骤如下（Blei et al.，2003）：

1）选择一个参数 $\theta \sim p(\theta)$；

2）对 N 个单词中的每一个单词 w_n：

先选择一个主题 $z_n \sim p(z \mid \theta)$；

再选择单词 $w_n \sim p(w \mid z)$；

其中，θ 是主题向量，向量的每一列表示每个主题在文档出现的概率；$p(\theta)$ 是向量的分布，为 Dirichlet 分布，即分布的分布；N 表示要生成的文档的"词"的个数，w_n 表示生成的第 n 个单词 w；z_n 表示所选择的主题，$p(z \mid \theta)$ 表示给定 θ

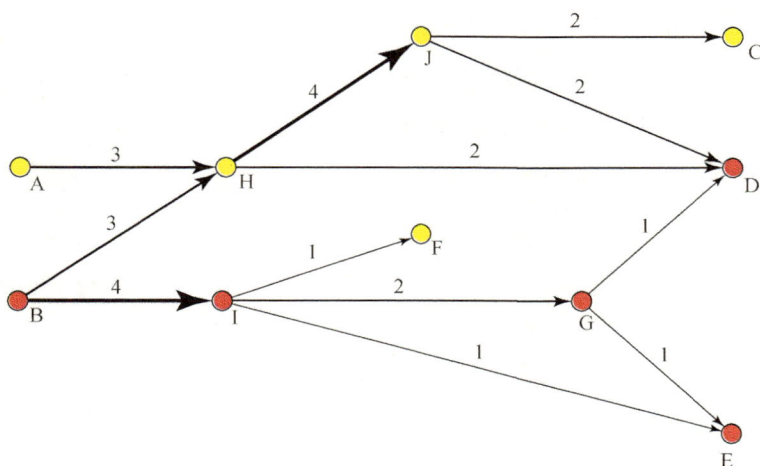

图 B.1　引文网络及其 SPC 计算示例（Liu and Lu, 2012）

时主题 z 的概率分布，具体为 θ 的值，即 $p\ (z=i\mid\theta)=\theta_i$；$p\ (w\mid z)$ 表示给定主题 z 的时候词 w 的概率分布。LDA 模型中生成文档的方式即是首先选定一个主题向量 θ，确定每个主题被选择的概率，其次在生成每个单词的时候，从主题向量 θ 中选择一个主题 z，按主题 z 的单词概率分布生成一个单词，重复这一过程遍历所有词。对于给定的主题数量，模型能够基于词对应的主题概率，给出每篇文档中每个主题的概率。其图模型如图 B.2 所示。

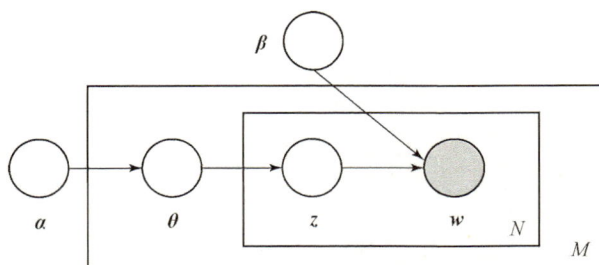

图 B.2　主题模型（Blei et al., 2003）

从图 B.2 可知，LDA 的联合概率为

$$p(\theta, z, w | \alpha, \beta) = p(\theta | \alpha) \prod_{n=1}^{N} p(z_n | \theta) p(w_n | z_n, \beta)$$

θ 是 M 个文档中的一个文档对应的变量。α 和 β 表示语料级别的参数，由给定的语料训练集中学习获得。θ 由超参数为 α 的 Dirichlet 分布得出，词语 w 由超参数为 β 的 Dirichlet 分布得出。α 和 β 只需要生成一次。在本书中，这一过程基于 MATLAB2021b 完成，随机数设定为 5。

索 引